欧盟市场滥用行为监管法律法规汇编

Compilation of Market Abuse Regulations within the European Union

刘春彦 林义涌 张景琨 编译

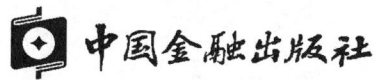
中国金融出版社

责任编辑：吕　楠
责任校对：孙　蕊
责任印制：程　颖

图书在版编目（CIP）数据

欧盟市场滥用行为监管法律法规汇编／刘春彦，林义涌，张景琨编译．—北京：中国金融出版社，2020.9

ISBN 978－7－5220－0673－4

Ⅰ．①欧… Ⅱ．①刘… ②林… ③张… Ⅲ．①欧洲联盟—市场监管—法规—汇编 Ⅳ．①D950.229.4

中国版本图书馆 CIP 数据核字（2020）第 115324 号

欧盟市场滥用行为监管法律法规汇编
OUMENG SHICHANG LANYONG XINGWEI JIANGUAN FALÜ FAGUI HUIBIAN

出版
发行　中国金融出版社

社址　北京市丰台区益泽路 2 号
市场开发部　（010）66024766，63805472，63439533（传真）
网 上 书 店　http://www.chinafph.com
　　　　　　（010）66024766，63372837（传真）
读者服务部　（010）66070833，62568380
邮编　100071
经销　新华书店
印刷　北京市松源印刷有限公司
尺寸　185 毫米×260 毫米
印张　13
字数　274 千
版次　2020 年 9 月第 1 版
印次　2020 年 9 月第 1 次印刷
定价　78.00 元
ISBN 978－7－5220－0673－4
如出现印装错误本社负责调换　联系电话（010）63263947

译者说明

本汇编对欧盟市场滥用行为（Market Abuse）监管领域内18项立法文件进行翻译。这18项立法文件是由欧盟机构根据《欧洲联盟运行条约》(*Treaty on the Functioning of the European Union*)、《德·拉罗西埃报告》(*De Larosière Report*) 和《拉姆法鲁西报告》(*Lamfalussy Process*) 的规定，于2014年至2018年间，针对欧盟资本市场中内幕交易、非法披露内幕信息和市场操纵行为（统称为"市场滥用行为"）监管所制定并颁布的三级立法。第一级立法（框架法律）是欧洲议会与欧盟理事会制定并颁布的1项条例，第二级立法（配套实施细则）是欧盟委员会制定并颁布的14项授权条例与技术标准，第三级立法（成员国的执行与适用）是欧盟证券与市场管理局（ESMA）制定并颁布的3项监管指南。这三级立法是欧盟监管市场滥用行为的原则与规则，旨在消除欧盟各国间法律分歧引发的严重竞争扭曲，协调欧盟各国的市场滥用行为监管制度，促进欧盟资本市场监管一体化发展。

具体而言，这些立法文件的主要内容为：

一、第一级立法

2014年7月2日，欧洲议会与欧盟理事会《第596/2014号（欧盟）条例》[*Regulation (EU) No 596/2014 of the European Parliament and of the Council*，也称 *Market Abuse Regulation*，MAR] 开始生效并于2016年7月3日起适用于所有欧盟成员国。MAR废止并取代欧洲议会与欧盟理事会《第2003/6/EC号指令》(*Market Abuse Directive*，MAD) 和欧盟委员会《第2003/124/EC号指令》《第2003/125/EC号指令》和《第2004/72/EC号指令》，成为针对市场滥用行为的统一监管框架。MAR旨在"增强市场完整性和投资者保护，构建单一规则和公平竞争环境，以提高证券市场对融资的吸引力"，并确立了"在欧盟范围内构建一个更加统一和强有力的监管框架，以保护欧盟内部市场的完整性和稳定性，避免潜在的监管套利，监管企图操纵市场行为，增强市场的透明度，并且给市场参与者提供更多的法律确定性和更少的监管复杂性"的目标。

MAR包括立法理由、正文和附件三个部分，其中正文设七章共计39条：第一章为一般规定；第二章对内幕信息、内幕交易、非法披露内幕信息和市场操纵行为进行了规定；第三章为披露要求；第四章对 ESMA 和主管机关进行了规定；第五章为行政措施与处罚；第六章为授权法案与实施性法案；第七章为最后条款。另外，正文后设有两个附件，附件 I 规定了操纵行为征兆的列表，附件 II 为 MAR 与 MAD 的新旧条文对照表。

二、第二级立法

MAR 授权欧盟委员会制定并颁布配套实施细则对 MAR 的相关条款进行细化。MAR 出台后，欧盟委员会陆续颁布了一系列实施细则，包括欧盟委员会授权条例和技术标准两类。前者由欧盟委员会直接起草并颁布；后者则由 ESMA 起草后呈送欧盟委员会审议通过后颁布。截至 2020 年 3 月，欧盟委员会陆续审议通过了 1 项欧盟委员会授权条例、13 项监管性或实施性技术标准。

（一）欧盟委员会《第 2016/522 号（欧盟）授权条例》[Commission Delegated Regulation (EU) 2016/522] 是唯一一项由欧盟委员会直接起草并颁布的授权条例。该条例于 2015 年 12 月 17 日通过，补充了 MAR 第 6 条第 5 款（某些第三国公共机构和中央银行的豁免）、第 12 条第 5 款（市场操纵行为征兆）、第 17 条第 2 和第 3 款（披露阈值和应迟延通知的主管机关）以及第 19 条第 13 和第 14 款（在封闭期内进行交易的许可以及应报告的经理人交易的类型）的规定。

（二）欧盟委员会《第 2016/909 号（欧盟）授权条例》[Commission Delegated Regulation (EU) 2016/909] 由 ESMA 起草，并于 2016 年 3 月 1 日经欧盟委员会审议通过，是针对 MAR 第 4 条第 4 款第三段关于向主管机关提交通知的内容以及通知清单的编制、公布和维护的监管性技术标准。

（三）欧盟委员会《第 2016/378 号（欧盟）实施条例》[Commission Implementing Regulation (EU) 2016/378] 由 ESMA 起草，并于 2016 年 3 月 11 日经欧盟委员会审议通过，是针对 MAR 第 4 条第 5 款第三段关于向主管机关提交通知的时间、格式和模板的实施性技术标准。

（四）欧盟委员会《第 2016/1052 号（欧盟）授权条例》[Commission Delegated Regulation (EU) 2016/1052] 由 ESMA 起草，并于 2016 年 3 月 8 日经欧盟委员会审议通过，是针对 MAR 第 5 条第 6 款第三段关于回购计划与安定操作适用条件的监管性技术标准。

（五）欧盟委员会《第 2016/960 号（欧盟）授权条例》[Commission Delegated Regulation (EU) 2016/960] 由 ESMA 起草，并于 2016 年 3 月 8 日经欧盟委员会审议通过，是针对 MAR 第 11 条第 9 款第三段关于对将要披露信息的市场参与者进行邀标询价的适当安排、系统和程序的监管性技术标准。

（六）欧盟委员会《第 2016/959 号（欧盟）实施条例》[Commission Implementing Regulation (EU) 2016/959] 由 ESMA 起草，并于 2016 年 5 月 17 日经欧盟委员会审议通过，是针对 MAR 第 11 条第 10 款第三段关于披露市场参与者使用的邀标询价系统和通知模板以及记录格式的实施性技术标准。

（七）欧盟委员会《第2016/908号（欧盟）授权条例》[Commission Delegated Regulation（EU）2016/908] 由ESMA起草，并于2016年2月26日经欧盟委员会审议通过，是针对MAR第13条第7款第三段关于确立一个公认市场惯例的标准、程序和要求以及维持、终止公认市场惯例的适用或修改其公认条件的监管性技术标准。

（八）欧盟委员会《第2016/957号（欧盟）授权条例》[Commission Delegated Regulation（EU）2016/957] 由ESMA起草，并于2016年3月9日经欧盟委员会审议通过，是针对MAR第16条第5款第三段关于防范、侦查和报告滥用行为或可疑交易或指令的适当安排、系统和程序以及通知模板的监管性技术标准。

（九）欧盟委员会《第2016/1055号（欧盟）实施条例》[Commission Implementing Regulation（EU）2016/1055] 由ESMA起草，并于2016年6月29日经欧盟委员会审议通过，是针对MAR第17条第10款关于适当公开披露内幕信息和迟延公开披露内幕信息技术手段的实施性技术标准。

（十）欧盟委员会《第2016/347号（欧盟）实施条例》[Commission Implementing Regulation（EU）2016/347] 由ESMA起草，并于2016年3月9日经欧盟委员会审议通过，是针对MAR第18条第9款关于内幕人名单及其更新的确切格式的实施性技术标准。

（十一）欧盟委员会《第2016/523号（欧盟）实施条例》[Commission Implementing Regulation（EU）2016/523] 由ESMA起草，并于2016年3月10日经欧盟委员会审议通过，是针对MAR第19条第15款第三段关于管理人交易的通知和公开披露的格式和模板的监管性技术标准。

（十二）欧盟委员会《第2016/958号（欧盟）授权条例》[Commission Delegated Regulation（EU）2016/958] 由ESMA起草，并于2016年3月9日经欧盟委员会审议通过，是针对MAR第20条第3款第三段关于客观提出投资建议、其他推荐或建议投资策略的信息，以及对披露特定利益或利益冲突迹象作出技术安排的监管性技术标准。

（十三）欧盟委员会《第2018/292号（欧盟）实施条例》[Commission Implementing Regulation（EU）2018/292] 由ESMA起草，并于2018年2月26日经欧盟委员会审议通过，是针对MAR第25条第9款关于主管机关之间交换信息和提供协助的程序和表格的实施性技术标准。

（十四）欧盟委员会《第2017/1158号（欧盟）实施条例》[Commission Implementing Regulation（EU）2017/1158] 由ESMA起草，并于2017年6月29日经欧盟委员会审议通过，是针对MAR第33条第3款第三段关于主管机关与ESMA交换信息的程序和表格的实施性技术标准。

三、第三级立法

为敦促欧盟成员国积极遵守且有效转化前两级立法，ESMA还针对某些领域颁布了监管指南。

（一）ESMA《第 2016/1477 号指南》自 2017 年 10 月 1 日生效，适用于主管机关和接受邀标询价的人，主要内容是根据 MAR 第 11 条第 11 款规定，接受邀标询价的人必须考虑和执行的因素、步骤和记录。

（二）ESMA《第 2016/1478 号指南》自 2016 年 12 月 20 日起生效，适用于主管机关和发行人，主要内容是根据 MAR 第 17 条第 11 款的规定，提供了一个非详尽的指示性的发行人合法利益的清单，这些利益可能会因内幕信息的即时披露以及可能误导公众的延迟披露情形而受到损害。

（三）ESMA《第 2016/1480 号指南》适用于主管机关和投资者、金融中介机构、交易场所经营者以及职业安排和执行衍生品交易的人（及市场参与者），根据 MAR 第 7 条第 5 款的规定，本指南提供了一个非详尽的指示性的信息清单，这些信息依照欧盟法或国内法、市场规则、合约、惯例、习惯等有关的法律和监管条款，在 MAR 第 7 条第 1 款（b）项所述的有关商品衍生品市场或期货市场合理预期或被要求披露的信息。

四、修正案及勘误表

2019 年 1 月 30 日，为协调英国脱欧进程中有关 MAR 的适用问题，欧盟委员会对第 2016/522 号（欧盟）授权条例附件 I 进行了修订，将英格兰银行和英国债务管理办公室豁免适用于 MAR，为英国脱欧背景下的法律适用做出特殊安排。此外，还针对 MAR 序言和相关条款以及欧盟委员会第 2016/958 号（欧盟）授权条例相关条款进行了勘误。

目 录

第一部分　反市场滥用条例 ·· 1

　欧洲议会与欧盟理事会　第 596/2014 号（欧盟）条例 ······························ 3
　　第一章　一般规定 ··· 18
　　第二章　内幕信息、内幕交易、非法披露内幕信息和市场操纵 ············· 25
　　第三章　披露要求 ··· 33
　　第四章　ESMA 与主管机关 ·· 40
　　第五章　行政措施与处罚 ··· 45
　　第六章　授权法案和实施性法案 ··· 48
　　第七章　最后条款 ··· 49
　　附件 I ··· 51
　　附件 II ·· 52

第二部分　授权条例与技术标准 ·· 57

　欧盟委员会　第 2016/522 号（欧盟）授权条例 ·· 59
　　第 1 条　调整对象和范围 ··· 63
　　第 2 条　定义 ··· 63
　　第 3 条　豁免的第三国公共机构和中央银行 ··· 63
　　第 4 条　操纵行为征兆 ··· 63
　　第 5 条　二氧化碳和额定热输入的最低阈值 ··· 63
　　第 6 条　主管机关的确定 ··· 64
　　第 7 条　封闭期内交易 ··· 64
　　第 8 条　例外情况 ··· 64
　　第 9 条　封闭期内交易的特点 ··· 65
　　第 10 条　应通知的交易 ··· 66
　　第 11 条　生效和适用 ··· 67
　　附件 I　第三国（地区）的公共机构和中央银行 ··································· 68

附件Ⅱ 操纵行为征兆	69
欧盟委员会 第2016/909号（欧盟）授权条例	75
第1条	76
第2条	76
第3条	77
附件	78
第2016/378号（欧盟）实施条例	85
第1条	86
第2条	86
第3条	86
附件	87
欧盟委员会 第2016/1052号（欧盟）授权条例	96
第一章 一般规定	98
第二章 回购计划	98
第三章 安定操作	100
第四章 最后条款	102
欧盟委员会 第2016/960号（欧盟）授权条例	103
第1条 一般要求	104
第2条 进行邀标询价的程序	104
第3条 与接受邀标询价的人进行通信的标准信息	104
第4条 关于接受邀标询价的人的资料	105
第5条 当信息不再是内幕信息的通知程序	106
第6条 记录保存要求	106
第7条 生效	107
欧盟委员会 第2016/959号（欧盟）实施条例	108
第1条 电子记录格式	109
第2条 书面记录或说明的记录格式	109
第3条 潜在投资者数据的记录格式	109
第4条 当信息不再属于内幕信息的通信和记录格式	109
第5条 生效	109
附件Ⅰ	110
附件Ⅱ	110
附件Ⅲ	111
欧盟委员会 第2016/908号（欧盟）授权条例	112
第一章 一般规定	113
第二章 公认市场惯例	114
第三章 最后条款	119

| 附件 | 120 |

欧盟委员会 第 2016/957 号（欧盟）授权条例 121
 第 1 条 定义 123
 第 2 条 一般要求 123
 第 3 条 防范、监控和侦查 124
 第 4 条 培训 125
 第 5 条 报告义务 125
 第 6 条 提交 STOR 的时机 126
 第 7 条 STOR 的内容 126
 第 8 条 传输方式 127
 第 9 条 生效 127
 STOR 模板 128

欧盟委员会 第 2016/1055 号（欧盟）实施条例 133
 第一章 一般规定 134
 第二章 适当公开披露内幕信息的技术手段 134
 第三章 迟延公开披露内幕信息的技术手段 135
 第四章 最后条款 137

欧盟委员会 第 2016/347 号（欧盟）实施条例 138
 第 1 条 定义 139
 第 2 条 起草和更新内幕人名单的格式 140
 第 3 条 在 SME 成长市场上交易的发行人 140
 第 4 条 生效 140
 附件 I 141
 附件 II 143

欧盟委员会 第 2016/523 号（欧盟）实施条例 144
 第 1 条 定义 145
 第 2 条 通知格式与模板 145
 第 3 条 生效 145
 附件 146

欧盟委员会 第 2016/958 号（欧盟）授权条例 148
 第一章 一般规定 150
 第二章 提出建议 150
 第三章 传播第三方提出的建议 153
 第四章 最后条款 154

欧盟委员会 第 2018/292 号（欧盟）实施条例 155
 第 1 条 定义 156
 第 2 条 联络点 156

第 3 条	请求协助	156
第 4 条	回执	157
第 5 条	请求协助的答复	157
第 6 条	发送和处理协助请求的程序	157
第 7 条	要求某人做出陈述（taking a statement）的程序	158
第 8 条	请求调查或现场检查的程序	158
第 9 条	协助恢复经济处罚的程序	159
第 10 条	主动交换的信息	160
第 11 条	限制和允许使用的信息	160
第 12 条	生效和适用	160
附件 I		161
附件 II		164
附件 III		165
附件 IV		166

欧盟委员会 第 2017/1158 号（欧盟）实施条例 …… 167

第 1 条	定义	168
第 2 条	联络点	168
第 3 条	年度提交汇总信息	168
第 4 条	报告程序与表格	168
第 5 条	报告失效与更新	168
第 6 条	生效与适用	169
附件 I		170
附件 II		174

第三部分　ESMA 指南 …… 175

ESMA 第 2016/1477 号指南 …… 177

- 一、范围 …… 177
- 二、参考文献、缩写和定义 …… 177
- 三、目的 …… 177
- 四、合规与报告义务 …… 178
- 五、给接受邀标询价的人的指南 …… 178

ESMA 第 2016/1478 号指南 …… 180

- 一、范围 …… 180
- 二、参考文献、缩写和定义 …… 180
- 三、目的 …… 180
- 四、合规与报告义务 …… 180

五、发行人迟延披露内幕信息的合法利益与可能误导公众的迟延披露情形
　　　　的指南 ……………………………………………………………………… 181
ESMA 第 2016/1480 号指南 ……………………………………………………… 182
　　一、范围 …………………………………………………………………………… 182
　　二、参考文献、缩写和定义 …………………………………………………… 182
　　三、目的 …………………………………………………………………………… 182
　　四、合规与报告义务 …………………………………………………………… 183
　　五、关于商品衍生品市场或相关现货市场的信息指南，以定义商品衍生品
　　　　内幕信息 ……………………………………………………………………… 183

第四部分　修正案及勘误表 … 185

第 2019/461 号（欧盟）授权条例 ……………………………………………… 187
　　第 1 条 …………………………………………………………………………… 188
　　第 2 条 …………………………………………………………………………… 188
　　附件 ……………………………………………………………………………… 189
勘误表 1 …………………………………………………………………………… 190
勘误表 2 …………………………………………………………………………… 191
文件索引 …………………………………………………………………………… 192

第一部分　反市场滥用条例

I
（立法法案）
条例

欧洲议会与欧盟理事会
第 596/2014 号（欧盟）条例

本条例于 2014 年 4 月 16 日通过，关于市场滥用（市场滥用条例）并废止欧洲议会与欧盟理事会第 2003/6/EC 号指令和欧盟委员会第 2003/124/EC 号、第 2003/125/EC 号和第 2004/72/EC 号指令（与欧洲经济区相关的文本）。

欧洲议会与欧盟理事会，
根据《欧洲联盟运行条约》，特别是其中的第 114 条，
根据欧盟委员会的提案，
在将立法草案传送给各国议会之后，
根据欧洲中央银行的意见[①]，
根据欧洲经济和社会委员会的意见[②]，
依照普通立法程序[③]，
鉴于：

(1) 真正的金融服务内部市场对欧盟促进经济增长和创造就业机会至关重要。

(2) 市场完整性是一体化、高效和透明的金融市场应有之义。证券市场的平稳运行与公众对市场的信心是经济增长与繁荣的先决条件。市场滥用将损害金融市场的完整性并打击公众对证券和衍生品的信心。

(3) 欧洲议会与欧盟理事会第 2003/6/EC 号指令[④]落实并更新了维护市场完整性的欧盟法律框架。然而，考虑该指令生效后的立法、市场和技术发展会导致金融格局发生重大变化，该指令现在应当被取代。需要一项新的立法，以确保统一的规范、明确的关键概念和单一的规则与 2009 年 2 月 25 日由雅克·德·拉罗西埃（Jacques de Larosière）（"德·拉罗西埃小组"）主持的欧盟金融监管高级小组报告的结论相一致。

---

① 2012 年 7 月 6 日《欧盟官方公报》C 161，第 3 页。
② 2012 年 6 月 21 日《欧盟官方公报》C 181，第 64 页。
③ 2013 年 9 月 10 日欧洲议会的立场（尚未在《欧盟官方公报》上公布）2014 年 4 月 14 日欧盟理事会的决定。
④ 2003 年 1 月 28 日欧洲议会与欧盟理事会关于内幕交易和市场操纵（市场滥用行为）的第 2003/6/EC 号指令（2003 年 4 月 12 日《欧盟官方公报》L 96，第 16 页）。

（4）为了维护市场的完整性、避免潜在的监管套利、确保在发生企图操纵市场时追责，并给市场参与者带来更多的法律确定性和更少的监管复杂性，需要构建一个更加统一和强有力的监管框架。本条例旨在以确定的方式促进欧盟内部市场的正常运行，因此根据欧洲联盟法院判例法的一贯解释，本条例应当以《欧洲联盟运行条约》（TFEU）第114条的规定为基础。

（5）为了消除残存的交易障碍和因国家之间法律的差异而引起的严重竞争扭曲，并且防止出现未来的交易障碍和严重竞争扭曲，有必要通过一项条例对欧盟市场滥用监管框架进行更统一的解释，该监管框架将更明确地界定适用于所有成员国的规则。以条例形式制定市场滥用的监管要求，将确保这些要求直接适用于所有成员国。这将通过防止指令的转换立法而导致成员国层面监管要求的偏离，以实现监管条件的统一。本条例将要求所有人在欧盟范围内均遵循同一规则。本条例还将降低监管的复杂性和公司的合规成本（特别是对于跨国经营的公司而言），本条例也将有助于消除竞争扭曲。

（6）2008年6月25日欧盟委员会关于《欧洲〈小企业法〉》（A 'Small Business Act' for Europe）的通信呼吁欧盟及其成员国制定规则，以减轻行政负担、使立法适应中小型企业（SME）市场发行人的需求以及为这些发行人提供融资便利。第2003/6/EC号指令中的若干条款给发行人带来了行政负担，特别是对于那些获准在SME成长市场上交易金融工具的发行人而言，应当削减这些行政负担。

（7）市场滥用是一个涵盖金融市场不法行为的概念，就本条例而言，市场滥用应理解为内幕交易、非法披露内幕信息和市场操纵行为。此类行为妨碍了充分和适当的市场透明度，而市场透明度是一体化金融市场中所有经济主体进行交易的先决条件。

（8）第2003/6/EC号指令的调整范围集中获准在受监管市场上交易或已经申请进入市场交易的金融工具。然而，近年来金融工具在多边交易设施（MTF）上交易日渐频繁。还有一些金融工具只在其他类型的组织化交易设施（OTF）或者柜台交易市场（OTC）上交易。因此，本条例的调整范围应包括任何在受监管市场、MTF或OTF上交易的金融工具以及其他可能对该金融工具产生影响的行为或举动（无论该行为或举动是否在交易场所进行）。对于某些类似于受监管的市场的MTF，它能够帮助公司开展股权融资，市场滥用的禁止性规定也适用于已经申请在这样的市场上交易的金融工具。因此，本条例的调整范围应包括已经申请在MTF交易的金融工具。这将会改善投资者保护、维护市场完整性并确保明确禁止此类工具的市场滥用。

（9）就透明度而言，受监管市场、MTF或OTF的经营者应当毫不迟延地通知它们的主管机关关于金融工具的详细信息，这些金融工具获准交易、已经申请进入交易或已在其交易场所交易。当金融工具不再获准进行交易时，经营者应当向其主管机关发出二次通知。此类通知义务还应适用于已经申请进入其交易场所交易的金融工具以及在本条例生效之前获准交易的金融工具。主管机关应将通知提交给欧洲证券与市场管理局（ESMA），ESMA应公布所有已通知的金融工具的清单。本条例适用于无论其是否包含在ESMA公布的清单中的金融工具。

（10）某些未在交易场所交易的金融工具可能用于市场滥用。可能用于市场滥用的金融工具，其价格或价值取决于或影响了在交易场所交易的金融工具、其交易对在交易场所交易的其他金融工具的价格或价值产生了影响。此类可能被用于市场滥用的金融工具的例子包括，与股票或债券有关的可用于购买该股票或债券的衍生品的内幕信息，或与价值取决于该股票或债券的指数有关的内幕信息。当金融工具作为参考价格时，OTC 上交易的衍生品能从操纵价格中获益，或能被用来操纵在交易场所交易的金融工具的价格。另一个例子是计划发行一批新证券，这些证券不属于本条例的调整范围，但这些证券的交易可能影响属于本条例调整范围的现有上市证券的价格或价值。本条例还涵盖了某些在交易场所交易的金融工具，这些金融工具的价格或价值取决于 OTC 上交易的金融工具。同样的原则将适用于其价格基于衍生品价格的现货商品合约，也应适用于购买金融工具所参照的现货商品合约。

（11）出于经济原因，为安定证券市场交易证券、相关金融工具或者在回购计划中交易自有股票可以是合法的，因此在某些情况下，若行动是在必要的透明情况下进行的，其中披露了有关安定操作或回购计划的有关信息的，则应当豁免于适用禁止市场滥用的规定。

（12）在回购计划中买卖自有股份，以及安定一项不会从本条例下的豁免中受益的金融工具本身不应当被认为构成市场滥用。

（13）各成员国、欧洲中央银行体系（ESCB）成员、一个或多个成员国的部门和其他机构以及特殊目的共同体、欧盟和某些其他公共机构或代表上述实体行事的人在执行货币、汇率或公共债务管理政策时不应当受到限制，只要这些政策是为实现公共利益并且仅仅是为了追求这些政策目标而行事。欧盟、一个或多个成员国的特殊目的共同体、欧洲投资银行、欧洲金融稳定基金、欧洲稳定机制、两个或两个以上成员国设立的国际金融机构，在筹集资金和为其成员提供财政援助上实施的交易、指令或行为不应受到限制。根据本条例，这种对本条例调整范围的豁免可以延伸到某些负责或介入公共债务管理的第三国公共机构和中央银行。同时，对货币、汇率或公共债务管理政策的豁免不应延伸到那些机构除了追求这些政策目标而实施的交易、指令或行为的情况，或者不应延伸到为那些机构工作的人以自己名义实施交易、指令或行为的情况。

（14）理性的投资者的投资决策基于他们已获得的信息，换言之，理性的投资者的投资决策基于事前可获得的信息。因此，在做出投资决策时，一个理性的投资者是否可能考虑某一特定信息的问题应当根据事前可获得的信息进行评估。这种评估必须考虑到信息的预期影响（根据相关发行人活动的总体情况）、信息来源的可靠性以及在特定情况下可能影响金融工具、相关现货商品合约或基于排放配额的拍卖产品的其他任何市场变量。

（15）事前发布的信息可以用于检验事前信息对价格敏感的假设，但不应当用于对从事前信息中得出合理结论的人采取行动。

（16）若内幕信息涉及阶段性过程，那么该过程的每个阶段以及整个过程都可能构成内幕信息。在对相关事件存在的因素进行全面评估的基础上，长期过程的中间步骤本身可能是一系列情况、一个现实事件或一种现实的可能性（即它们将出现或发生）。然而，这一想法不应被解释为具有必须考虑这一系列情况或事件对相关金融工具价格的影响程度这一含义。若中间步骤本身符合本条例规定的内幕信息的标准,则其应当被认定为内幕信息。

(17) 与长期过程的中间步骤所构成的一个事件或一系列情况有关的信息可能涉及诸如:合同谈判状态、合同谈判的暂定条款、配售金融工具的可能性、金融工具的交易条件、配售金融工具的暂定条款或者将金融工具纳入进/剔除出主要指数的考量。

(18) 为了给市场参与者提高法律确定性,应当更明确地界定内幕信息定义中的两个关键要素,即这类信息的确切性及其对金融工具、相关现货商品合约或基于排放配额的拍卖产品价格潜在影响的重要性。特别是,根据欧洲议会与欧盟理事会第 1227/2011 号(欧盟)条例①要求披露的与批发能源产品衍生品有关的信息应被认定为内幕信息。

(19) 本条例并非意图禁止发行人的股东与管理层之间进行与业务和市场发展相关的一般性质的讨论。这种互动关系对于市场的有效运行至关重要,本条例不应当予以禁止。

(20) 现货市场和相关衍生品市场高度互联且呈全球化,跨市场及跨境的市场滥用可能导致重大的系统性风险。内幕交易和市场操纵都是如此。特别是,来自现货市场的内幕信息可以使交易金融工具的人受益。与商品衍生品有关的内幕信息不仅应当界定为符合金融市场内幕信息一般定义的信息,而且根据与商品衍生品或现货市场有关的欧盟或国家层面的法律、监管规定、市场条例、合约或习惯,该内幕信息应当被要求公开。这些规则的典型例子包括与能源市场的第 1227/2011 号(欧盟)条例和联合组织数据库石油数据库 [the Joint Organizations Database Initiative (JODI) database for oil] 有关的倡议。此类信息可作为市场参与者决定缔结商品衍生品或相关现货商品合约的基础,而且可能对此类衍生品或相关的现货商品合约价格产生重大影响,因此应当构成要求公开的内幕信息。

此外,操纵性策略还可能蔓延到现货和衍生品市场。金融工具(包括商品衍生品)的交易可能被用于操纵相关现货商品合约,现货商品合约可能被用于操纵相关金融工具。禁止市场操纵行为应当抓住这些相互关联。但是,将本条例的范围扩大到不涉及金融工具的行为是不合适或不切实际的,例如,扩大到仅影响现货市场的现货商品合约的交易。在批发能源产品的特定情况下,主管机关在将本条例规定的内幕信息、内幕交易和市场操纵行为的定义应用于与批发能源产品有关的金融工具时,应考虑到第 1227/2011 号(欧盟)条例定义的具体特征。

(21) 根据欧洲议会与欧盟理事会的第 2003/87/EC 号指令②,除了其他职责以外(inter alia),欧盟委员会、各成员国和其他官方指定机构负责排放配额的技术发行(technical issuance),它们将排放配额免费分配给符合条件的行业部门和新进入者,它们更普遍的是负责制定和实施欧盟气候政策框架,该框架旨在支撑向欧盟排放交易计划

---

① 2011 年 10 月 25 日欧洲议会与欧盟理事会关于批发能源市场完整性与透明度的第 1227/2011 号(欧盟)条例(2011 年 12 月 8 日《欧盟官方公报》L 326,第 1 页)。

② 2003 年 10 月 13 日欧洲议会与欧盟理事会关于确立在欧洲共同体内进行温室气体排放配额交易的计划的第 2003/87/EC 号指令,该指令修订了欧盟理事会的第 96/61/EC 号指令(2003 年 10 月 25 日《欧盟官方公报》L 275,第 32 页)。

（EU ETS）的合规购买者提供排放配额。在履行这些职责时，这些公共机构可以获得价格敏感的非公开信息，并且根据第 2003/87/EC 号指令可能需要执行某些涉及排放配额的市场操作。作为金融工具的排放配额属于欧洲议会与欧盟理事会第 2004/39/EC 号指令[①]审查的一部分，因此这些工具也属于本条例的调整范围。

为了保证欧盟委员会、各成员国和其他官方指定机构具备制定和执行欧盟气候政策的能力，只要是出于公共利益并且为了明确地追求该项政策和有关的排放配额的目标，这些公共机构的活动应豁免适用本条例。这种豁免不应当对整个市场透明度产生负面影响，因为这些公共机构有确保有序、公平和非歧视地披露和获得任何价格敏感的新决定、新进展和新数据的法定义务。再者，第 2003/87/EC 号指令和据此采取的执行措施要求保障公共机构公平和非歧视地披露其目前持有的特定价格敏感信息。同时，对为执行欧盟的气候政策而采取行动的公共机构的豁免不应延伸到那些公共机构从事不符合执行欧盟气候政策的行为或交易的情况，或不应该延伸到为这些机构工作的人以自己名义从事行为或交易的情况。

（22）根据 TFEU 第 43 条和基于 TFEU 达成的国际协议的执行情况，除了其他职责以外，欧盟委员会、各成员国和其他官方指定机构负责实施共同农业政策（CAP）和共同渔业政策（CFP）。在履行这些职责时，这些公共机构开展并采取旨在管理农业市场和渔业的活动和措施，包括公开干预、增加或暂停进口关税。根据本条例的调整范围，某些规定适用于可能对金融工具产生影响的现货商品合约，这些金融工具的价值取决于现货商品合约的价值并且已经或可能对现货商品合约产生影响，有必要确保欧盟委员会、各成员国和其他官方指定的履行 CAP 和 CFP 的机构的活动不受限制。为了保持欧盟委员会、各成员国和其他官方指定机构促进和追求执行 CAP 和 CFP 的能力，它们的活动只要符合公共利益并且仅仅是为了执行这些政策，就应当豁免适用本条例。这种豁免不应当对整个市场透明度产生负面影响，因为这些公共机构有确保有序、公平和非歧视地披露和获得任何价格敏感的新决定、新进展和新数据的法定义务。与此同时，依据 CAP 和 CFP 行事的公共机构的豁免不应延伸到这些公共机构从事不符合执行 CAP 和 CFP 的行为或交易的情况，或不应该延伸到为这些机构工作的人以自己名义从事行为或交易的情况。

（23）内幕交易的本质特征在于从内幕信息中获取不公平的优势，损害不了解此类信息的第三方，从而损害了金融市场的完整性和投资者的信心。因此，禁止内幕交易应适用于当持有内幕信息的人利用该信息进入市场交易，以自己或第三方名义，直接或间接地收购或处置、企图收购或处置与该信息有关的金融工具或取消或修改、企图取消或修改与该信息有关的金融工具收购或处置指令，从而不公平地利用从该信息中获得的利益的情况。利用内幕信息的情况还包括排放配额及其衍生品交易以及在根据欧盟委员会第

[①] 2004 年 4 月 21 日欧洲议会与欧盟理事会关于金融工具市场的第 2004/39/EC 号指令，该指令修订了欧盟理事会第 85/611/EEC 号、第 93/6/EEC 号和第 2000/12/EC 号指令并废除了欧盟理事会第 93/22/EEC 号指令（2004 年 4 月 30 日《欧盟官方公报》L 145，第 1 页）。

1031/2010 号（欧盟）条例①举行的拍卖中排放配额、基于排放配额的拍卖产品的报价。

（24）若持有内幕信息的法人或自然人以自己或第三方名义直接或间接地收购或处置、企图收购或处置与内幕信息有关的金融工具，这些人应当被认为是利用了内幕信息。这一推定不妨碍抗辩权的行使。分析一个人是否进行内幕交易或者企图进行内幕交易，均应当从本条例的目的出发，即为了保护金融市场的完整性和增强投资者的信心，换言之，为了保护投资者的平等地位并防止内幕信息的滥用。

（25）某人在持有内幕信息之前下达指令的行为不应当被认定为内幕交易。但是，当某人持有内幕信息，则应当推定：任何使该信息与某人在持有该信息之前下达的指令之间产生关联的后续变更行为均构成内幕交易，包括取消或修改指令、企图取消或修改指令。但是，若该人能够证实他/她在进行交易时没有利用内幕信息，则可以推翻该推定。

（26）利用内幕信息的行为包括由知道或应当知道这一信息构成内幕信息的人收购或处置金融工具或基于排放配额的拍卖产品、取消或修改某一指令、企图收购或处置金融工具或企图取消或修改某一指令。有鉴于此，主管机关应考虑在该等情况下，一个正常且理性的人知道或应当知道的信息内容。

（27）当某一公司面临公开收购要约或其他任何拟议的控制权变更时，成员国将采取措施保护在该公司中有表决权的可转让证券（或可能因行使其权利或转换而具有表决权的证券）持有人的利益，本条例的解释方式应符合成员国采取的措施。特别是，根据欧洲议会与欧盟理事会第 2004/25/EC 号指令②第 4 条的规定，该条例的解释方式应符合与成员国指定的监管机关监管的与收购要约、并购交易和其他影响公司所有权或控制权的交易有关的法律、条例和行政法规。

（28）基于公开数据的研究报告和评估结果（Research and estimates）本身不应被认为是内幕信息，因此仅在研究报告或评估结果的基础上进行的交易不应被认为是构成利用内幕信息。但是，诸如市场常规预期公布或传播的信息、公布或传播有助于金融工具价格形成的信息、已注册的市场评论员或机构提供的与金融工具价格有关的观点，这些信息可能构成内幕信息。因此，市场参与者必须考虑这些信息的保密程度以及在公布或传播这些信息之前对交易的金融工具可能产生的影响，以确定市场参与者是否将根据内幕信息进行交易。

（29）为了避免无意中禁止合法的金融活动形式，即在不具有市场滥用影响的情况下，有必要承认某些合法行为。例如，这可能包括承认做市商的作用，当他们以合法资格提供市场流动性时。

（30）仅下列事实并不应当被认为是构成利用内幕信息：做市商或被授权作为交易对手的人只是从事买卖金融工具的合法业务；或者被授权代表第三方执行与内幕信息有关

---

① 2010 年 11 月 12 日欧盟委员会关于根据欧洲议会与欧盟理事会第 2003/87/EC 号指令拍卖温室气体排放配额的时间、管理和其他方面的第 1031/2010 号（欧盟）条例，该指令确立了在欧洲共同体内进行温室气体排放配额交易的计划（2010 年 11 月 18 日《欧盟官方公报》L 302，第 1 页）。

② 2004 年 4 月 21 日欧洲议会与欧盟理事会关于收购要约的第 2004/25/EC 号指令（2004 年 4 月 30 日《欧盟官方公报》L 142，第 12 页）。

的交易指令的人只是尽职地执行、取消或修改指令。但对做市商、被授权作为交易对手的机构或被授权代表第三方执行与内幕信息有关的指令的人而言，本条例规定的保护范围并不延及至本条例明确禁止的行为，例如，通常被称为"抢帽子交易"的做法。若法人已穷尽合理措施防止市场滥用的发生，但其雇用的自然人却以该法人名义实施市场滥用，则该市场滥用不应被认为是由该法人实施的。为履行已到期的先前义务进行的交易亦不被认为是利用了内幕信息。获得与其他公司有关的内幕信息并将之用于公开收购要约，以期获得对该公司的控制权或兼并该公司的，该行为本身不应当被认定为内幕交易。

（31）由于金融工具的购买或处置必然涉及执行其中一项或多项操作的人事前做出的购买或处置决定，因此，购买或处置本身不应被认为是利用了内幕信息。根据自己的交易计划和策略进行交易不应被认为是利用了内幕信息。但是，法人和自然人不会仅凭其职业特性而受到保护；只有当他们以合理的方式行事且同时满足其职业和本条例期待的标准（即市场完整性和投资者保护标准）时才受到保护。若主管机关证实了这些交易、指令或行为背后存在不法原因，或者该人利用了内幕信息，那么该违法行为将被认为是已经发生了。

（32）邀标询价（market soundings）是指发生在金融工具的卖方与一个或多个潜在投资者之间的互动，该互动发生在交易被公布之前，目的是评估潜在投资者对可能的交易及其定价、规模和结构的兴趣。与普通交易不同，邀标询价可能涉及相关证券的首次或二次发行。邀标询价是评估潜在投资者的意见、加强股东对话、确保交易顺利进行以及促进发行人、现存股东和潜在新投资者之间达成一致意见的非常有价值的工具。当市场缺乏信心、相关基准时或者市场波动较大时，邀标询价将特别有益。因此，进行邀标询价的能力对于金融市场的正常运行十分重要，邀标询价本身不应被认为是市场滥用。

（33）邀标询价的例子包括：卖方公司与发行人就潜在的交易进行对话，并决定评估潜在投资者的兴趣以确定构成交易的条款；当发行人拟宣布发行债券或增发股票时，卖方公司联系主要投资者并给出该项交易的全部条款以获得参与交易的财务承诺（financial commitment）；当卖方公司试图代表投资者出售大量证券，并试图评估其他潜在投资者对这些证券的潜在兴趣时。

（34）进行邀标询价可能需要向潜在投资者披露内幕信息。一般而言，在有作为邀标询价目标的金融工具或者其他相关金融工具的现有市场中，只有根据邀标询价中传递的内幕信息才能从交易中获得经济利益。考虑到这种讨论的时机，当金融工具已经在受监管市场上获准交易或在 MTF 或 OTF 上交易后，内幕信息可能会在邀标询价的过程中披露给潜在投资者。在邀标询价之前，将要披露信息的市场参与者（the disclosing market participant）应当评估邀标询价是否会涉及披露内幕信息。

（35）若某人在履行其雇佣合同、职业或职责的正常过程中披露内幕信息，那么该行为应被认为是合法披露。当邀标询价涉及披露内幕信息时，若将要披露信息的市场参与者在披露时将以下事项通知被披露人并取得被披露人的同意：被披露人可能会被提供内幕信息；被披露人根据该信息进行交易或采取行动将受到本条例约束；被披露人必须采取合理方式确保信息的持续保密性；被披露人在对邀标询价回应的过程中必须通知将要披露信息的市场参与者该信息被披露给的所有自然人和法人的身份。当满足上述条件时，将要披露信息的市场参与者被认为是在履行其雇佣合同、职业或职责的正常过程中行事。将要披露信息的市场参与者还应遵守关于维护信息披露记录的义务，该义务在监管性技术标准中被详细列出。不应当推定不遵守本条例的市场参与者在进行邀标询价时非法泄露了内幕信息，但他们不应当利用给予遵守此类规定的人的豁免权。无论邀标询价是否会涉及披露内幕信息，应根据本条例的相关规定评估邀标询价是否违反禁止非法披露内幕信息的规定，在进行邀标询价前将要披露信息的市场参与者均有义务以书面形式记录其评估结果。

（36）反之，作为邀标询价对象的潜在投资者应考虑向那些他们披露的信息是否属于内幕信息，若属于，则他们将被禁止在该信息的基础上进行交易或进一步披露该信息。潜在投资者也受本条例规定的关于内幕交易和非法披露内幕信息规则的约束。为了帮助潜在投资者明确他们应采取哪些做法以避免违反本条例，ESMA 应发布指引。

（37）第 1031/2010 号（欧盟）条例规定了适用于排放配额拍卖产品的两种并行的市场滥用监管制度。然而，由于将排放配额归类为金融工具，本条例应建构一个单一的市场滥用措施的规则体系，以适用于整个一级和二级排放配额市场。根据第 1031/2010 号（欧盟）条例，本条例还应适用于包括报价在内的与拍卖平台上的拍卖有关的交易或行为，该拍卖平台是被授权作为排放配额或基于排放配额的其他产品（包括拍卖不属于金融工具的产品）的受监管市场。

（38）本条例应规定反市场操纵的措施，这些措施能够适用于一些可能被滥用的新交易形式或新策略。为了应对金融工具交易日趋自动化这一现实，市场操纵的定义最好能够规定具体的策略滥用行为的例子，这些策略滥用行为是通过包括算法交易和高频交易在内的任何可行的交易方式进行的。所规定的例子既非详尽无遗的，也非表明通过其他手段实施的相似策略不构成滥用行为。

（39）市场滥用的禁止性规定也应当适用于那些串谋实施市场滥用的人。例如，包括但不限于：密谋（devise）并劝诱（recommend）意图造成市场滥用的交易策略的经纪人；怂恿持有内幕信息者非法披露内幕信息的人；与交易商串谋开发用于便利市场滥用的软件的人。

（40）为确保将责任施加于法人和参与法人决策的自然人，有必要承认成员国间不同的国家法律机制。这些机制应当与国家法律中的责任归属方式直接相关。

（41）为了补充对市场操纵的禁止性规定，本条例应当包括禁止企图进行市场操纵的行为的规定。进行市场操纵的企图应区别于可能导致市场操纵的行为，因为本条例禁止这两种情况。这种企图包括行为已经开始但未完成的情况，例如，由于技术失败或交易指令未被执行的情况。为使主管机关能够对这些企图进行处罚，有必要禁止企图进行市场操纵的行为。

（42）在不违反本条例及其直接适用条款目的的情况下，进行的交易或发布的交易指令可能被认为是构成市场操纵的人能够证明，其进行这种交易或发出交易指令的理由是合法的，并且该交易和交易指令是符合有关市场的公认惯例。只有对有关市场具有市滥用监管职责的主管机关才能确定公认市场惯例。在特定市场中被接受的惯例不能被认为适用于其他市场，除非其他市场的主管机关正式接受这种惯例。若主管机关证实在这些交易或交易指令背后存在非法目的，违法行为仍然可能被视为已经发生。

（43）本条例还应明确，进行金融工具市场操纵或企图进行金融工具市场操纵可以采取利用在其他交易场所或在 OTC 上交易的诸如衍生品等有关金融工具的方式。

（44）许多金融工具都是参照基准定价。实际或企图操纵基准（包括银行同业拆借利率）会对市场信心产生严重影响并可能给投资者带来重大损失甚至扭曲实体经济。因此，需要制定与基准有关的具体规定以保护市场的完整性并确保主管机关能够明确禁止操纵基准的行为。这些规定应涵盖所有已公布的基准，包括那些能够通过互联网免费获取的基准，例如，CDS 基准和指数的指数（indices of indices）。有必要通过禁止操纵基准本身，通过禁止传输虚假或误导性信息、提供虚假或误导性信息输入数据或操纵基准的计算等任何其他举动，来补充对市场操纵的一般禁止性规定。其中，操纵基准的计算被广义地定义为包括接收和评估与该基准的计算有关的所有数据，特别包括经修饰的数据（trimmed data），还包括不管是基于算法还是全部或部分基于判断的基准计算方法（benchmark's methodology）。这些规则是对第 1227/2011 号（欧盟）条例的补充，该条例禁止故意向提供有关批发能源产品价格评估或市场报告的企业提供虚假信息，从而误导市场参与者根据这些价格采取行动。

（45）为确保受本条例规范的交易场所和交易设施之间具有统一的市场条件，任何受监管市场、MTF 和 OTF 的经营者均应当被要求建立和维护旨在防止和侦查市场操纵和滥用做法的有效安排、制度和程序。

（46）操纵或企图操纵金融工具也包括下达可能不被执行的指令。此外，操纵金融工具可能通过发生在交易场所外的行为进行。应当要求职业从事交易安排和执行的人建立并维护侦查和报告可疑交易的有效安排、制度和程序。这些人还应报告在交易场所外发生的可疑指令和交易。

（47）操纵或企图操纵金融工具还包括传播虚假或误导性信息。虚假或误导性信息的传播可能在相对较短的时间内对金融工具价格产生重大影响。包括发出明显错误的信息、故意遗漏重要事实以及故意不准确地报告信息。这种形式的市场操纵使投资者的投资决策基于不正确或扭曲的信息，因而对投资者尤其有害。这种形式的市场操纵还损害了发行人对与其相关的可获得信息的信任，因而对发行人也是有害的。缺乏市场信任反过来会危及发行人为其业务发行新的金融工具或从其他市场参与者那里获得信贷的融资能力。信息通过市场快速传播。因此对投资者和发行人的损害可能会持续较长时间，直到发现信息是虚假或具有误导性的并由发行人或负责其传播的人予以纠正之后才能停止。所以有必要将传播虚假或误导性信息（包括谣言、虚假或误导性新闻）认定为违反本条例的行为。所以不允许那些活跃于金融市场的人自由地表达与自己的意见或更好判断相反的信息是适当的，因为他们知道或应该知道这些信息是不利于投资者和发行人的错误的、具有误导性的信息。

（48）鉴于网站、博客和社交媒体的使用日趋增长，就本条例而言，有必要明确通过包括社交媒体网站或匿名博客在内的互联网传播虚假或误导性信息应等同于通过更传统的传播渠道传播虚假或误导性信息。

(49) 发行人公开披露内幕信息是避免内幕交易、确保投资者不受误导的重要手段。因此，发行人应尽快将内幕信息告知公众。但在特殊情况下，该披露义务可能会损害发行人的合法权益。在迟延披露不会误导公众并且发行人能够确保信息保密性的情况下，应当允许迟延披露。只有当发行人已经申请或已获准交易金融工具时，发行人才有义务披露内幕信息。

(50) 为适用关于公开披露内幕信息和迟延公开披露内幕信息的规定，按照本条例的规定，特别地，正当利益包括但不限于以下情形：（a）正在进行的谈判或相关内容，这些谈判的结果或正常状态可能受到公开披露的影响。特别是，若发行人的财务状况处于严重和迫在眉睫的危险中（虽然不在适用破产法的范围内）。但这种公开披露将破坏旨在确保发行人长期财务恢复的具体谈判结果而损害现存股东和潜在股东的利益时，可能会迟延一段时间公开披露信息；（b）若发行人的机构要求其相互保持独立，发行人管理机构做出的决定或缔结的合同需要发行人的另一机构批准才能生效。假使在此类批准之前公开披露信息，同时批准仍悬而未决，将危及公众对信息的正确判断。

(51) 此外，需要向排放配额市场的参与者提出披露内幕信息的要求。为了避免让市场暴露在无用的报告之下并且维持预期措施的成本效益，似乎有必要将该要求的监管影响范围限于某些欧盟 ETS 运营商，这些欧盟 ETS 运营商凭借其规模和活动可以被合理预期能够对排放配额、基于排放配额的拍卖产品或与之相关的衍生金融工具的价格以及根据欧盟第 1031/2010 号（欧盟）条例在拍卖中的报价产生重大影响。欧盟委员会应采取措施通过授权法案来确定适用这一豁免的最低阈值。需要披露的信息应当涉及披露方的实际操作，而非交易排放配额、基于排放配额的拍卖产品或与之相关的衍生金融工具的计划或策略。若排放配额市场参与者已经遵守了同等的内幕信息披露要求，特别是根据欧盟第 1227/2011 号（欧盟）条例，则披露涉及排放配额的内幕信息的义务不应当导致内容基本相同的强制性披露的重复。在排放配额市场的参与者的总排放量或额定热输入（rated thermal input）等于或低于设定阈值的情况下，由于与其实际操作有关的信息不会对披露产生实质影响，因此这种情况也应被认为是不会对排放配额、基于排放配额的拍卖产品或与之相关的衍生金融工具的价格产生重大影响的情况。尽管如此，排放配额市场的参与者应当被涵盖在禁止内幕交易的范围内，这些内幕交易与他们可以获得的任何其他属于内幕信息的信息有关。

(52) 为了保护公共利益、维护金融体系的稳定性，以及诸如为避免金融机构的流动性危机由于突然撤资而变成偿付能力危机，允许信贷机构或金融机构在特殊情况下迟延披露内幕信息将是适当的。特别是，这可能适用于与临时流动性问题有关的信息，当信贷机构或金融机构需要获得中央银行贷款（包括来自中央银行的紧急流动性援助）而披露这些信息会产生系统性影响的情况下可以允许迟延披露。这种迟延披露应当以发行人获得有关主管机关的同意为要件，并且迟延披露所带来的更广泛的公共和经济利益明显超过了获得被迟延披露的内幕信息所带来的市场利益。

（53）对于金融机构而言，特别是在它们获得中央银行贷款（包括紧急流动性援助）的情况下，在适时与国家中央银行、宏观审慎机构或任何其他相关的国家主管部门协商后，主管机关应当评估信息是否具有系统重要性以及迟延披露是否符合公共利益。

（54）应当明确禁止以自己或以第三方名义利用或企图利用内幕信息进行交易。内幕信息的利用还可以包括由知道或应当知道其所持有的信息属于内幕信息的人，进行的排放配额及其衍生品的交易以及根据第1031/2010号（欧盟）条例举行的排放配额或其他拍卖产品拍卖中给出的报价。尽管与第三方交易计划和策略有关的信息可能属于内幕信息，但是与市场参与者自己的交易计划和策略有关的信息不应当被认定为内幕信息。

（55）考虑到对根据欧洲议会与欧盟理事会第2014/65/EU号指令[①]定义的中小型企业拥有的信息进行监控并就是否以及何时需要披露信息征求法律意见的成本，披露内幕信息的要求对于这些已经获准在SME成长市场上交易金融工具中小型企业而言可能是一种负担。尽管如此，及时披露内幕信息对于确保投资者对这些发行人的信心至关重要。因此，ESMA应当发布指引，以帮助发行人在不违反投资者保护的情况下遵守披露内幕信息的义务。

（56）内幕人名单（Insider lists）是监管者调查可能的市场滥用的重要工具，但是名单中所包含的数据在不同国家之间的差异给发行人带来了不必要的行政负担。为了减少这些成本，内幕人名单所要求的数据栏目应当统一。将根据本条例和欧洲议会与欧盟理事会第2014/57/EU号指令[②]中规定的法律事实及其影响通知给内幕人名单中的人十分重要。保持和不断更新内幕人名单的要求给SME成长市场的发行人带来了行政负担。由于主管机关能够在无须随时要求SME成长市场的发行人提供这些名单的情况下有效地进行市场滥用监管，因此应当豁免它们的这项义务以减少本条例带来的行政成本。但在主管机关的要求下，此类发行人应当提供内幕人名单。

（57）发行人、代表其行事或以发行人名义行事的人，建立基于雇佣合同或其他安排为其工作并且能够直接或间接获取与发行人有关的内幕信息的人员的名单，是保护市场完整性的有效措施。此类名单可以服务于发行人或那些控制内幕信息流动的人，从而帮助他们完成保密职责。而且，此类名单是主管机关识别任何可能接触内幕信息的人及其获取日期的一个有效工具。列入此类名单的人直接或间接获取与发行人有关的内幕信息不违反本条例的禁止性规定。

（58）提高发行人层面履行管理职责的人及（在适当情况下）与其密切相关的人交易的透明度，是打击市场滥用（特别是内幕交易）的一项预防性措施。至少在个别的基础上公布这些交易也可能成为投资者非常宝贵的信息来源。有必要明确，公布这些管理人交易的义务还包括公布金融工具的质押或出借信息的义务，以防在发生突然、不可预见的处置情况下股票质押可能给公司带来的实际和潜在的不稳定影响。不披露这些信息，

[①] 2014年5月15日欧洲议会与欧盟理事会关于金融工具市场的第2014/65/EU号指令，该指令修订了第2002/92/EC号指令和第2011/67/EU号指令（见本期《欧盟官方公报》第349页）。

[②] 2014年4月16日欧洲议会与欧盟理事会关于对市场滥用施加刑事处罚的第2014/57/EU号指令（市场滥用指令）（见本期《欧盟官方公报》第179页）。

市场就无法知悉下列情况的可能性增加，诸如：未来股权的重大变化；股票市场份额供应的增加；该公司投票权的丧失。因此，若证券的质押是作为更广泛交易的一部分，即管理人将证券进行质押作为担保以从第三方获得信贷，则需要根据本条例发出通知。此外，充分和适当的市场透明度是市场参与者信心的先决条件，尤其是公司股东信心的先决条件。还有必要澄清，公布这些管理人交易的义务包括公布其他人为管理人行使自由裁量权交易的义务。为了确保透明度与向主管机关和公众通报的报告数量之间的适当平衡，应在本条例中引入不需要向主管机关和公众通报的管理人交易的阈值。

（59）以自己名义履行管理职责的人或与其密切相关的人进行交易的通告，不仅是市场参与者的宝贵信息，也是主管机关监管市场的另一种手段。通报交易的义务不得违反本条例中的禁止性规定。

（60）通报交易应符合欧洲议会与欧盟理事会第 95/46/EC 号指令①中规定的个人数据转移规则。

（61）在相关发行人有义务根据其股票获准交易的交易场所的条例或国家法律的规定公布中期财务报告或年终报告之前，其应当禁止履行管理职责的人进行交易，除非在特定和受限制的情况下证明发行人允许履行管理职责的人进行交易是合理的。但发行人的任何此类允许不得违反本条例中的禁止性规定。

（62）每个成员国的主管机关应具备一套有效的工具、权力和资源以保证监管的有效性。因此，本条例特别规定了成员国主管机关根据本国法律应享有的最低限度的监管和调查权力。若国家法律要求，主管机关应通过向主管司法机关提出申请从而行使这些权力。在根据本条例行使权力时，主管机关应客观公正地行事并应自主决策。

（63）市场经营者和所有经济行动者也应当促进市场完整性。从这个意义上说，指定单一的市场滥用监管机关不应当排除该主管机关和市场经营者之间形成的合作联系，或者在主管机关责任范围内对市场经营者的授权，以保证对本条例的遵守，实现有效监管。当提出、传播投资建议或其他信息的人推荐或建议一种或多种金融工具的投资策略，同时以自己名义交易这些金融工具，除了其他情况之外，主管机关应当有权要求或命令此类人提供任何必要的信息，以确定此类人提供或传播的建议是否符合本条例规定。

（64）为了侦查内幕交易和市场操纵案件，主管机关根据国家法律有权进入自然人和法人的处所扣押文件是必要的。若合理怀疑文件和其他数据与调查对象有关，并且可能与证明内幕交易或市场滥用案件有关，则主管机关有必要进入这些处所。此外，如已被要求提供信息的人未全部或部分遵守要求，或如有合理理由相信其不遵守提出的要求，或者信息要求所涉及的文件或信息将被其删除、篡改或销毁，则主管机关有必要进入该处所。根据国家法律，若需要事先得到有关成员国司法机关的批准，主管机关应当在获得事先司法授权后进入处所。

（65）投资公司、信贷机构和金融机构执行交易和记录执行交易的现有通话和数据流

---

① 1995 年 10 月 24 日欧洲议会与欧盟理事会关于处理个人资料时对个人的保护以及该等资料流动的第 95/46/EC 号指令（1995 年 11 月 23 日《欧盟官方公报》L 281，第 31 页）。

通记录以及电信运营商的现有通话和数据流通记录,对于侦查并证明内幕交易和市场操纵的存在是至关重要的,甚至有时是唯一的证据。通话和数据流通记录可以确定对传播虚假或误导性信息承担责任的人的身份、这些人接触的时间以及这些人之间的相互关系。因此,主管机关应能够根据第2014/65/EU号指令要求投资公司、信贷机构或金融机构提供现有的通话、电子通信和数据流通记录。获取数据和通话记录是必要的,以便提供证据并调查可能的内幕交易或市场操纵的线索,从而侦查市场滥用并实施对其的处罚。为了在欧盟中建立一个有关获取电信运营商持有的现有通话和数据流通记录或者投资公司、信贷机构或金融机构持有的现有通话和数据流通记录的公平竞争环境,若主管机关合理怀疑此类记录与检查或调查的对象有关,并可能与证明违反本条例的内幕交易或市场操纵有关,其应根据国家法律并在国家法律允许的范围内,有权要求电信运营商提供现有通话和数据流通记录,有权要求投资公司提供现有通话和数据流通记录。获取电信运营商持有的通话和数据流通记录不包括获取通话的内容。

（66）虽然本条例规定了主管机关应具有的一系列最低权力,但这些权力应当在完整的国家法律体系内行使,以保证尊重包括隐私权在内的基本权利。为了行使这些可能严重干扰尊重私人和家庭生活、家庭和通信权利的权力,成员国应该有适当和有效的保障措施来防止任何权力滥用。例如,这些权力的行使,在适当情况下要求获得有关成员国司法机关的事先批准。成员国应允许主管机关在必要的范围内行使侵入性权力（intrusive powers）,以便在没有等效手段有效实现同样结果的情况下进行适当调查。

（67）由于市场滥用可能跨境和跨市场发生,除特殊情况外的所有情况下,应当要求主管机关与其他主管机关、监管机关和ESMA进行合作与交流信息,特别是交流与调查活动有关的信息。若主管机关确信市场滥用正在或已经在另一成员国发生,或影响在另一成员国交易的金融工具,则应将这一事实通知该国主管机关和ESMA。在存在跨境影响的市场滥用情况下,若有关主管机关要求,ESMA应当协助调查。

（68）主管部门拥有有效的监控跨市场订单簿的必要工具是必要的。根据第2014/65/EU号指令,主管机关能够请求与订单相关的其他主管机关提供数据并接收该数据,以协助监控和侦查跨境市场操纵。

（69）为了确保与第三国机关就有效执行本条例进行信息交流与合作,主管机关应与第三国的主管机关签订合作协议。根据这些协议进行的任何个人数据传输均应符合第95/46/EC号指令和欧洲议会与欧盟理事会第45/2001号（欧共体）条例①。

（70）稳健的金融部门业务框架审慎规则和行为准则应当基于强有力的监督、调查和处罚制度。为此,监管机关应具备足够的行动权力,并应当能够依靠平等、强有力和震慑性处罚制度来应对所有财务不端行为,并能够有效执行处罚。然而,雅克·德·拉罗西埃（de Larosière）小组认为尚未具备这些要素。2010年12月8日关于加强金融部门处罚制度的委员会通信中,审查了现有的实施处罚的权力及其实际应用情况,旨在促进各

---

① 2000年12月18日欧洲议会与欧盟理事会关于共同体机构和单位处理个人资料时对个人的保护以及该等资料自由流动的第45/2001号（欧共体）条例（2001年1月12日《欧盟官方公报》L 8,第1页）。

种监管活动中处罚的一致性。

（71）因此，应当提供一套行政处罚和其他行政措施以确保成员国采取统一做法并加强其震慑作用。主管机关应当能获得禁止某人在投资公司内行使管理职能的权力。在确定对特定案件的处罚时，应考虑到适当因素，例如，任何已确定的经济利益的追缴、违法的严重性和持续时间、任何加重或减轻因素、具有震慑作用的必要罚款、在适当情况下为与主管机关合作而妥协。特别是，在具体案件中施加行政罚款的实际数额：对于非常严重的违法行为，行政罚款将达到本条例规定的最高水平或国家法律规定的更高水平；而对于轻微的违法行为或和解，行政罚款将明显低于本条例最高水平。本条例不限制成员国规定更高水平的行政处罚或其他行政措施。

（72）尽管没有任何规定阻止成员国对同一违法行为制定行政和刑事处罚规则，但不应当要求成员国对 2016 年 7 月 3 日之前违反本条例的行为制定行政处罚规则，因为这些行为已经受到国内刑法的约束。根据国家法律，成员国没有义务对同一犯罪实施行政和刑事处罚，但若其国家法律允许，则可以这样做。但是，对违反本条例或第 2014/57/EU 号指令的行为进行刑事处罚而非行政处罚不应当削弱或影响主管机关与其他成员国主管机关为本条例的目的及时合作、获取和交换信息的能力，包括将相关违法行为移交主管司法机关进行刑事起诉。

（73）为确保主管机关做出的决定对广大公众产生劝诫效果，主管机关通常应当发布这些决定。决定的发布也是主管机关告知市场参与者哪些行为违反本条例以及主管机关促进市场参与者善良行事的重要手段。若此类发布对相关的人造成不成比例的损害（disproportionate damage）或危及金融市场的稳定或正在进行的调查，主管机关应当根据国家法律以匿名方式发布或推迟发布行政处罚和其他行政措施的决定。若认为以匿名方式发布或推迟发布不足以确保金融市场的稳定不会受到损害，主管机关有权选择不发布行政处罚和其他行政措施的决定。也不应当要求主管机关发布性质轻微且不成比例的决定。

（74）举报人可能会向主管机关提供新的信息，帮助主管机关侦查并处罚内幕交易和市场操纵案件。然而，举报人可能因为害怕被报复或缺乏激励而不会举报。举报违反本条例的行为对于确保主管机关可以侦查并对市场滥用实施处罚是必要的。保护举报的措施是必要的，其有利于侦查市场滥用并且保护和尊重举报人和被指控人的权利。因此，本条例应当做出适当安排，使举报人能够提醒主管机关可能违反本条例的违法行为并保护他们免遭报复。成员国向那些提供与潜在的违反本条例的行为有关的信息的人提供经济奖励应当被允许。但是，举报人只有在发现新信息（这些信息是举报人并没有法律义务去通知的）时才有权获得此类经济奖励，并且这些信息将导致对违反本条例的行为的处罚。成员国还应确保其实施的举报计划包括为被指控人提供适当保护的机制，特别是有关保护其个人数据和程序方面的权利，以确保被指控人辩护的权利和在通过关于被指控人的决定之前听取其意见的权利，以及被指控人对有关其的决定在法院寻求有效救济的权利。

（75）由于成员国已通过了实施第 2003/6/EC 号指令的法律，并且由于授权法案（delegated acts）、本条例中规定的监管性技术标准和实施性技术标准应当在引入的框架能够有效适用之前通过，因此有必要在一段足够长的时间内推迟本条例实质性条款的适用。

(76) 为了促进顺利地过渡到本条例的适用，在本条例生效之前存在的、主管机关根据欧盟委员会第 2273/2003 号（欧共体）条例①为了适用第 2003/6/EC 号指令的第 1 条第 2 款（a）项而接受的市场惯例，只要在规定的时间内通知 ESMA，可以继续适用，直到主管机关根据本条例做出关于延续这些做法的决定。

(77) 本条例尊重基本权利，并遵守《欧盟基本权利宪章》（Charter of Fundamental Rights of the European Union）（《宪章》）所承认的原则。因此，应当根据这些权利和原则来解释和适用本条例。特别是当本条例涉及新闻自由和其他媒体言论自由的规则以及新闻工作者职业的规则或准则时，应考虑到欧盟和成员国保障的、根据《宪章》第十一条和其他有关规定得到承认的这些自由。

(78) 为了提高透明度并更好地为处罚制度的运行提供信息，主管机关应每年向 ESMA 提供匿名和汇总数据。这些数据应该包括已经展开调查的数量、正在进行调查的数量以及在相关期间内已结束调查的数量。

(79) 由 ESMA 在本条例框架内实施并由成员国主管机关（特别是由成员国指定的公共独立机构）监管第 95/46/EC 号指令和第 45/2001 号（欧共体）条例所规定的个人信息处理。主管机关的任何信息交换或传输应当符合第 95/46/EC 号指令中规定的个人数据传输规则。ESMA 的任何信息交换或传输应当符合第 45/2001 号（欧共体）条例中规定的个人数据传输规则。

(80) 本条例、授权法案、实施性法案、监管性技术标准、实施性技术标准以及据此通过的指引，不得妨碍欧盟有关竞争规则的适用。

(81) 为了明确本条例中规定的要求，应当授予欧盟委员会根据 TFEU 第 290 条的规定通过法案的权力的情况包括：某些公共机构和第三国中央银行以及第 2003/87/EC 号指令第 25 条所指的与欧盟有关联协议的某些第三国指定的公共机构豁免适用本条例的范围；本条例附件 I 所列的操纵行为征兆；确定对排放配额市场参与者适用公开披露义务的阈值；允许在封闭期内进行交易的情况；履行管理职责的人或与其有密切关系的人进行的某些交易的类型，这些交易将触发通知要求。欧盟委员会在筹备工作期间进行适当的咨询是特别重要的，特别是在专家级别的咨询。欧盟委员会在准备和起草授权法案时，应确保同时、及时和适当地向欧洲议会与欧盟理事会传送相关文件。

(82) 为了在报告违反本条例行为的程序上确保实施本条例的条件统一，应当授予欧盟委员会执行性权力以明确这些程序，这些程序包括后续报告的安排、保护根据雇佣合同工作的人和保护个人数据的措施。这些权力应当根据欧洲议会与欧盟理事会第 182/2011 号（欧盟）条例②行使。

(83) 金融服务技术标准应确保本条例涵盖的事项在整个欧盟范围内保持统一。授权作为高度专业化的机构的 ESMA 详细地制定不涉及政策选择的监管性技术标准草案和实

---

① 2003 年 12 月 22 日欧洲议会与欧盟理事会实施第 2003/6/EC 号指令中金融工具回购计划与安定操纵豁免的第 2273/2003 号（欧共体）条例（2003 年 12 月 23 日《欧盟官方公报》L 336，第 33 页）。

② 2011 年 2 月 16 日欧洲议会与欧盟理事会关于成员国对欧盟委员会行使执行权力的控制机制的规则与一般原则的第 182/2011 号（欧盟）条例（2011 年 2 月 28 日《欧盟官方公报》L 55，第 13 页）。

施性技术标准草案并提交给欧盟委员会将是有效和适当的。

（84）应当授权欧盟委员会通过由 ESMA 制定的监管性技术标准草案用以明确：受监管市场、MTF 和 OTF 的运营商制作的有关金融工具的通知内容，这些金融工具是在交易场所获准交易、交易或申请进行交易的金融工具；ESMA 编制、发布和维护这些金融工具清单的方式和条件；回购计划和安定操作必须满足的条件，包括交易条件、时间和数量限制、披露和报告义务以及安定价格条件；交易场所旨在预防和发现市场滥用的程序、安排以及人员将要使用的以便监测和通知可疑指令和交易的系统、模板；邀标询价过程中的适当安排、程序和记录保存要求；通过 TFEU 第 290 条和欧洲议会与欧盟理事会第 1093/2010 号（欧盟）条例第 10 条至第 14 条规定的授权法案的方式，向这类人客观呈现推荐投资策略的信息、披露特定利益或利益冲突征兆的技术安排。欧盟委员会在筹备工作期间进行适当的咨询是特别重要的，特别是在专家级别的咨询。

（85）还应当授权欧盟委员会通过 TFEU 第 291 条和第 1093/2010 号（欧盟）条例第 15 条规定的实施性法案的方式，采用实施性技术标准。应当授权 ESMA 起草涉及公开披露内幕信息、内幕人名单格式、主管机关之间以及与 ESMA 进行合作和交换信息的格式和程序的技术标准，并提交欧盟委员会。

（86）由于本条例防止内幕交易、非法披露内幕信息和市场操纵等形式的市场滥用的目标不可能在各成员国充分实现，但在具有规模和影响的欧盟层面上该目标能更好地实现，因此欧盟可以根据《欧洲联盟条约》（the Treaty on European Union）第 5 条规定的辅助性原则采取措施。根据该条规定的比例原则，本条例不超出实现该目标所必需的范围。

（87）第 2003/6/EC 号指令的规定不再相关或充分，该指令应于 2016 年 7 月 3 日起被废止。本条例的要求和禁止性规定与第 2014/65/EU 号指令中的要求和禁止性规定密切相关，因此本条例在该指令生效之日生效。

（88）为了正确适用本条例，成员国必须采取一切必要措施，以确保其国家法律在 2016 年 7 月 3 日之前符合本条例关于主管机关及其权力、行政处罚和其他行政措施、报告违法行为和发布决定的规定。

（89）欧洲数据保护监管局（The European Data Protection Supervison）于 2012 年 2 月 10 日发表意见①，

兹通过本条例如下：

第一章 一般规定

第 1 条 调整对象

本条例确立了针对内幕交易、非法披露内幕信息和市场操纵行为（统称为"市场滥用"）的统一监管框架，以及防范市场滥用的措施，以确保欧盟金融市场的完整性并增强这些市场中投资者的保护和信心。

---

① 2012 年 6 月 20 日《欧盟官方公报》C 177，第 1 页。

第 2 条 调整范围

1. 本条例适用于:

(a) 获准在受监管市场上交易或已经申请进入受监管市场交易的金融工具;

(b) 在 MTF 上交易、获准在 MTF 上交易或已经申请进入 MTF 交易的金融工具;

(c) 在 OTF 上交易的金融工具;

(d) 第 (a)、(b) 或 (c) 项未涵盖的金融工具,其价格或价值取决于这些项中提到的金融工具或对这些项中提到的金融工具的价格或价值产生影响,包括但不限于信用违约互换和差价合约。

根据第 1031/2010 号(欧盟)条例的规定,本条例还应适用于包括报价在内的与拍卖平台上的拍卖有关的行为或交易,该拍卖平台被授权作为排放配额或基于排放配额的其他产品(包括拍卖不属于金融工具的产品)的受监管市场。在不影响任何与拍卖中提交的报价有关的具体规定的情况下,本条例中与交易指令有关的任何要求和禁止性规定均适用于此类报价。

2. 第 12 条和第 15 条的规定也适用于:

(a) 非批发能源产品的现货商品合约,以其为对象的交易、指令或行为对第 1 款规定的金融工具的价格或价值有、可能有或意图有影响;

(b) 包括转移信贷风险的衍生合约或衍生品在内的各类金融工具,当现货商品合约的价格或者价值取决于其价格或者价值时,以其为对象的交易、指令、报价或行为对现货商品合约的价格或价值有或可能有影响;

(c) 与基准有关的行为。

3. 本条例适用于涉及第 1 款和第 2 款所规定的金融工具的交易、指令或行为,而不论这种交易、指令或行为是否发生在交易场所内。

4. 在欧盟和第三国范围内,本条例的禁止性规定和要求适用于涉及第 1 款和第 2 款规定的金融工具的作为和不作为。

第 3 条 定义

1. 就本条例而言,适用以下定义:

(1) "金融工具"是指第 2014/65/EU 号指令第 4 条第 1 款第 (15) 项所定义的金融工具;

(2) "投资公司"是指第 2014/65/EU 号指令第 4 条第 1 款第 (1) 项所定义的投资公司;

(3) "信贷机构"是指欧洲议会与欧盟理事会第 575/2013 号条例[①]第 4 条第 1 款第 (1) 项所定义的信贷机构;

(4) "金融机构"是指第 575/2013 号条例第 4 条第 1 款第 (26) 项所定义的金融

---

① 2013 年 6 月 26 日欧洲议会与欧盟理事会关于信贷机构和投资公司审慎要求的第 575/2013 号条例,该条例修改了第 648/2012 号条例(2013 年 6 月 27 日《欧盟官方公报》L 176,第 1 页)。

机构；

（5）"市场经营者"是指第 2014/65/EU 号指令第 4 条第 1 款第（18）项所定义的市场经营者；

（6）"受监管市场"是指第 2014/65/EU 号指令第 4 条第 1 款第（21）项所定义的受监管市场；

（7）"多边交易设施"或"MTF"是指第 2014/65/EU 号指令第 4 条第 1 款第（22）项所定义的多边系统；

（8）"组织化交易设施"或"OTF"是指第 2014/65/EU 号指令第 4 条第 1 款第（23）项所定义的欧盟内系统或设施；

（9）"公认市场惯例"是指经主管机关依照本条例第 13 条规定接受的具体的市场惯例；

（10）"交易场所"是指第 2014/65/EU 号指令第 4 条第 1 款第（24）项所定义的交易场所；

（11）"SME 成长市场"是指第 2014/65/EU 号指令第 4 条第 1 款第（12）项所定义的 SME 成长市场；

（12）"主管机关"是指依照本条例第 22 条确定的机关，但本条例另有规定的除外；

（13）"人"是指自然人或法人；

（14）"商品"是指欧盟委员会第 1287/2006 号（欧共体）条例①第 2 条第 1 款所定义的商品；

（15）"现货商品合约"是指在现货市场上交易并在交付时即刻交割的商品供应合约以及非金融工具的商品供应合约，包括实物结算远期合约；

（16）"现货市场"是指商品以现金出售并且交易完成后即刻交割的商品市场和其他非金融市场，如商品远期市场；

（17）"回购计划"是指根据欧洲议会与欧盟理事会第 2012/30/EU 号指令②第 21 至第 27 条进行的自有股票的交易；

（18）"算法交易"是指第 2014/65/EU 号指令第 4 条第 1 款第（39）项所定义的算法交易；

（19）"排放配额"是指第 2014/65/EU 号指令附件 I 第 C 节第（11）项所述的排放配额；

（20）"排放配额市场参与者"是指参与交易的任何人，包括下达排放配额、基于排

---

① 2006 年 8 月 10 日欧洲议会与欧盟理事会关于实施第 2004/39/EC 号指令中投资公司的记录保存义务、交易报告、市场透明度、允许进行的金融工具交易，以及该指令中的定义术语的第 1287/2006 号（欧共体）条例（2006 年 9 月 2 日《欧盟官方公报》L 241，第 1 页）。

② 2012 年 10 月 25 日欧洲议会与欧盟理事会关于为保护成员国和其他国家的利益而协调保障措施的第 2012/30/EU 号指令，该指令是成员国对公司在《欧洲欧盟运作条约》第 54 条第 2 段关于设立公共有限责任公司以及维持和改变其资本的条款以便使这些保障措施等同含义内提出的要求。（2012 年 11 月 14 日《欧盟官方公报》L 315，第 74 页）。

放配额的拍卖产品及其衍生品的交易指令以及根据第 17 条第 2 款规定没有从豁免中获益的人；

（21）"发行人"是指受私法或公法管辖的发行或拟议发行金融工具的法律实体，若存托凭证代表金融工具，那么发行人就是该金融工具的发行人；

（22）"批发能源产品"是指第 1227/2011 号（欧盟）条例第 2 条第（4）项所定义的批发能源产品；

（23）"国家监管机关"是指第 1227/2011 号（欧盟）条例第 2 条第（10）项所定义的国家监管机关；

（24）"商品衍生品"是指欧洲议会与欧盟理事会第 600/2014 号条例①第 2 条第 1 款第（30）项所定义的商品衍生品；

（25）"履行管理职责的人"是指发行人、排放配额市场参与者或者第 19 条第（10）项所述的其他实体，他们是：

（a）该实体的行政、管理或监督机构的成员；

（b）非第（a）项所述机构成员的高级行政人员，他们频繁获取与该实体直接或间接相关的内幕信息并且有权做出影响该实体未来发展和业务前景的管理决策。

（26）"关联人"是指：

（a）配偶或根据国家法律规定被认为等同于配偶的伴侣；

（b）根据国家法律规定的受抚养子女；

（c）在相关交易日期内同居一年以上的亲属；

（d）由履行管理职责的人或由（a）、（b）或（c）项所述的人负责管理的、受他们直接或间接控制的、为他们的利益而设立的或者实质等同于他们的经济利益的法人、信托或合伙企业。

（27）"数据流通记录"是指欧洲议会与欧盟理事会第 2002/58/EC 号指令②第 2 条第二段第（b）项所定义的数据流通记录；

（28）"职业安排或执行交易的人"是指职业从事接收和传输金融工具交易指令或执行金融工具交易的人；

（29）"基准"指周期或定期向公众提供或发布的、通过应用公式或基于一项或多项基础资产的价值或价格（包括估算价格、实际的或估算的利率或其他价值）或者调查来确定的任何比率、指数或数值，参照"基准"，可以确定金融工具下的应付金额或金融工具的价值；

（30）"做市商"是指第 2014/65/EU 号指令第 4 条第 1 款第（7）项所定义的做市商；

（31）"小额增持"（stake-building）是指不会触发宣布与某一公司有关的收购要约

---

① 2014 年 5 月 15 日欧洲议会与欧盟理事会关于金融工具市场的第 600/2014 号条例，该条例修改了第 648/2012 号条例。

② 2002 年 7 月 12 日欧洲议会与欧盟理事会关于电子通信部门的个人数据处理和隐私保护的第 2002/58/EC 号指令（关于隐私和电子通信的指令）（2002 年 7 月 31 日《欧盟官方公报》L 201，第 37 页）。

的法律或监管义务的证券收购；

（32）"将要披露信息的市场参与者"是指属于第 11 条第 1 款第（a）至（d）项或第 11 条第 2 款所列的并在邀标询价过程中披露信息的一类人；

（33）"高频交易"是指第 2014/65/EU 号指令第 4 条第 1 款第（40）项所定义的高频率算法交易技术；

（34）"推荐或建议投资策略的信息"是：

（a）由独立分析师、投资公司、信贷机构、主营业务是提出投资建议的其他人或者根据雇佣合同或其他方式为他们工作的自然人，直接或间接表达的关于金融工具或者发行人的特定投资建议；

（b）由第（a）项所述的人之外的人直接提出的关于金融工具的特定投资决定。

（35）"投资建议"是指明示或暗示地推荐或建议与一个或多个金融工具或发行人有关的投资策略的信息，包括对此类金融工具的当前或未来价值或价格的、供分销渠道或公众使用的任何意见。

2. 就第 5 条的规定而言，适用以下定义：

（a）"证券"是指：

（ⅰ）股票及其他等同于股票的证券；

（ⅱ）债券及其他形式的证券化债务；

（ⅲ）可转换成股份、可交换成股份或其他等同于股份的证券的证券化债务。

（b）"相关工具"是指未获准交易、未在交易场所交易或者尚未申请进入交易场所交易的金融工具，包括：

（ⅰ）认购、收购或处置证券的合约或权利；

（ⅱ）证券的金融衍生品；

（ⅲ）可转换或可交换的债务工具将被转换为或交换成的证券（若证券是可转换或可交换的债务工具）；

（ⅳ）由证券发行人发行或由担保人担保且市场价格可能对证券价格产生重大影响的工具，反之亦然；

（ⅴ）证券代表的股票以及等同于该等股票的其他证券（若证券为等同于股票的证券）。

（c）"重大发行"（significant distribution）是指发行证券的价值金额及所采用的出售方法都不同于普通交易的证券首次或二次发行；

（d）"安定操作"是指信贷机构或投资公司在证券重大发行情况下，因该等证券的卖出压力而在规定时间内维持该等证券的市场价格而购买或要约购买该证券，或交易等同于证券的相关工具。

第 4 条 金融工具的通知和清单

1. 受监管市场和投资公司的市场经营者以及 MTF 或 OTF 的市场经营者应当毫不迟延地通知交易场所的主管机关所有的金融工具，这些金融工具是指申请进入上述经营者的交易场所交易、获准在上述经营者的交易场所进行交易、首次在上述经营者的交易场所交易的金融工具。

当金融工具终止交易或者终止获准交易时,他们也应当通知交易场所的主管机关,除非该金融工具终止交易或者终止获准交易的日期已知并且在根据第一段规定发出的通知中被提及。

本款所述的通知应当包括(在适用的情况下):相关金融工具的名称和编号;申请进入交易、获准交易的日期和时间;首次交易的日期和时间。

市场经营者、投资公司还应当向交易场所的主管机关传达第三段所述的关于金融工具的信息,该金融工具于2014年7月2日之前申请进入交易或获准交易并且仍获准交易或被交易。

2. 交易场所的主管机关应当毫不迟延地将根据第1款规定收到的通知送交ESMA。ESMA应当在收到通知后立即以清单的形式在其网站上发布这些通知。ESMA应当在收到交易场所的主管机关的通知后立即更新该清单。该清单不局限于本条例的调整范围。

3. 该清单应当包含以下信息:

(a) 在受监管市场、MTF和OTF上,申请进入交易、获准交易或首次交易的金融工具的名称和编号;

(b) 申请进入交易、获准交易或首次交易的日期和时间;

(c) 金融工具申请进入交易、获准交易或首次交易的交易场所的详细情况;

(d) 金融工具终止交易或终止获准交易的日期和时间。

4. 为确保本条协调一致,ESMA应当制定监管性技术标准草案以规定:

(a) 第1款规定的通知内容;

(b) 第3款规定的清单汇编、出版和维护的方式和条件。

ESMA应当在2015年7月3日之前向欧盟委员会提交这些监管性技术标准草案。

根据欧洲议会与欧盟理事会第1095/2010号(欧盟)条例[①]第10条至第14条的规定,授权欧盟委员会采用第一段所述的监管性技术标准。

5. 为确保本条的统一适用条件,ESMA应当制定实施性技术标准草案以明确根据第1款和第2款规定提交通知的时间、格式和模板。

ESMA应当在2015年7月3日之前向欧盟委员会提交实施性技术标准草案。

根据欧洲议会与欧盟理事会第1095/2010号(欧盟)条例第15条的规定,授权欧盟委员会采用第一段所述的实施性技术标准。

第5条 回购计划与安定操作的豁免

1. 本条例第14条和第15条的禁止性规定不适用于在回购计划中交易自有股票的情形,若:

[①] 2010年11月24日欧洲议会与欧盟理事会设立欧洲证券与市场管理局的第1095/2010号条例,该条例修订了第716/2009/EC号指令并废除欧盟委员会第2009/77/EC号指令(2010年12月12日《欧盟官方公报》L 331,第84页)。

(a) 在交易开始前披露该计划的所有细节;

(b) 根据第 3 款规定向交易场所的主管机关报告作为回购计划组成部分的交易,且随后向公众披露;

(c) 遵守价格和数量方面的适当限制;

(d) 依照第 2 款规定的目标、本条规定的条件以及第 6 款规定的监管性技术标准进行。

2. 为了从第 1 款规定的豁免中受益,回购计划的唯一目的是:

(a) 减少发行人的资本;

(b) 履行可转换为权益工具的债务金融工具所产生的义务;

(c) 履行对雇员及对发行人或关联公司的行政、管理或监督机构成员的股票期权计划或其他股份配置所产生的义务。

3. 为了从第 1 款规定的豁免中受益,发行人应当向交易场所的主管机关报告每笔有关回购计划的交易,包括第 600/2014 号条例第 25 条第 1 款和第 2 款以及第 26 条第 1 款、第 2 款和第 3 款规定的信息。

4. 本条例第 14 条和第 15 条的禁止性规定不适用于为证券安定而交易证券或相关工具的情形,若:

(a) 在限定期间内实施安定操作;

(b) 披露安定操作的相关信息并根据第 5 款规定通知交易场所的主管机关;

(c) 遵守有关价格的适当限制;

(d) 此类交易符合第 6 款规定的监管性技术标准中规定的安定操作的条件。

5. 在不影响第 23 条第 1 款规定的情况下,安定操作交易的所有细节应当由发行人、要约人或实施安定操作的实体(无论该实体是否代表发行人或要约人)至迟在执行此类交易后的第七个交易日通知交易场所的主管机关。

6. 为了确保本条协调一致,ESMA 应当制定监管性技术标准草案以明确第 1 款和第 4 款规定的回购计划和安定操作必须满足的条件,该条件包括:交易条件、时间和数量限制、披露和报告义务以及价格条件。

ESMA 应当在 2015 年 7 月 3 日之前向欧盟委员会提交监管性技术标准草案。

根据第 1095/2010 号(欧盟)条例第 10 至第 14 条的规定,授权欧盟委员会采用第一段规定的监管性技术标准。

第 6 条 货币、公共债务管理活动及气候政策活动的豁免

1. 本条例不适用于以下主体以追求实施货币、汇率或公共债务管理政策目标进行的交易、指令或行为:

(a) 成员国;

(b) 欧洲中央银行体系(ESCB)成员国;

(c) 一个或几个成员国的部门、机构或特殊目的共同体或由代表其行事的人;

(d) 组成联邦的成员国(若成员国为联邦国家)。

2. 本条例不适用于欧盟委员会、其他官方指定的机构或代表其行事的人以追求公共债务管理政策进行的交易、指令或行为。

本条例不适用于以下主体进行的交易、指令或行为：

（a）欧盟；

（b）一个或几个成员国的特殊目的共同体；

（c）欧洲投资银行；

（d）欧洲金融稳定基金；

（e）欧洲稳定机制；

（f）由两个或两个以上成员国设立的、宗旨是调动资金并提供财政援助以救助正在经历或面临严重财政危机的成员国的国际金融机构。

3. 本条例不适用于成员国、欧盟委员会、其他官方指定的机构或代表其行事的人根据第 2003/87/EC 号指令以追求欧盟气候政策进行的涉及排放配额的活动。

4. 本条例不适用于成员国、欧盟委员会、其他官方指定的机构或代表他们行事的人根据《欧洲联盟运作条约》通过的法案或缔结的国际协定以追求欧盟共同农业政策或共同渔业政策进行的活动。

5. 根据第 35 条的规定，欧盟委员会有权通过授权法案将第 1 款规定的豁免延伸至某些第三国公共机构和中央银行。

为此，欧盟委员会应当在 2016 年 1 月 3 日之前准备并向欧洲议会与欧盟理事会提交一份报告，该报告评估负责或介入公共债务管理的第三国公共机构和中央银行的国际待遇。

报告应包括：在第三国法律框架内对这些机构和中央银行的待遇进行的比较分析；在这些管辖区内适用于这些机构和中央银行进行交易的风险管理标准。若报告得出结论（特别是关于比较分析的结论）认为有必要免除第三国中央银行的货币责任，使其豁免于本条例的义务和禁止性规定，那么欧盟委员会应当将第 1 款规定的豁免延伸至第三国的中央银行。

6. 根据第 35 条的规定，欧盟委员会亦有权采取授权法案将第 3 款规定的豁免延伸至某些根据第 2003/87/EC 号指令第 25 条规定与欧盟达成协议的指定的第三国公共机构。

7. 当根据雇佣合同或以其他方式为本条规定的实体工作的人以自己名义直接或间接地进行交易、下达指令或实施相关行为时，本条规定不适用于此类人。

第二章　内幕信息、内幕交易、非法披露内幕信息和市场操纵

第 7 条　内幕信息

1. 就本条例而言，内幕信息应当包括以下类型的信息：

（a）尚未被公开的、直接或间接地与一个或多个发行人或金融工具有关的、一旦公开将可能对该等金融工具的价格或相关衍生金融工具的价格产生重大影响的确切信息；

（b）尚未被公开的、直接或间接地与一个或多个商品衍生品有关或直接与相关现货

商品合约有关的、一旦公开将可能对此类衍生品或相关现货商品合约的价格产生重大影响的关于商品衍生品的确切信息。而且根据欧盟或国家层面的法律或监管规定、市场规则、合同、实践或惯例，在相关商品衍生品市场或现货市场上，将合理预期披露或要求披露此类信息；

（c）尚未被公开的、直接或间接地与一项或多项此类金融工具有关的、一旦公开将可能对此类金融工具的价格或相关衍生金融工具的价格产生重大影响的、与排放配额或基于排放配额的拍卖产品有关的确切信息；

（d）对于负责执行金融工具指令的人而言，直接或间接地与一个或多个发行人或金融工具有关的、一旦公开将可能会对该等金融工具的价格、相关现货商品合约的价格或相关衍生金融工具的价格产生重大影响的确切信息。这些信息由客户发出并且与客户在金融工具交易中的挂单有关。

2. 就第 1 款的规定而言，若信息表明已经存在、可以合理预期将要存在的一系列情形或者已经发生、可以合理预期将要发生的事件，且该信息足以得出该情形或事件可能对金融工具或相关衍生金融工具、相关现货商品合约或基于排放配额的拍卖产品的价格产生影响的结论，则该信息应当被认为具有确切性。鉴于此，一个意图产生或导致特殊情形或特定事件的长期过程、那些未来情形或未来事件以及与产生或导致未来情形或未来事件有关过程的中间步骤，将被认为是确切信息。

3. 若长期过程的中间步骤本身满足本条规定的内幕信息的标准，则中间步骤应当被认为是内幕信息。

4. 就第 1 款的规定而言，若发布的信息可能会对金融工具、衍生金融工具、相关现货商品合约或基于排放配额的拍卖产品的价格产生重大影响，则意味理性的投资者可能将该信息作为他/她投资决策的基础部分。

若排放配额市场的参与者的总排放量或额定热输入等于或低于根据第 17 条第 2 款第二段规定设定的阈值，则有关其实际操作的信息不应当被认为对排放配额、基于排放配额的拍卖产品或衍生金融工具的价格具有重大影响。

5. ESMA 应当发布关于第 1 款第（b）项规定的相关商品衍生品市场或现货市场的指南，以确立一份非详尽的信息指引清单（indicative list），该参考清单中的信息是根据欧盟或国内的法律或监管规定、市场规则、合同、实践或惯例合理预期或要求披露的信息。ESMA 应当充分考虑这些市场的特殊性。

第 8 条　内幕交易

1. 就本条例而言，内幕交易指持有内幕信息的人以自己或第三方名义直接或间接通过购买或处置与该信息有关的金融工具来利用该信息。当指令是有关主体在掌握内幕信息之前下达的，那么通过取消或修改与该信息有关的金融工具的指令来利用内幕信息也被认为是内幕交易。对于根据第 1031/2010 号（欧盟）条例持有的排放配额或基于排放配额的拍卖产品而言，利用内幕信息还应包括以自己或第三方名义提交、修改或撤回报价。

2. 就本条例而言，内幕交易还包括建议或诱导他人进行内幕交易，具体表现为当持有内幕信息的人：

（a）在该信息的基础上，建议或诱导他人收购或处置与该信息有关的金融工具；

（b）在该信息的基础上，建议或诱导他人取消或修改与该信息有关的金融工具的指令。

3. 当接受建议或诱导的人知道或应当知道该建议或诱导是基于内幕信息做出的，那么利用第 2 款所述的建议或诱导等同于本条所指的内幕交易。

4. 本条适用于因以下原因持有内幕信息的任何人：

（a）作为发行人或排放配额市场参与者的行政、管理或监督机构的成员；

（b）持有发行人或排放配额市场参与者资本的人；

（c）履行雇佣合同、职业或职责而获取信息的人；

（d）参与犯罪活动的人。

当某人知道或应当知道该信息属于内幕信息时，本条也适用于除第一段规定情形以外持有内幕信息的人。

5. 若该人是法人，根据国家法律，本条也适用于以有关法人名义参与收购、处分、撤销或者变更指令决策的自然人。

第 9 条　合法行为

1. 就第 8 条和第 14 条的规定而言，不能仅凭法人持有或曾经持有内幕信息这一事实而认为该法人已经利用了该信息并在收购或处置的基础上进行了内幕交易，若：

（a）该法人已建立、实施和维持充分有效的内部安排和程序，有效确保代表该法人做出收购或处置与内幕信息有关的金融工具决定的自然人或可能对该决定产生影响的其他人均未持有内幕信息；

（b）该法人没有怂恿、劝诱、诱导或影响代表法人交易与该信息有关的金融工具的自然人。

2. 就第 8 条和第 14 条的规定而言，不能仅凭一个人持有内幕信息这一事实而认为该人已经利用了该信息并在收购或处置的基础上进行了内幕交易，若：

（a）对于与该信息有关的金融工具而言，当该人是做市商或被授权作为对手方的人，并且收购或处置与该信息有关的金融工具是在该人履行该金融工具的做市商或对手方的职能的正常过程中合法进行的；

（b）当该人被授权代表第三方执行指令，并且收购或处置与该指令有关的金融工具是在该人履行雇佣合同、职业或职责的正常过程中合法进行的。

3. 就第 8 条和第 14 条的规定而言，不能仅凭一个人持有内幕信息这一事实而认为该人已经利用了该信息并在收购或处置的基础上进行了内幕交易，当该人进行购买或处置金融工具的交易而该交易是为了履行善意到期义务进行的、不会规避内幕交易的禁止性规定并且：

（a）这项义务是在有关的人持有内幕信息之前做出的指令或达成的协议所带来的；

（b）该交易是为了履行有关的人持有内幕信息之前产生的法律或监管义务。

4. 就第 8 条和第 14 条的规定而言，不能仅凭一个人持有内幕信息这一事实而认为该人已经利用了该信息并因此进行了内幕交易，当该人在进行公开收购或与公司合并时获得了内幕信息并仅将该内幕信息用于进行合并或公开收购，但在公司股东同意合并或接受要约时，该信息已公开或不再构成内幕信息。

本款不适用于小额增持。

5. 就第 8 条和第 14 条的规定而言，一个人利用其知识经验在收购或处置这些金融工具时决定收购或处置金融工具这一事实本身并不构成利用内幕信息。

6. 尽管有本条第 1 款至第 5 款的规定，但若主管机关证实有关交易指令、交易或行为存在非法理由，则违反第 14 条所述的内幕交易禁止性规定的行为被认为是已经发生了。

第 10 条　非法披露内幕信息

1. 就本条例而言，非法披露内幕信息是指持有内幕信息的人向他人披露该信息，但在正常履行雇佣合同、职业或职责过程中披露的情况除外。

本款适用于第 8 条第 4 款规定的情形或情况下的自然人或法人。

2. 就本条例而言，若某人知道或应当知道劝诱或诱导的披露是基于内幕信息做出的，则第 8 条第 2 款所述的劝诱或诱导的预先披露相当于本条规定的非法披露内幕信息。

第 11 条　邀标询价

1. 邀标询价由在交易被公布之前的信息互动构成，目的是评估潜在投资者对可能的交易以及与潜在规模或定价有关条件的兴趣，邀标询价由以下主体对一个或多个潜在投资者进行：

（a）发行人；

（b）金融工具的次级要约人（a secondary offeror），该交易在数量或价值方面不同于一般交易，并涉及一种基于对潜在投资者潜在兴趣进行事先评估的销售方式；

（c）排放配额市场参与者；

（d）以第（a）、（b）或（c）项所述的人的名义行事的第三方。

2. 在不影响第 23 条第 3 款规定的情况下，倘若存在以下两种情况，则意图对公司证券进行收购或与公司合并的人向享有证券权利的各方披露内幕信息，也应当被认定为邀标询价：

（a）为使享有证券权利的各方能够就其提供证券的意愿形成意见，披露这些信息是必要的；

（b）就收购要约或合并决定而言，要求享有证券权利的各方意愿提供其证券是合理的。

3. 将要披露信息的市场参与者在进行邀标询价之前，应当特别考虑邀标询价是否涉及披露内幕信息。将要披露信息的市场参与者应当书面记录其结论及理由。将要披露信息的市场参与者应当根据要求向主管机关提供此类书面记录。该义务适用于整个邀标询价过程中的每次信息披露。将要披露信息的市场参与者应当相应地更新本款规定的书面记录。

4. 就第 10 条第 1 款的规定而言，在邀标询价过程中披露的内幕信息，应当被认为是将要披露信息的市场参与者在符合本条第 3 款和第 5 款规定的情况下在履行正常雇佣合同、职业或职责中做出的。

5. 就第 4 款的规定而言，将要披露信息的市场参与者在进行披露前应当：

（a）获得接受邀标询价的人接收内幕信息的同意；

（b）告知接受邀标询价的人其被禁止以自己或第三方名义直接、间接地收购或处置与该信息有关的金融工具来利用或企图利用该信息；

（c）告知接受邀标询价的人其被禁止取消或修改已经做出的、与该信息有关的金融工具的指令来利用或企图利用该信息；

（d）告知接受邀标询价的人其有义务对其同意接收的信息进行保密。

将要披露信息的市场参与者应当制作并保存向接受邀标询价的人提供的所有信息的记录，包括：根据第 1 段的（a）至（d）项给出的信息；已被披露该信息的潜在投资者的身份（包括但不限于代表潜在投资者行事的法人和自然人）；每次披露的日期和时间。将要披露信息的市场参与者应当根据要求向主管机关提供该记录。

6. 根据将要披露信息的市场参与者的评估，若在邀标询价过程中披露的信息不再是内幕信息，则将要披露信息的市场参与者应当尽快通知接受邀标询价的人。

将要披露信息的市场参与者应当保存根据本款给出的信息的记录，并应当根据要求将其提供给主管机关。

7. 尽管有本条规定，但接受邀标询价的人应当自行评估其是否持有内幕信息或何时不再持有内幕信息。

8. 将要披露信息的市场参与者应当保存本条规定的记录至少五年。

9. 为了确保本条的统一协调，ESMA 应当制定监管性技术标准草案，以确定这些人遵守第 4、5、6 和 8 款规定的适当安排、程序和记录保存要求。

ESMA 应当在 2015 年 7 月 3 日之前向欧盟委员会提交监管性技术标准草案。

根据第 1095/2010 号（欧盟）条例第 10 至第 14 条的规定，授权欧盟委员会采用第一段规定的监管性技术标准。

10. 为确保本条的适用条件统一，ESMA 应当制定明确这些人使用的系统和通知模板的实施性技术标准草案，以满足本条第 4、第 5、第 6、第 8 款规定的要求，特别是第 4 至第 8 款规定的记录的准确格式，以及将第 6 款规定的将信息及时传达给接受邀标询价的人的技术手段。

ESMA 应当在 2015 年 7 月 3 日之前向欧盟委员会提交实施性技术标准草案。

根据第 1095/2010 号（欧盟）条例第 15 条的规定，授权欧盟委员会采用第一段规定的实施技术标准。

11. ESMA 应当根据第 1095/2010 号（欧盟）条例第 16 条的规定发布针对接受邀标询价的人的指引，其涉及：

（a）当信息作为邀标询价的一部分向其披露时，其应当考虑的因素以便评估信息是否属于内幕信息；

（b）若内幕信息已经向其披露，则其应当采取的措施以遵守本条例第 8 条和第 10 条的规定；

（c）其保存以证明其已遵守本条例第 8 条及第 10 条规定的记录。

第 12 条　市场操纵

1. 就本条例而言，市场操纵应包括以下行为：

（a）进行交易、下达交易指令或进行其他任何行为：

（ⅰ）发出或可能发出关于金融工具、相关现货商品合约或基于排放配额的拍卖产品的供给、需求或价格的虚假或误导性信号；

（ⅱ）使或可能一种或多种金融工具、相关现货商品合约或基于排放配额的拍卖产品的价格处于异常或人为的水平；

除非进行交易、下达交易指令或进行其他任何行为的人能够证明此类交易、指令或行为是出于正当理由并符合根据本条例第 13 条确定的公认市场惯例。

（b）使用虚假手段或任何其他形式欺骗或诡计进行交易、下达交易指令或进行任何其他行为，影响或可能影响一种或多种金融工具、相关现货商品合约或基于排放配额的拍卖产品的价格；

（c）在明知或应知信息是虚假或误导性时，通过包括互联网在内的媒介或以任何其他方式散布信息（包括散布谣言）的行为，发出或可能发出关于金融工具、相关现货商品合约或基于排放配额的拍卖产品的供给、需求或价格的虚假或误导性信号，或使或可能一种或多种金融工具、相关现货商品合约或基于排放配额的拍卖产品的价格处于异常或人为的水平；

（d）当传输信息或提供输入数据的行为人明知或应知该信息或输入数据是虚假或误导性的时，传输与基准有关的虚假或误导性信息、提供与基准有关的虚假或误导性的输入数据或任何其他操纵基准计算的行为。

2. 除了其他应当被认为是市场操纵的行为以外，以下行为也应当被认为是市场操纵：

（a）行为人单独或合谋实施控制金融工具、相关现货商品合约或基于排放配额的拍卖产品的供给或需求的行为。该行为具有或者可能具有直接或间接地固定买卖价格、产生或可能产生其他不公平交易条件的影响；

（b）在市场开盘或收盘时买卖金融工具的行为。该行为具有或可能具有误导投资者根据显示出的价格（包括开盘价或收盘价）行事的影响；

（c）通过包括电子手段（例如算法和高频交易策略）在内的任何可行的交易方式向交易场所下达包括取消或修改指令在内的指令的行为。该行为通过以下方式而具有第 1 款第（a）项或第（b）项规定的影响：

（ⅰ）扰乱或迟延交易场所交易系统的运行或可能扰乱或迟延交易场所交易系统的

运行；

（ⅱ）使其他人或可能使其他人在交易场所交易系统上更难以识别真实指令，包括输入导致订单簿超载或破坏订单簿稳定性的指令；

（ⅲ）产生或可能产生关于金融工具的供给、需求或价格的虚假或误导性信号，特别是通过输入指令诱发或加剧产生或可能产生虚假或误导性信号的趋势。

（d）事先持有某一金融工具、相关的现货商品合约或基于排放配额的拍卖产品头寸，并在未以合理且有效的方式向公众披露利益冲突的情况下，利用偶然或定期接触传统或电子媒介的机会，发表关于该金融工具、相关现货商品合约或基于排放配额的拍卖产品（或间接关于其发行人）的意见且随后从该意见对金融工具、相关现货商品合约或基于排放配额的拍卖产品的价格产生的影响中获益的行为；

（e）根据第1031/2010号（欧盟）条例进行拍卖之前，在排放配额或相关衍生品的二级市场上进行买卖的行为。该行为具有将拍卖产品的拍卖结算价格固定在异常或人为水平上或者在拍卖中误导报价人报价的影响。

3. 就第1款第（a）项和第（b）项的规定而言，在不损害第2款规定行为的情况下，附件Ⅰ界定了与使用虚假手段或其他任何欺骗或捏造的手段有关的非详尽列举的征兆以及与虚假或误导性信号和价格固定有关的非详尽列举的征兆。

4. 当本条所述行为人为法人时，根据国家法律，本条还应当适用于以有关法人名义进行决策活动的自然人。

5. 为阐明附件Ⅰ所列举的征兆的要素并且考虑金融市场的技术发展，根据第35条的规定，应当授权欧盟委员会通过授权法案具体解释附件1所列的征兆。

第13条 公认市场惯例

1. 若进行交易、下达交易指令或从事其他任何行为的人证实此类交易、指令或行为是出于合法原因，并符合根据本条确定的公认市场惯例，则第15条的禁止性规定不适用于第12条第1款第（a）项规定的行为。

2. 主管机关确定公认市场惯例可以考虑以下标准：

（a）市场惯例是否为市场提供充分的透明度；

（b）市场惯例是否有力保障市场力量的运作以及供需力量的适当相互作用；

（c）市场惯例是否积极影响市场流动性和效率；

（d）市场惯例是否考虑相关市场的交易机制，并且使市场参与者能够正确、及时地对该惯例所产生的新的市场情况做出反应；

（e）市场惯例是否会直接或间接地给欧盟金融工具相关市场（无论是否受到监管）的完整性带来风险；

（f）任何主管机关或其他机关对相关市场惯例的调查结果（特别是相关市场的惯例是否违反旨在防范市场滥用的条例、规则或行为准则的规定，无论该规定是否涉及相关市场或直接或间接涉及欧盟内部市场）；

（g）相关市场（无论是否受到监管）的结构特征（特别是交易的金融工具的类型、

市场参与者的类型以及散户投资者参与相关市场的程度）。

在特定市场中由主管机关确定为公认市场惯例的市场惯例不应当被认为同样适用于其他市场，除非这些其他市场的主管机关已根据本条接受该惯例。

3. 在根据第 2 款规定确定公认市场惯例之前，主管机关应当将其确定公认市场惯例的意图通知给 ESMA 和其他主管机关，并应当按照第 2 款规定的条件提供评估的详细信息。此类通知至少应当在公认市场惯例生效前的三个月内做出。

4. ESMA 应当在收到通知后两个月内向发出通知的主管机关提出意见，该意见将评估公认市场惯例与第 2 款之间的相容性以及公认市场惯例与根据第 7 款采用的监管性技术标准之间的相容性。ESMA 还应当评估公认市场惯例的确定是否会威胁到欧盟金融市场的完整性。该意见应当发布在 ESMA 的网站上。

5. 若主管机关确定的公认市场惯例与 ESMA 根据第 4 款提出的意见不符，则主管机关应当在确定公认市场惯例后 24 小时内在其网站上发布一个提示，说明其确定公认市场惯例的充分理由（包括该公认市场惯例不会威胁市场信心的理由）。

6. 若主管机关认为其他主管机关确定了不符合第 2 款所列标准的公认市场惯例，则 ESMA 应当根据第 1031/2010 号（欧盟）条例第 19 条的规定协助有关机关之间达成协议。

若有关主管机关之间未能达成协议，则 ESMA 将根据第 1031/2010 号（欧盟）条例第 19 条第 3 款的规定做出决定。

7. 为了确保本条的协调统一，ESMA 应当制定监管性技术标准草案来明确：根据第 2、第 3 和第 4 款的规定确定某一公认市场惯例的标准、程序和要求；维持、终止公认市场惯例适用或者修改公认市场惯例的满足条件（the conditions for its acceptance）的要求。

ESMA 应当在 2015 年 7 月 3 日之前向欧盟委员会提交监管性技术标准草案。

根据第 1031/2010 号（欧盟）条例第 10 至第 14 条的规定，授权欧盟委员会采用第一段规定的监管性技术标准。

8. 主管机关应当定期（至少每两年一次）审查其已确定的公认市场惯例，以决定是否维持、终止公认市场惯例的适用或修改其公认性条件，特别是在考虑到相关市场环境发生重大变化的情况下，例如交易规则或市场基础设施的变化。

9. ESMA 应当在其网站上发布公认市场惯例的清单及其适用的成员国。

10. ESMA 应当监督公认市场惯例的适用情况并应当向欧盟委员会提交年度报告，报告公认市场惯例适用于相关市场的情况。

11. 主管机关应当在第 7 款规定的监管性技术标准生效后三个月内将其在 2014 年 7 月 2 日之前确定的公认市场惯例通知给 ESMA。

在主管机关基于第 4 款中 ESMA 的意见做出了关于继续适用本款第一段规定的公认市场惯例的决定之前，该惯例应当继续在有关成员国适用。

第 14 条 禁止内幕交易和非法披露内幕信息

任何人不得：

（a）进行或企图进行内幕交易；
（b）建议他人进行内幕交易或诱导他人进行内幕交易；
（c）非法披露内幕信息。

第 15 条　禁止市场操纵

任何人不得进行或企图进行市场操纵。

第 16 条　预防与侦查市场滥用

1. 根据第 2014/65/EU 号指令第 31 条和第 54 条的规定，经营交易场所的市场经营者和投资公司应当确定和维护有效的安排、系统和程序以预防和侦查内幕交易、市场操纵和企图的内幕交易、市场操纵。

第一段中提到的人应当毫不迟延地向交易场所的主管机关报告可能构成内幕交易、市场操纵或企图的内幕交易、市场操纵的指令（包括任何取消或修改指令）和交易。

2. 任何职业从事安排或执行交易的人应当确定并维护有效的安排、系统和程序以侦查和报告可疑指令和交易。若职业从事安排或执行交易的人合理怀疑金融工具的指令或交易（不论是在场内或场外下达的指令或执行的交易）可能构成内幕交易、市场操纵或企图的内幕交易、市场操纵时，则其应当毫不迟延地通知第 3 款规定的主管机关。

3. 在不影响第 22 条规定的情况下，职业从事安排或执行交易的人应当遵守其注册地或总部所在地成员国的通知规则，有分支机构的应当遵守分支机构所在地成员国的通知规则。通知应当向该成员国的主管机关发出。

4. 第 3 款规定的主管机关在收到可疑指令或交易的通知后，应当立即向相关交易场所的主管机关发送该信息。

5. 为确保本条的协调统一，ESMA 应当制定监管性技术标准草案，以确定：
（a）行为人遵守第 1 款和第 2 款规定要求的适当安排、系统和程序；
（b）行为人遵守第 1 款和第 2 款规定要求的通知模板。
ESMA 应当在 2016 年 7 月 3 日之前向欧盟委员会提交监管性技术标准草案。

根据第 1095/2010 号（欧盟）条例第 10 至第 14 条的规定，授权欧盟委员会采用第一段规定的监管性技术标准。

第三章　披露要求

第 17 条　公开披露内幕信息

1. 发行人应当尽快公开直接涉及发行人的内幕信息。

发行人应当确保以公众能够快速获取并且能够完整、准确和及时评估信息的方式公开内幕信息，并根据欧洲议会与欧盟理事会第 2004/109/EC 号指令[①]第 21 条官方要求的方式公开内幕信息（若适用）。发行人不得将公开披露内幕信息与经营活动相结合。发

[①] 2004 年 12 月 15 日欧洲议会与欧盟理事会关于协调证券获准在受监管市场交易的发行人信息透明度要求的第 2004/109/EC 号指令，该指令修改了第 2001/34/EC 号指令（2004 年 12 月 31 日《欧盟官方公报》L 390，第 38 页）。

行人应当在其网站上发布所有被要求公开披露的内幕信息并且保存该信息至少五年。

本条适用于其金融工具已申请进入成员国的受监管市场或获准在成员国的受监管市场上交易的发行人，或者其金融工具已获准在 MTF 或 OTF 上交易或已申请进入成员国的 MTF 交易的发行人（若金融工具仅在 MTF 或 OTF 上交易）。

2. 排放配额市场参与者应当公开、有效和及时披露其所持有的与其业务有关的排放配额的内幕信息，包括：第 2003/87/EC 号指令附件 I 中具体规定的航空活动；参与方、其母公司或相关企业拥有或控制的该指令第 3 条（e）项规定的设施、负责的全部或部分运营事项。就该设施而言，应当披露与设施的容量和使用有关的信息，包括计划内或计划外的此类设施不可用性（unavailability）的信息。

若排放配额市场的某些参与者在上一年度拥有、控制或负责的设施或航空活动的排放量未超过二氧化碳当量的最低阈值，并且若其进行的燃烧活动的额定热输入未超过最低阈值，则第一段的规定不适用于这些参与者。

根据第 35 条的规定，应当授权欧盟委员会通过授权法案明确二氧化碳当量的最低阈值和额定热输入的最低阈值。该等阈值适用本款第二段规定的豁免。

3. 根据第 35 条的规定，应当授权欧盟委员会通过授权法案明确本条第 4 款和第 5 款规定的应通知的主管机关（the competent authority for the notifications）。

4. 发行人或排放配额市场参与者可以在自己承担的责任范围内（on its own responsibility）迟延向公众披露内幕信息，但是需要符合以下所有条件：

（a）立即披露可能会损害发行人或排放配额市场参与者的合法权益；

（b）迟延披露不可能误导公众；

（c）发行人或排放配额市场参与者能够确保该信息的保密性。

若长期过程存在不同阶段并且可能引起或导致特定情况或特定事件，发行人或排放配额市场参与者可以在自己承担的责任范围内迟延公开披露涉及该过程的内幕信息，并符合第一段第（a）、第（b）、第（c）项的规定。

若发行人或排放配额市场参与者已根据本款规定迟延披露内幕信息，则其应当通知第 3 款规定的主管机关该信息披露被迟延，并且在信息披露给公众后应当立即向主管机关提供该信息如何符合本款规定条件的书面说明。或者，成员国可以规定仅在第 3 款规定的主管机关提出要求时才向其提供这种说明的记录。

5. 为了维护金融体系的稳定性，作为信贷机构或金融机构的发行人可以在自己承担的责任范围内迟延公开披露内幕信息（包括与临时流动性问题有关的信息），特别是在该发行人需要从中央银行或最后贷款人处获得临时流动性援助的情况下，但是需要符合以下所有条件：

（a）披露内幕信息可能会损害发行人和金融系统的财务稳定性；

（b）迟延披露符合公共利益；

（c）可以确保该信息的保密性；

（d）在满足第（a）、第（b）、第（c）项的基础上，第 3 款规定的主管机关同意迟延披露内幕信息。

6. 就第 5 款第（a）至第（d）项而言，发行人应当将其迟延披露内幕信息的意图通知给第 3 款规定的主管机关，并提供证据证明迟延披露内幕信息符合第 5 款第（a）、第（b）和第（c）项规定的条件。第 3 款规定的主管机关应当适时与国家中央银行或宏观审慎机构（若设立）协商，或者与以下机关协商：

（a）若发行人是信贷机构或投资公司，则为根据欧洲议会与欧盟理事会第 2013/36/EU 号指令①第 133 条第 1 款的规定确定的机关；

（b）除第（a）项所述的情况以外，负责监管发行人的其他国内机关。

第 3 款规定的主管机关应当确保发行人仅在确保公共利益所必要的一段时间内迟延披露内幕信息。第 3 款规定的主管机关应当至少每周评估迟延披露内幕信息是否仍符合第 5 款第（a）、第（b）、第（c）项规定的条件。

若第 3 款规定的主管机关不同意发行人迟延披露内幕信息，则发行人应当立即披露内幕信息。

本款适用于发行人根据第 4 款规定尚未决定迟延披露内幕信息的情况。

本款中涉及第 3 款规定的主管机关的规定，并不影响主管机关以第 23 条第 1 款规定的任何方式履职的能力。

7. 若根据第 4 款或第 5 款迟延披露内幕信息但无法确保内幕信息的保密性，发行人或排放配额市场参与者应当尽快向公众披露内幕信息。

本款包括当一则谣言明确涉及根据第 4 款或第 5 款的规定已延迟披露的内幕信息这一情形，在此情形下，该谣言足以表明该信息的保密性不再得到确保。

8. 若发行人或排放配额市场参与者或者代表其或者以其名义行事的人，在第 10 条第 1 款规定的履行雇佣合同、职业或职责的正常过程中向第三方披露内幕信息，则其必须在有意披露的情况下同时/在无意披露的情况下及时对该信息进行完整有效的公开披露。若接收信息的人负有保密义务，则无论此类义务是基于法律、条例、公司章程还是合同，均不适用本款规定。

9. 若交易场所选择为 SME 成长市场的发行人提供这一交易设施，则与金融工具获准在该市场上交易的发行人有关的内幕信息将在交易场所的网站上公布，而不是在发行人的网站上公布。

10. 为了确保本条的适用条件统一，ESMA 应当制定实施性技术标准草案以确定：

（a）第 1、第 2、第 8 和第 9 款规定的适当公开披露内幕信息的技术手段；

（b）第 4、第 5 款规定的迟延公开披露内幕信息的技术手段。

ESMA 应当在 2016 年 7 月 3 日之前向欧盟委员会提交实施性技术标准草案。

根据第 1095/2010 号（欧盟）条例第 15 条的规定，授权欧盟委员会采用第一段规定的实施性技术标准。

---

① 2013 年 6 月 26 日欧洲议会与欧盟理事会关于信贷机构活动和信贷机构和投资公司审慎监管、修改第 2002/87/EC 号指令并且废除第 2006/48/EC 号指令和第 2006/49/EC 号指令的第 2013/36/EU 号指令（2013 年 6 月 27 日《欧盟官方公报》L 176，第 338 页）。

11. ESMA 应当发布指引以确定第 4 款第（a）项规定的发行人合法利益的非详尽列举的指引清单以及第 4 款第（b）项规定的迟延披露内幕信息可能误导公众的情形。

第 18 条　内幕人名单

1. 发行人或代表其或以其名义行事的人，应当：

（a）编制一份有权获取内幕信息的人、根据雇佣合同为发行人工作的人或者其他执行获取内幕信息任务的人（例如顾问、会计师或信用评级机构）的名单（内幕人名单）；

（b）根据第 4 款规定及时更新内幕人名单；

（c）根据要求尽快向主管机关提供内幕人名单。

2. 发行人或代表其或以其名义行事的人，应当采取一切合理措施确保内幕人名单上的任何人对法律和监管赋予其的责任进行书面确认，并了解内幕交易和非法披露内幕信息所适用的处罚。

即使代表发行人或以发行人名义行事的人承担起编制和更新内幕人名单的任务，发行人仍有义务遵守本条规定。发行人应当始终保留获取内幕人名单的权利。

3. 内幕人名单应当至少包括：

（a）任何有权获取内幕信息的人的身份；

（b）将该人纳入内幕人名单的原因；

（c）该人获取内幕信息的日期和时间；

（d）内幕人名单的编制日期。

4. 发行人或代表其或以其名义行事的人在出现以下情形时应当及时更新内幕人名单（包括更新日期）：

（a）将该人纳入内幕人名单的原因发生变化；

（b）有新的能够获取内幕信息的人需要被添加进内幕人名单；

（c）某人不再获取内幕信息。

当触发事由发生时，每次更新都应列明变更发生的日期和时间。

5. 发行人或代表其或以其名义行事的人应当在编制或更新后保留内幕人名单至少五年。

6. 金融工具获准在 SME 成长市场上交易的发行人应当免于编制内幕人名单，但是需要符合以下条件：

（a）发行人采取一切合理措施确保任何获取内幕信息的人都知悉法律和监管赋予其的责任，并了解内幕交易和非法披露内幕信息所适用的处罚；

（b）发行人能够根据要求向主管机关提供内幕人名单。

7. 本条适用于其金融工具已申请进入成员国的受监管市场或获准在成员国的受监管市场上交易的发行人，或者其金融工具已获准在 MTF 或 OTF 上交易或已申请进入成员国的 MTF 交易的发行人（若金融工具仅在 MTF 或 OTF 上交易）。

8. 本条第 1 至第 5 款的规定也适用于：

（a）与排放配额市场参与者实际操作有关的排放配额的内幕信息所涉及排放配额市

场参与者；

（b）与根据第 1031/2010 号（欧盟）条例举行的排放配额或其他拍卖产品的拍卖有关的任何拍卖平台、拍卖人和拍卖监察员（auction monitor）。

9. 为了确保本条的适用条件统一，ESMA 应当制定实施性技术标准草案，以确定内幕人名单的准确格式和更新本条规定的内幕人名单的格式。

ESMA 应当在 2016 年 7 月 3 日之前向欧盟委员会提交监管性技术标准草案。

根据第 1095/2010 号（欧盟）条例第 15 条的规定，授权欧盟委员会采用第一段规定的实施性技术标准。

第 19 条 管理人交易（Managers' transactions）

1. 履行管理职责的人及与其密切相关的人，应当通知第 2 款第二段规定的发行人、排放配额市场参与者和有关的主管机关：

（a）发行人以自己名义进行的每项交易。该交易与该发行人的股份、债务工具或与该股份或债务工具有关的衍生品或其他金融工具有关；

（b）排放配额市场参与者以自己名义进行的每项交易。该交易与排放配额、基于排放配额的拍卖产品或相关衍生品有关。

此类通知应当在交易日后三个工作日内迅速发出。

第一段适用于一个年度内（视情况而定）交易总额达到第 8 款或第 9 款规定的阈值的情况。

2. 就第 1 款的规定而言，在不影响成员国有权规定通知义务（而非本条规定的那些通知义务）的情况下，应当由第 1 款规定的人将其以自己名义进行的所有交易通知给主管机关。

第 1 款规定的人必须遵守发行人或排放配额市场参与者注册地成员国的通知规则。通知应当在交易后三个工作日内向成员国的主管机关发出。发行人未在成员国注册的，应当根据第 2004/109/EC 号指令第 2 条第 1 款第（i）项的规定通知发行人母国的主管机关。母国没有主管机关的，应当通知交易场所的主管机关。

3. 根据第 17 条第 10 款第（a）项规定的实施性技术标准，发行人或排放配额市场参与者应当确保及时公开根据第 1 款规定通知的信息，并且确保在不迟于交易后三个工作日内，在非歧视性基础上以公众能够快速获取这些信息的方式公开这些信息。

发行人或排放配额市场参与者应当使用可合理信赖的媒体有效地向欧盟公众传播信息，并且应当采用第 2004/109/EC 号指令第 21 条规定的官方指定的方式（若适用）。

或者，国家法律可以规定主管机关有权自行公布信息。

4. 本条适用于：

（a）其金融工具已申请进入受监管市场或获准在受监管市场上交易的发行人；

（b）其金融工具已获准在 MTF 或 OTF 上交易或已申请进入 MTF 上交易的发行人（若金融工具只在 MTF 或 OTF 交易）。

5. 发行人和排放配额市场参与者应当书面通知履行管理职责的人履行本条规定的义

务。发行人和排放配额市场参与者应当制定一份所有履行管理职责的人及与其密切相关的人的名单。履行管理职责的人应当书面通知与其密切相关的人履行本条规定的义务，并保留此类通知的副本。

6. 第1款规定的交易通知应当包含以下信息：

（a）该人的姓名；

（b）通知的理由；

（c）相关发行人或排放配额市场参与者的姓名；

（d）金融工具的类型和编号；

（e）交易的性质（如收购或处置），说明该交易是否与执行股票期权计划或第七段所规定的具体例子有关；

（f）交易日期和地点；

（g）交易价格和交易量。在存在质押的情况下，其条款规定的价值发生变化时，则应将其与质押之日的价值一并披露。

7. 就第1款的规定而言，必须通知的交易还应当包括：

（a）由第1款规定的履行管理职责的人或与其密切相关的人或他们的代表进行的金融工具质押或借贷；

（b）由职业从事安排或执行交易的人、第1款规定的履行管理职责的人或与其密切相关的人或他们的代表进行的包括行使自由裁量权在内的交易；

（c）根据欧洲议会与欧盟理事会第2009/138号指令①定义的人寿保险单进行的交易，当：

（ⅰ）保单持有人是第1款规定的履行管理职责的人或与其密切相关的人；

（ⅱ）保单持有人承担投资风险；

（ⅲ）保单持有人有权或有自由裁量权做出与人寿保险单中的特定工具有关的投资决策或执行与人寿保险单中的特定工具有关的交易。

就第（a）项而言，与存入托管账户中的金融工具有关的质押或类似担保权益的设定无须通知，除非该质押或其他担保权益的设定被用于为特定的信贷便利（credit facility）提供担保时才需通知。

若根据本款规定，保险合同的保单持有人承担通知交易的义务，则保险公司不承担通知义务。

8. 第1款的规定适用于在一个年度内总额达到5000欧元的所有后续交易（subsequent transaction）。对5000欧元的阈值的计算应当加上而不是净额清算（netting）第1款规定的所有交易。

9. 主管机关可参考具体的市场情况决定将第8款规定的阈值提高至20000欧元，并应当在适用前通知ESMA其采用更高阈值的决定及其理由。ESMA应当在其网站上公布

---

① 2009年11月25日欧洲议会与欧盟理事会关于开展和追求保险和再保险业务（偿付能力Ⅱ）的第2009/138/EC号指令（2009年12月17日《欧盟官方公报》L 335，第1页）。

根据本条适用的阈值清单以及主管机关规定此类阈值的理由。

10. 本条规定适用于在根据第 1031/2010 号（欧盟）条例举行的拍卖（该拍卖与拍卖平台、拍卖人和拍卖监察员有关）中履行管理职责的人进行的交易，也适用于与其密切相关的人进行的交易（只要这些人与排放配额、排放配额的衍生品或基于排放配额的拍卖产品的交易有关）。这些人应将其交易通知给拍卖平台、拍卖人和拍卖监察员（视情况而定）以及拍卖平台、拍卖人或拍卖监察员（视情况而定）注册地的主管机关。这些通知的信息应由拍卖平台、拍卖人、拍卖监察员或主管机关按照第 3 款的规定公开。

11. 在不影响第 14 条和第 15 条规定的情况下，根据以下法律法规，在发行人有义务公开的中期财务报告或年度报告公布前 30 日的封闭期内，发行人内部履行管理职责的人不得直接或间接地以自己或第三方名义进行与发行人的股份、债务工具、相关衍生品或其他金融工具有关的交易：

（a）发行人股票获准交易的交易场所的规则；

（b）国家法律。

12. 在不影响第 14 条和第 15 条规定的情况下，发行人可允许其内部履行管理职责的人以自己或第三方名义在第 11 款规定的封闭期内进行交易，但须符合以下情况之一：

（a）存在诸如严重的财务困难需要立即卖出股票的特殊情况（应个案处理）；

（b）基于或涉及雇员股份或储蓄计划、股份资格或权利的交易或者受益权没有改变的有关证券的交易等交易特点。

13. 根据第 35 条的规定，应当授权欧盟委员会通过授权法案明确：封闭期内发行人允许其内部履行管理职责的人交易的情形（包括第十二段规定的被认为是例外的情形）和被允许交易的交易类型。

14. 根据第 35 条的规定，应当授权欧盟委员会通过授权法案明确触发第 1 款规定要求的交易类型。

15. 为确保第 1 款适用条件的统一，ESMA 应当制定涉及格式与模板的实施性技术标准草案。第 1 款规定的信息应当以草案中规定的格式与模板通知和发布。

ESMA 应当在 2015 年 7 月 3 日之前向欧盟委员会提交实施性技术标准草案。

根据第 1095/2010 号（欧盟）条例第 15 条的规定，授权欧盟委员会采用第一段规定的实施性技术标准。

第 20 条 投资建议与统计数据

1. 提出、传播投资建议或其他信息（该信息用于推荐或建议投资策略）的人，应当采取合理审慎措施以确保客观呈现此类信息，并应当披露其利益或者明示其与该信息所涉的金融工具之间存在的利益冲突。

2. 公共机构应当以客观且透明的方式传播可能对金融市场具有重大影响的统计数据或预测。

3. 为了确保本条的协调统一，ESMA 应当制定监管性技术标准草案以确定第 1 款规定的人的技术安排，以便客观呈现投资建议或其他信息（该信息用于推荐或建议投资策略）以及披露特定利益或利益冲突征兆。

ESMA 应当在 2015 年 7 月 3 日之前向欧盟委员会提交监管性技术标准草案。

根据第 1095/2010 号（欧盟）条例的第 10 条至第 14 条的规定，授权欧盟委员会采用第一段规定的监管性技术标准。

第 3 款规定的监管性技术标准中的技术安排不适用于在一个成员国受到同等适当监管（包括同等适当的自律监管）的新闻记者，但此类监管应达到与这些技术安排类似的效果。成员国应当将同等适当监管的内容通知欧盟委员会。

第 21 条 在媒体上披露或传播信息

就第 10 条、第 12 条第 1 款第（c）项和第 20 条的规定而言，若在媒体上披露或传播信息、提出或传播建议是为了新闻业表达或其他形式表达的目的，那么此类信息的披露或传播应考虑到规范新闻自由和其他媒体言论自由的规则以及规范新闻记者职业的规则或准则，除非：

（a）有关的人或与其密切相关的人直接或间接地从披露或传播的信息中获得优势或利益；

（b）披露或传播将误导市场上关于金融工具的供应、需求或价格。

第四章 ESMA 与主管机关

第 22 条 主管机关

在不影响司法机关权限的情况下，各成员国应当为本条例指定一个行政主管机关。相应地，成员国应当通知欧盟委员会、ESMA 和其他成员国的主管机关。主管机关应当确保本条例的规定适用于：其境内；在其境内进行的一切行为；在境外进行的与某一金融工具有关的行为，该金融工具已获准在受监管市场上交易或已申请进入受监管市场交易、在拍卖平台上拍卖、在 MTF 或 OTF 上交易或已申请进入境内经营的 MTF 交易。

第 23 条 主管机关的权力

1. 主管机关应当以下列方式行使职权：

（a）直接；

（b）与其他部门或者与市场经营者合作；

（c）在职权范围内授权有关部门或市场经营者；

（d）通过向主管司法机关提出申请。

2. 根据国家法律，主管机关为履行本条例规定的职责，至少拥有以下监督权和调查权：

（a）有权获取、接收或者复制任何形式的文件和数据；

（b）有权要求或命令任何人提供信息，包括那些先后参与指令传递或相关业务行为的人及其负责人，并在必要时传唤和质询此类人以获取信息；

（c）就商品衍生品而言，有权要求相关现货市场的参与者按照标准化格式提供信息、有权获取交易报告并有权直接访问交易商的系统；

（d）有权在自然人私人处所以外的场所进行现场检查和调查；

（e）当合理怀疑涉及检查或调查对象的文件和数据与证明违反本条例规定的内幕交易或者市场操纵案件有关时，有权根据第二段的规定进入自然人和法人处所以获取任何形式的文件和数据；

（f）有权进行刑事调查；

（g）有权要求获取投资公司、信贷机构、金融机构持有的现有通话、电子通信、数据流通等记录；

（h）当合理怀疑存在违法行为以及合理怀疑此类记录可能与调查第 14 条第（a）或第（b）项、第 15 条规定的违法行为有关时，有权在国家法律允许的范围内要求获取电信运营商持有的现有通话和数据流通记录；

（i）有权要求冻结或/和扣押资产；

（j）有权暂停相关金融工具的交易；

（k）有权要求暂时停止主管机关认为违反本条例的任何做法；

（l）有权对业务活动施加临时禁令；

（m）有权采取一切必要措施纠正虚假或误导性的披露信息以确保告知公众正确信息，包括有权要求发行人或其他发布或散布虚假或误导性信息的人发布纠正声明。

根据国家法律，第一段第（e）项所述的进入自然人和法人处所需要经有关成员国司法机关的事先授权，只有获得事先授权才能行使与该项规定有关的权力。

3. 成员国应当确保采取适当措施以使主管机关具有履行其职责所必需的一切监督权和调查权。

除本条例规定的要求以外，还规定本条例不影响成员国根据第 2004/25/EC 号指令第 4 条规定的监管机关所规范的影响公司所有权和控制权的有关收购要约、并购交易和其他交易所适用的法律、条例和行政法规。

4. 根据本条例向主管机关提供信息的人不应当被认为违反合同或任何法律、监管或行政规定对信息披露的约束，且不得使通知人承担与该通知有关的任何类型的责任。

第 24 条　与 ESMA 合作

1. 根据第 1095/2010 号（欧盟）条例，主管机关应当为本条例的目的与 ESMA 合作。

2. 根据第 1095/2010 号（欧盟）条例第 35 条的规定，主管机关应当毫不迟延地向 ESMA 提供履行其职责所必要的所有信息。

3. 为了确保本条的适用条件统一，ESMA 应当制定实施性技术标准草案以确定第 2 款规定的信息交流的程序和格式。

ESMA 应当在 2016 年 7 月 3 日之前向欧盟委员会提交实施性技术标准草案。

根据第 1095/2010 号（欧盟）条例第 15 条的规定，欧盟委员会有权采用第一段规定的实施性技术标准。

第 25 条　合作义务

1. 除非适用第 2 款规定的例外情形之一，否则主管机关应当在必要时为本条例的目的相互合作并与 ESMA 合作。主管机关应当协助其他成员国主管机关和 ESMA。特别是它们不得无故拖延交流信息并且应在调查、监督和执法活动中进行合作。

第一段规定的合作和协助义务也适用于与欧盟委员会有关的信息交流，该等信息是与 TFEU 附件 I 所列农产品有关的信息。

主管机关和 ESMA 应当根据第 1095/2010 号（欧盟）条例进行合作，特别是根据该条例第 35 条进行合作。

若成员国选择根据第 30 条第 1 款第二段的规定对违反本条例规定的行为施加刑事处罚，它们应当确保：采取适当措施以使主管机关拥有一切与其管辖范围内的司法机关联络以接收具体信息的必要权力，该具体信息是与可能违反本条例而展开的刑事调查或诉讼有关的具体信息；采取适当措施以使主管机关向其他主管机关和 ESMA 提供上述相同的信息，以履行为本条例目的而与其他主管机关相互合作并与 ESMA 合作的义务。

2. 仅在下列例外情况下，主管机关可以拒绝提供信息、合作调查的请求，即：

（a）交流相关信息可能对所涉成员国的安全带来不利影响，特别是在打击恐怖主义和其他严重罪行的情况下；

（b）遵守该请求可能会对其自身的调查、执法活动或刑事调查（若适用）产生不利影响；

（c）已就同一行为对同一人向成员国机关提起了诉讼；

（d）对涉及此类人的同一行为，成员国已经做出了最终判决。

3. 主管机关和 ESMA 应当与根据欧洲议会与欧盟理事会第 713/2009 号条例①规定成立的能源监管机关合作局（ACER）合作；当交易、交易指令或其他举动或行为与适用本条例的一种或多种金融工具有关，且同时与适用第 1227/2011 号（欧盟）条例第 3、第 4、第 5 条的一种或多种批发能源产品有关时，成员国的国家监管机关确保采取协调一致的方法来执行相关规则。当主管机关将本条例第 7、第 8、第 12 条适用于与批发能源产品有关的金融工具时，应当考虑第 1227/2011 号（欧盟）条例第 2 条定义的具体特征以及第 1227/2011 号（欧盟）条例第 3、第 4、第 5 条的规定。

4. 主管机关经请求应当立即提供为第 1 款目的所需的任何信息。

5. 若主管机关确信违反本条例规定的行为正在或已经在另一成员国的境内进行或该行为影响在另一成员国交易场所交易的金融工具，则应当以尽可能具体的方式向另一成员国主管机关和 ESMA 发出通知，并就批发能源产品向 ACER 发出通知。各成员国主管机关在采取适当行动时应当互相协商并与 ESMA 协商，并就批发能源产品与 ACER 协商，并相互通报重大的临时进展。各成员国主管机关应当协调行动，以避免在对这些跨境案件实施行政处罚和其他行政措施时出现可能的重复和重叠，并应相互协助执行其决定。根据第 30 条和第 31 条的规定，对跨境案件实施行政处罚和其他行政措施时，各成员国主管机关应当协调一致行动以避免可能的重复和重叠。

---

① 2009 年 7 月 13 日欧洲议会与欧盟理事会关于设立能源监管机构合作局的第 713/2009 号条例（2009 年 8 月 14 日《欧盟官方公报》L 211，第 1 页）。

6. 一个成员国的主管机关可以请求其他成员国的主管机关在现场检查或者调查方面提供协助。

提出请求的主管机关可以将第一段规定的任何请求通知 ESMA。在进行具有跨境影响的调查或检查的情况下，若主管机关请求，ESMA 应当协助进行调查或检查。

当主管机关收到其他成员国主管机关提出的进行现场检查或调查的请求时，可以采取以下行动：

（a）自行进行现场检查或调查；

（b）允许提出请求的主管机关参与现场检查或调查；

（c）允许提出请求的主管机关自行进行现场检查或调查；

（d）委任审计员或专家进行现场检查或调查；

（e）与其他主管机关分担与监督活动相关的具体任务。

主管机关也可与其他成员国的主管机关合作，以协助恢复经济处罚。

7. 在不影响 TFEU 第 258 条的情况下，主管机关根据第 1、第 3、第 4 和第 5 款规定提出的信息或协助请求在合理时间内未被执行，或者主管机关提出的信息或协助请求被拒绝，主管机关可以在合理期限内将拒绝或不采取行动的情况提交给 ESMA。

在这种情况下，ESMA 可以依照第 1095/2010 号（欧盟）条例第 19 条的规定行事，但不得影响 ESMA 依照第 1095/2010 号（欧盟）条例第 17 条的规定行事的可行性。

8. 当主管机关有合理理由怀疑违反本条例的构成内幕交易、非法披露信息或者市场操纵的行为正在发生或者已经发生，其应当与相关国家和第三国监管机关合作并交流信息。这种合作应当确保对金融和现货市场有一个综合的考量，并对跨市场和跨境市场滥用进行侦查并施加处罚。

就排放配额而言，还应当确保与以下主体进行第一段规定的合作并交流信息：

（a）与根据第 1031/2010 号（欧盟）条例举行的涉及排放配额的拍卖或与基于排放配额的拍卖产品有关的拍卖监察员；

（b）主管机关、注册管理员（registry administrators），包括中央管理员（the Central Administrator），以及根据第 2003/87/EC 号指令负责合规监管的其他公共机构。

ESMA 应当在主管机关与其他成员国和第三国监管机关之间的合作和信息交流方面发挥促进和协调作用。根据第 26 条的规定，主管机关应当在必要时与负责相关现货市场的第三国监管机关达成合作安排。

9. 为了确保本条的适用条件统一，ESMA 应当制定实施性技术标准草案，以确定本条规定的信息交流和合作的程序和格式。

ESMA 应当在 2016 年 7 月 3 日之前向欧盟委员会提交实施性技术标准草案。

根据第 1095/2010 号（欧盟）条例第 15 条的规定，授权欧盟委员会采用第一段规定的实施性技术标准。

第 26 条　与第三国合作

1. 成员国主管机关应当在必要时与第三国监管机关就与第三国监管机关交流信息以

及在第三国履行本条例规定的义务达成合作安排。这些合作安排应当确保至少有效地交流信息，以使主管机关能够履行本条例规定的职责。

当主管机关意图达成这样的安排时，其应当通知 ESMA 及其他主管机关。

2. ESMA 应当在必要时促进和协调主管机关与第三国相关监管机关之间达成合作安排。

为确保本条的协调统一，ESMA 应当制定监管性技术标准草案，以提供成员国主管机关在必要时使用的合作安排的模板文件。

ESMA 应当在 2015 年 7 月 3 日之前向欧盟委员会提交监管性技术标准草案。

根据第 1095/2010 号（欧盟）条例第 10 条至第 14 条的规定，授权欧盟委员会采用第二段规定的监管性技术标准。

根据第 30 条和第 31 条的规定，ESMA 还应当在必要时促进和协调主管机关之间交流信息，该信息是从第三国监管机关获得的可能与根据第 30 条和第 31 条采取的措施有关的信息。

3. 只有在被披露的信息受到至少与第 27 条规定的同等的职业保密保障的情况下，主管机关才应当与第三国监管机关就信息交流达成合作安排。这种信息交流是这些主管机关执行任务所必要的。

第 27 条 职业保密

1. 根据本条例接收、交流或传输的任何保密信息均应受到第 2 款和第 3 款规定的职业保密条件的约束。

2. 根据本条例，主管机关之间交流的所有涉及商业或运营条件以及其他经济或个人事务的信息应被视为保密信息并应当符合职业保密要求，但主管机关在交流时声明该等信息得以公开或为诉讼之必要者，不在此限。

3. 职业保密的义务适用于所有为主管机关工作或曾为其工作的人，也适用于为主管机关授权的任何机关或市场经营者工作或曾为其工作的人（包括与主管机关签约的审计员和专家）。除非欧盟或国家法律另有规定，否则职业保密所涵盖的信息不得向任何其他人或机构披露。

第 28 条 数据保护

就主管机关在本条例框架内处理个人数据而言，其应当根据国家法律、条例或由第 95/46/EC 号指令所转换的行政法规为本条例目的行事。就 ESMA 在本条例框架内处理个人数据而言，其应当遵守第 45/2001 号（欧共体）条例。

个人数据最多保存五年。

第 29 条 向第三国披露个人数据

1. 在满足第 95/46/EC 号指令要求的前提下，成员国的主管机关可以逐案将个人数据转移到第三国。除获得明确的书面授权并且符合该成员国主管机关规定的条件之外，主管机关还应当确保为本条例的目的转移个人数据是必要的，并且应当确保第三国不会将个人数据转移至其他第三国。

2. 当有关成员国的主管机关已从传输数据的主管机关处获得明确同意并且仅为主管机关同意之目的而披露数据时，成员国主管机关才能向第三国监管机关披露其从其他成员国主管机关接收的个人数据。

3. 若合作协议规定了个人数据的交流，则应当遵守国家法律、条例或由第95/46/EC号指令所转换的行政法规。

第五章 行政措施与处罚

第 30 条 行政处罚与其他行政措施

1. 在不影响任何刑事处罚且不影响主管机关基于第 23 条拥有的监督权的情况下，成员国应当根据国家法律规定主管机关有权就至少以下违法行为采取适当的行政处罚和其他行政措施：

（a）违反第 14 条、第 15 条、第 16 条第 1、第 2 款，第 17 条第 1、第 2、第 4、第 5、第 8 款，第 18 条第 1、第 6 款，第 19 条第 1、第 2、第 3、第 5、第 6、第 7、第 11 款以及第 20 条第 1 款规定的行为；

（b）不配合或不遵守调查、检查或第 23 条第 2 款规定请求的行为。

若第一段第（a）项或第（b）项规定的违法行为在 2016 年 7 月 3 日前已受到成员国国家法律的刑事处罚，成员国可以决定不制定第一段中提到的行政处罚规则。若成员国做出前述决定，其应详细通知欧盟委员会和 ESMA 其刑法的相关内容。

成员国应当在 2016 年 7 月 3 日前详细地通知欧盟委员会和 ESMA 第一段和第二段提到的规则。成员国应当毫不迟延地通知欧盟委员会和 ESMA 任何有关前述规则的后续修正案。

2. 在涉及第 1 款第一段第（a）项提到的违法行为的情况下，成员国应当根据国家法律确保主管机关有权实施至少以下行政处罚，并且有权采取至少以下行政措施：

（a）下达要求违法行为责任人停止该行为并阻止该行为的反复发生的命令；

（b）要求在可以确定的范围内返还因违法行为所获得的利润或所避免的损失；

（c）发出明示违法行为责任人和违法行为性质的公开警告；

（d）撤回或中止对投资公司的授权；

（e）暂时禁止投资公司内部履行管理职责的人以及对违法行为负有责任的任何自然人在投资公司行使管理职能；

（f）若屡次违反第 14 条或第 15 条的规定，永久禁止投资公司内部履行管理职责的人以及对违法行为负有责任的任何自然人在投资公司行使管理职能；

（g）暂时禁止投资公司内部履行管理职责的人以及对违法行为负有责任的任何自然人进行自我交易；

（h）处因违法行为所获利润或所避免损失至少三倍金额（若金额可以确定）的最高行政罚款；

（i）就自然人而言，最高行政罚款至少为：

（ⅰ）对于违反第 14 条和第 15 条规定的违法行为，处 5000000 欧元或在 2014 年 7 月 2 日以本国（非欧元货币的成员国）货币计算的相应价值的罚款；

（ⅱ）对于违反第 16 条和第 17 条规定的违法行为，处 1000000 欧元或在 2014 年 7 月 2 日以本国（非欧元货币的成员国）货币计算的相应价值的罚款；

（ⅲ）对于违反第 18、第 19 和第 20 条规定的违法行为，处 500000 欧元或在 2014 年 7 月 2 日以本国（非欧元货币的成员国）货币计算的相应价值的罚款。

（j）就法人而言，最高行政罚款至少为：

（ⅰ）对于违反第 14 条和第 15 条规定的违法行为，处 15000000 欧元或法人年度营业额的 15%（按照管理机构批准的最后可用账目计算）或者在 2014 年 7 月 2 日以本国（非欧元货币的成员国）货币计算的相应价值的罚款；

（ⅱ）对于违反第 16 条和第 17 条规定的违法行为，处 2500000 欧元或法人年度营业额的 2%（按照管理机构批准的最后可用账目计算）或者在 2014 年 7 月 2 日以本国（非欧元货币的成员国）货币计算的相应价值的罚款；

（ⅲ）对于违反第 18、第 19 和第 20 条规定的违法行为，处 1000000 欧元或在 2014 年 7 月 2 日以本国（非欧元货币的成员国）货币计算的相应价值的罚款。

本款对主管机关的规定不影响其根据第 23 条第 1 款规定的任何方式行使其职能。

就第一段第（j）项（ⅰ）和（ⅱ）点而言，若法人是根据第 2013/34/EU 号指令[①]的要求需要编制合并财务报表（prepare consolidated financial accounts）的母公司或子公司，则相关年度总营业额应当为年度总营业额或符合相关会计准则的相应收入类型——银行理事会第 86/635/EEC 号指令[②]和保险公司理事会第 91/674/EEC 号指令[③]——根据最终母公司管理机构批准的最近可获得的合并报表来确定的。

3. 除第 2 款规定的处罚以外，成员国可以规定主管机关有权采取比本款规定处罚更高层次的处罚。

第 31 条 行使监督权与施加处罚

1. 成员国应当确保主管机关在确定行政处罚类型和层次时考虑所有相关情况，包括（若适用）：

（a）违法行为的严重性和持续时间；

（b）违法行为责任人的责任大小；

（c）违法行为责任人的经济实力，例如法人总营业额或自然人年收入；

（d）违法行为责任人所获利润或所避免损失（若可以确定的话）的价值；

[①] 2013 年 6 月 26 日欧洲议会与欧盟理事会关于某些类型企业的年度财务报表、综合财务报表和相关报告的第 2013/34/EU 号指令，该指令修改了欧洲议会与欧盟理事会 2006/43/EC 号指令并废除欧盟理事会第 78/660/EEC 号指令和第 83/349/EEC 号指令（2013 年 6 月 29 日《欧盟官方公报》L 182，第 19 页）。

[②] 1986 年 12 月 8 日欧盟理事会关于银行和其他金融机构年度财务报表、综合财务报表的第 86/635/EEC 号指令（1988 年 12 月 31 日《欧盟官方公报》L 372，第 1 页）。

[③] 1991 年 12 月 19 日欧盟理事会关于保险业务的年度财务报表、综合财务报表的第 91/674/EEC 号指令（1991 年 12 月 31 日《欧盟官方公报》L 374，第 7 页）。

(e) 在不影响确保追缴违法行为责任人所获利润或所避免损失的情况下，该人与主管机关的合作程度；

(f) 违法行为责任人先前的违法行为；

(g) 违法行为责任人为防止违法行为的反复发生而采取的措施。

2. 在施加第 30 条规定的行政处罚和其他行政措施时，主管机关之间应当密切配合以确保其根据本条例有效、恰当行使监督权和调查权、施加行政处罚以及采取其他行政措施。在跨境案件中行使监督权和调查权以及施加行政处罚时，主管机关应当根据第 25 条的规定相互协调以避免重复和重叠。

第 32 条 报告违法行为

1. 成员国应当确保主管机关建立能够向其报告实际或潜在的违反本条例规定的行为的有效机制。

2. 第 1 款规定的机制应当至少包括：

(a) 接收违法行为报告及其后续报告的具体程序，包括为该等报告建立安全的沟通渠道；

(b) 在其雇佣范围内，对基于雇佣合同工作的报告违法行为的人或被指控违法的人，至少应向其提供防范报复、歧视或其他类型的不公平待遇的适当保护；

(c) 在不影响国家法律在调查或后续的司法程序中要求披露信息的情况下，在程序的所有阶段保护报告违法行为的人和涉嫌违法的自然人的个人数据，包括他们身份的保密性。

3. 成员国应当要求雇主（该雇主从事受金融服务监管规制的活动）为其雇员报告违反本条例的行为建立适当的内部程序。

4. 当某些人没有先前的法律或合同义务来报告此类信息时，倘若信息是新的并且导致对违反本条例的行为施加行政或刑事处罚、采取其他行政措施的后果，那么成员国可以根据国家法律规定给予提供可能违反本条例的相关信息的人以经济奖励。

5. 欧盟委员会应当通过实施性法案明确第 1 款规定的程序，包括报告和后续报告的安排、保护基于雇佣合同工作的人的措施和保护个人数据的措施。应当根据第 36 条第 2 款规定的审查程序通过这些实施性法案。

第 33 条 与 ESMA 交流信息

1. 主管机关应当每年向 ESMA 提供汇总信息，该汇总信息涉及主管机关根据第 30、第 31 和第 32 条规定施加的所有行政处罚和其他行政措施。ESMA 应当在年度报告中公布这些信息。主管机关还应当每年向 ESMA 提供匿名和汇总数据，该匿名和汇总数据涉及主管机关根据上述条款进行的所有行政调查。

2. 根据第 30 条第 1 款第 2 段的规定，若成员国对该条规定的违法行为规定了刑事处罚，其主管机关应当每年向 ESMA 提供匿名和汇总数据，该匿名和汇总数据涉及司法机关根据第 30、第 31、第 32 条规定进行的所有刑事调查和施加的所有刑事处罚。ESMA 应当在年度报告中公布这些刑事处罚数据。

3. 主管机关向公众披露行政、刑事处罚或者其他行政措施的，应当同时通知 ESMA。

4. 若已公布的行政、刑事处罚或其他行政措施与根据第 2014/65/EU 号指令授权的投资公司有关，ESMA 应当在根据该指令第 5 条第 3 款确立的投资公司登记簿中添加对该公布的处罚或措施的备案记录。

5. 为确保本条适用的协调统一，ESMA 应当制定实施性技术标准草案以确定本条规定的信息交流的程序和表格。

ESMA 应当在 2015 年 7 月 3 日之前向欧盟委员会提交实施性技术标准草案。

根据第 1095/2010 号（欧盟）条例第 15 条规定，授权欧盟委员会采用第一段规定的实施性技术标准。

第 34 条 公布决定

1. 在符合本款第 3 段规定的情况下，主管机关应当在受决定约束的人被告知该决定之后，立即在其网站上公布与违反本条例的行为有关的行政处罚或其他行政措施的决定。此类公布应当至少包括与违法行为类型和性质以及受决定约束的人的身份有关的信息。

本款第一段不适用于实施具有调查性质的措施的决定。

若主管机关对这些数据的公布比例进行逐案评估之后，认为受决定约束的法人识别信息或自然人的个人数据的公布将是不成比例的，或者若此类公布会危及正在进行的调查或金融市场稳定性的情况下，应当采取任何以下措施：

（a）推迟公布该决定，直到该推迟的理由不再存在为止；

（b）在此类公布确保能够有效保护相关个人数据的情况下，根据国家法律以匿名方式公布该决定；

（c）当主管机关认为根据（a）或（b）项公布的理由不足以确保以下情形时，主管机关不公布该决定：

（i）金融市场的稳定性不受危害；

（ii）公布被视为轻微性质的措施的此类决定是相称的。

若主管机关决定以本款第三段（b）项规定的匿名方式公布决定，在匿名公布的理由在一段合理期间内将不复存在是可以预见的情况下，其可以在该期间内推迟公布相关数据。

2. 向国家司法、行政或者其他机关提出上诉决定的，主管机关还应当立即在其网站上公布该信息和有关上诉结果的后续信息。此外，撤销上诉决定的，也应当予以公布。

3. 主管机关应确保根据本条规定公布的任何决定在其网站上公布后至少五年以内仍然可以获取。在一段必要的期间内，此类公布中包含的个人数据应当根据所适用的数据保护规则在主管机关的网站上保存。

第六章 授权法案和实施性法案

第 35 条 行使授权

1. 根据本条规定的条件，欧盟委员会有权通过授权法案。

2. 自 2014 年 7 月 2 日起的无限期内,欧盟委员会有权通过第 6 条第 5、第 6 款,第 12 条第 5 款,第 17 条第 2 款第三段、第 17 条第 3 款,第 19 条第 13、第 14 款规定的授权法案。

3. 欧洲议会与欧盟理事会有权随时撤销第 6 条第 5、第 6 款,第 12 条第 5 款,第 17 条第 2 款第三段、第 17 条第 3 款,第 19 条第 13、第 14 款规定的授权法案。撤销的决定应终止对该决定中指定的权力的授权。撤销的决定应于该决定在《欧盟官方公报》上公布后次日或其后指定的较晚日期生效。其不影响已经生效的任何授权法案的有效性。

4. 欧盟委员会一旦通过授权法案,应当立即通知欧洲议会与欧盟理事会。

5. 所通过的第 6 条第 5、第 6 款,第 12 条第 5 款,第 17 条第 2 款第三段,第 17 条第 3 款,第 19 条第 13、第 14 款规定的授权法案,只有在欧洲议会或欧盟理事会在该法案通知欧洲议会与欧盟理事会的三个月内未表示反对、在该期限届满之前欧洲议会与欧盟理事会均通知欧盟委员会它们表示不反对的情况下才生效。在欧洲议会或欧盟理事会的建议下,该期限应当延长三个月。

第 36 条　欧盟委员会程序

1. 根据欧盟委员会第 2001/528/EC 号决定①设立的欧洲证券委员会应当协助欧盟委员会。欧洲证券委员会应当为第 182/2011 号（欧盟）条例意义上的委员会。

2. 凡提及本款,则适用第 182/2011 号（欧盟）条例第 5 条的规定。

第七章　最后条款

第 37 条　废止第 2003/6/EC 号指令及其实施措施

第 2003/6/EC 号指令和欧盟委员会第 2004/72/EC 号指令②、第 2003/125/EC 号指令③和第 2003/124/EC 号指令④以及第 2273/2003 号（欧共体）条例⑤应于 2016 年 7 月 3 日起废止。对第 2003/6/EC 号指令的引用应当视为对本条例的引用,并应当根据本条例附件 II 中的相关表格进行理解。

第 38 条　报告

欧盟委员会应当在 2019 年 7 月 3 日之前就本条例的适用情况向欧洲议会与欧盟理事

---

① 2001 年 6 月 6 日欧盟委员会关于设立欧洲证券委员会的第 2001/528/EC 号决定（2001 年 7 月 13 日《欧盟官方公报》L 191,第 45 页）。

② 2004 年 4 月 29 日欧盟委员会关于实施欧洲议会与欧盟理事会第 2003/6/EC 号指令中公认市场惯例、与商品衍生品有关的内幕信息的定义、内幕人名单编制、管理人交易通知和可疑交易通知的第 2004/72/EC 号指令（2004 年 4 月 30 日《欧盟官方公报》L 162,第 70 页）。

③ 2003 年 12 月 22 日欧盟委员会关于实施欧洲议会与欧盟理事会第 2003/6/EC 号指令中公平提出投资建议和披露利益冲突的第 2003/125/EC 号指令（2003 年 12 月 24 日《欧盟官方公报》L 339,第 73 页）。

④ 2003 年 12 月 22 日欧盟委员会关于实施欧洲议会与欧盟理事会第 2003/6/EC 号指令中内幕信息、公开披露以及市场操纵定义的第 2003/124/EC 号指令（2003 年 12 月 24 日《欧盟官方公报》L 339,第 70 页）。

⑤ 2003 年 12 月 22 日欧盟委员会关于实施欧洲议会与欧盟理事会第 2003/6/EC 号指令中回购计划豁免和金融工具安定操纵的第 2273/2003 号（欧共体）条例（2003 年 12 月 23 日《欧盟官方公报》L 336,第 33 页）。

会提交一份报告，并附上一份酌情予以修正的立法提案。该报告应当特别评估：

（a）就所有成员国是否需要对内幕交易和市场操纵规定行政处罚提出共同规则的适当性；

（b）内幕信息的定义是否足以涵盖与主管机关有效打击市场滥用有关的所有信息；

（c）根据第 19 条第 11 款的规定强制禁止交易的条件的适当性，以确定是否还存在适用该禁止性规定的其他情况；

（d）建立与市场滥用有关的欧盟跨市场订单簿监控框架的可能性，包括对这种框架的建议；

（e）基准条款的适用范围。

就第一段第（a）项而言，ESMA 应当在成员国内实施行政处罚适用（若根据本条例第 30 条第 1 款第二段的规定成员国已决定实施违法行为的刑事处罚）和刑事处罚适用的摸底工作（mapping exercise）。该项工作还应包括根据第 33 条第 1 款和第 2 款规定提供的任何数据。

第 39 条　生效与适用

1. 本条例自发布于《欧盟官方公报》之日后二十日生效。

2. 本条例自 2016 年 7 月 3 日起适用，但第 4 条第 4 和第 5 款，第 5 条第 6 款，第 6 条第 5 和第 6 款，第 7 条第 5 款，第 11 条第 9、第 10 和第 11 款，第 12 条第 5 款，第 13 条第 7 和第 11 款，第 16 条第 5 款，第 17 条第 2 款第 3 段，第 17 条第 3、第 10 和第 11 款，第 18 条第 9 款，第 19 条第 13、第 14 和第 15 款，第 20 条第 3 款，第 24 条第 3 款，第 25 条第 9 款，第 26 条第 2 款第二、第三、第四段，第 32 条第 5 款，第 33 条第 5 款应于 2014 年 7 月 2 日起适用。

3. 成员国应当在 2016 年 7 月 3 日之前采取必要措施遵守第 22、第 23 和第 30 条、第 31 条第 1 款和第 32 和第 34 条的规定。

4. 根据第 2014/65/EU 号指令附件 Ⅳ 中的相关表格，只要相关表格中包含涉及第 2004/39/EC 号指令的条款，本条例提及的第 2014/65/EU 号指令和第 600/2014 号条例在 2017 年 1 月 3 日之前应当参照第 2004/39/EC 号指令适用。

若本条例对 OTF、SME 成长市场、排放配额或基于排放配额的拍卖产品做出的某些规定，则这些规定在 2017 年 1 月 3 日之前不适用于 OTF、SME 成长市场、排放配额或基于排放配额的拍卖产品。

本条例具有整体约束力，并直接适用于所有成员国。
于 2014 年 4 月 16 日在斯特拉斯堡签订。

致欧洲议会　　　　　　　　致欧盟理事会
　　主席　　　　　　　　　　　主席
马丁·舒尔茨（M. SCHULZ）　古尔古拉斯（D. KOURKOULAS）

附件 I

A. 与虚假或误导性信号和价格固定有关的操纵行为征兆

就适用本条例第12条第1款（a）项而言，在不违反该条第2款规定的行为方式的情况下，市场参与者和主管机关在审查交易或交易指令时应当考虑以下非详尽的征兆（这些征兆本身并不一定被认为是构成市场操纵）：

（a）给出的交易指令或进行的交易在金融工具、相关现货商品合约或基于排放配额的拍卖产品的每日交易量中占据重大比重的程度，特别是当这些活动导致价格发生剧烈变化时；

（b）持有大量金融工具、相关现货商品合约或基于排放配额的拍卖产品买卖头寸的人给出的交易指令或进行的交易，导致该金融工具、相关现货商品合约或基于排放配额的拍卖产品的价格发生重大变化的程度；

（c）进行的交易是否未改变金融工具、相关现货商品合约或基于排放配额的拍卖产品的实益所有权人；

（d）给出的交易指令、进行的交易或取消的指令：包括短期头寸方向颠倒（position reversals）的程度；在相关金融工具、相关现货商品合约或基于排放配额的拍卖产品的每日交易量中占据重大比重的程度；可能与金融工具、相关现货商品合约或基于排放配额的拍卖产品的价格重大变化有关的程度；

（e）给出的交易指令或进行的交易集中在较短交易时段内并随后导致价格发生逆转的程度；

（f）给出的交易指令改变金融工具、相关现货商品合约或基于排放配额的拍卖产品的最佳买卖价格或者改变更普遍的市场参与者可用订单簿的程度；进而给出的交易指令在执行之前被撤销的程度；

（g）在计算参考价格、结算价格和估值的特定时间前后交易指令给出或交易进行的程度；进而交易指令给出或交易进行导致价格变动（该价格变动对该参考价格、结算价格和估值产生影响）的程度。

B. 与虚假手段或其他任何欺骗或捏造的方式有关的操纵行为的征兆

就适用本条例第12条第1款（b）项而言，在不违反该条第2款规定的行为方式的情况下，市场参与者和主管机关在审查交易或交易指令时应考虑以下非详尽的征兆（这些征兆本身并不一定被认为是构成市场操纵）：

（a）给出的交易指令或进行的交易是否在该行为人或与其密切相关的人发出虚假或误导性信息前后；

（b）给出的交易指令或进行的交易是否在该行为人或与其密切相关的人提出或传播的错误、偏见或明显受到重大利益影响的投资建议前后。

附件 II

相关表格

本条例	第 2003/6/EC 号指令
第 1 条	
第 2 条	
第 2 条 (1) (a)	第 9 条,第一款
第 2 条 (1) (b)	
第 2 条 (1) (c)	
第 2 条 (1) (d)	第 9 条,第二款
第 2 条 (3)	第 9 条,第一款
第 2 条 (4)	第 10 条 (a)
第 3 条 (1) 第 (1) 项	第 1 条 (3)
第 3 条 (1) 第 (2) 项	
第 3 条 (1) 第 (3) 项	
第 3 条 (1) 第 (4) 项	
第 3 条 (1) 第 (5) 项	
第 3 条 (1) 第 (6) 项	第 1 条 (4)
第 3 条 (1) 第 (7) 项	
第 3 条 (1) 第 (8) 项	
第 3 条 (1) 第 (9) 项	第 1 条 (5)
第 3 条 (1) 第 (10) 项	
第 3 条 (1) 第 (11) 项	
第 3 条 (1) 第 (12) 项	第 1 条 (7)
第 3 条 (1) 第 (13) 项	第 1 条 (6)
第 3 条 (1) 第 (14) – (35) 项	
第 4 条	
第 5 条	第 8 条
第 6 条 (1)	第 7 条
第 6 条 (2)	
第 6 条 (3)	
第 6 条 (4)	
第 6 条 (5)	
第 6 条 (6)	
第 6 条 (7)	
第 7 条 (1) (a)	第 1 条 (1),第一款
第 7 条 (1) (b)	第 1 条 (1),第二款
第 7 条 (1) (c)	
第 7 条 (1) (d)	第 1 条 (1),第三款
第 7 条 (2)	
第 7 条 (3)	
第 7 条 (4)	

续表

本条例	第 2003/6/EC 号指令
第 7 条 (5)	
第 8 条 (1)	第 2 条 (1),第一段
第 8 条 (4) (a)	
第 8 条 (4) (b)	第 2 条 (1) (a)
第 8 条 (4) (c)	第 2 条 (1) (b)
第 8 条 (4) (d)	第 2 条 (1) (c)
第 8 条 (4),第二段	第 2 条 (1) (d)
第 8 条 (5)	第 4 条
第 9 条 (1)	第 2 条 (2)
第 9 条 (2)	
第 9 条 (3) (a)	
第 9 条 (3) (b)	第 2 条 (3)
第 9 条 (4)	第 2 条 (3)
第 9 条 (5)	
第 9 条 (6)	
第 10 条 (1)	
第 10 条 (2)	第 3 条 (a)
第 11 条	
第 12 条 (1)	
第 12 条 (1) (a)	
第 12 条 (1) (b)	第 1 条 (2) (a)
第 12 条 (1) (c)	第 1 条 (2) (b)
第 12 条 (1) (d)	第 1 条 (2) (c)
第 12 条 (2) (a)	
第 12 条 (2) (b)	第 1 条 (2),第二款的第一个缩进
第 12 条 (2) (c)	第 1 条 (2),第二款的第二个缩进
第 12 条 (2) (d)	
第 12 条 (2) (e)	第 1 条 (2),第二款的第三个缩进
第 12 条 (3)	
第 12 条 (4)	
第 12 条 (5)	
第 13 条 (1)	第 1 条 (2),第三款
第 13 条 (2)	
第 13 条 (3)	
第 13 条 (4)	
第 13 条 (5)	
第 13 条 (6)	
第 13 条 (7)	
第 13 条 (8)	

续表

本条例	第2003/6/EC号指令
第13条（9）	
第13条（10）	
第13条（11）	
第14条（a）	第2条（1），第一款
第14条（b）	第3条（b）
第14条（c）	第3条（a）
第15条	第5条
第16条（1）	第6条（6）
第16条（2）	第6条（9）
第16条（3）	
第16条（4）	
第16条（5）	第6条（10），第七个缩进
第17条（1）	第6条（1）
第17条（1），第三段	第9条，第三款
第17条（2）	
第17条（3）	
第17条（4）	第6条（2）
第17条（5）	
第17条（6）	
第17条（7）	
第17条（8）	第6条（3），第一和第二段
第17条（9）	
第17条（10）	第6条（10），第一和第二个缩进
第17条（11）	
第18条（1）	第6条（3），第三段
第18条（2）	
第18条（3）	
第18条（4）	
第18条（5）	
第18条（6）	
第18条（7）	第9条，第三款
第18条（8）	
第18条（9）	第6条（10），第四个缩进
第19条（1）	第6条（4）
第19条（1）（a）	第6条（4）
第19条（1）（b）	
第19条（2）	
第19条（3）	
第19条（4）（a）	
第19条（4）（b）	
第19条（5）-（13）	

续表

本条例	第 2003/6/EC 号指令
第 19 条（14）	第 6 条（10），第五个缩进
第 19 条（15）	第 6 条（10），第五个缩进
第 20 条（1）	第 6 条（5）
第 20 条（2）	第 6 条（8）
第 20 条（3）	第 6 条（10），第六个缩进和第 6 条（11）
第 21 条	第 1 条（2）（c），第二段
第 22 条	第 11 条，第一款和第 10 条
第 23 条（1）	第 12 条（1）
第 23 条（1）（a）	第 12 条（1）（a）
第 23 条（1）（b）	第 12 条（1）（b）
第 23 条（1）（c）	第 12 条（1）（c）
第 23 条（1）（d）	第 12 条（1）（d）
第 23 条（2）（a）	第 12 条（2）（a）
第 23 条（2）（b）	第 12 条（2）（b）
第 23 条（2）（c）	
第 23 条（2）（d）	第 12 条（2）（c）
第 23 条（2）（e）	
第 23 条（2）（f）	
第 23 条（2）（g）	第 12 条（2）（d）
第 23 条（2）（h）	第 12 条（2）（d）
第 23 条（2）（i）	第 12 条（2）（g）
第 23 条（2）（j）	第 12 条（2）（f）
第 23 条（2）（k）	第 12 条（2）（e）
第 23 条（2）（l）	第 12 条（2）（h）
第 23 条（2）（m）	第 6 条（7）
第 23 条（3）	
第 23 条（4）	
第 24 条（1）	第 15 条 a（1）
第 24 条（2）	第 15 条 a（2）
第 24 条（3）	
第 25 条（1）第一段	第 16 条（1）
第 25 条（2）	第 16 条（2）和第 16 条（4），第四段
第 25 条（2）（a）	第 16 条（2）第二段的第一个缩进和第 16 条（4）第四段
第 25 条（2）（b）	第 16 条（2）第二段的第二个缩进和第 16 条（4）第四段
第 25 条（2）（c）	第 16 条（2）第二段的第三个缩进和第 16 条（4）第四段
第 25 条（2）（d）	
第 25 条（3）	
第 25 条（4）	
第 25 条（5）	第 16 条（2），第一句
第 25 条（6）	第 16 条（3）
第 25 条（7）	第 16 条（4）

续表

本条例	第 2003/6/EC 号指令
第 25 条（8）	第 16 条（2）第四段和第 16 条（4）第四段
第 25 条（9）	
第 26 条	第 16 条（5）
第 27 条（1）	
第 27 条（2）	
第 27 条（3）	第 13 条
第 28 条	
第 29 条	
第 30 条（1）第一段	第 14 条（1）
第 30 条（1）（a）	
第 30 条（1）（b）	第 14 条（3）
第 30 条（2）	
第 30 条（3）	
第 31 条	
第 32 条	
第 33 条（1）	第 14 条（5），第一段
第 33 条（2）	
第 33 条（3）	第 14 条（5），第二段
第 33 条（4）	第 14 条（5），第三段
第 33 条（5）	
第 34 条（1）	第 14 条（4）
第 34 条（2）	
第 34 条（3）	
第 35 条	
第 36 条（1）	第 17 条（1）
第 36 条（2）	
第 37 条	第 20 条
第 38 条	
第 39 条	第 21 条
附件	

第二部分　授权条例与技术标准

II

(非立法法案)

条例

欧盟委员会
第 2016/522 号（欧盟）授权条例

本条例于 2015 年 12 月 17 日通过，补充欧洲议会与欧盟理事会第 596/2014 号（欧盟）条例关于某些第三国公共机构和中央银行的豁免、市场操纵征兆、披露阈值、应延迟通知的主管机关、在封闭期内进行交易的许可以及应报告的经理人交易的类型的规定（与欧洲经济区有关的文本）

欧盟委员会，

考虑到《欧洲联盟运行条约》，

考虑到 2014 年 4 月 16 日欧洲议会与欧盟理事会关于市场滥用并且废除欧洲议会与欧盟理事会第 2003/6/EC 号指令和欧盟委员会第 2003/124/EC 号指令、第 2003/125/EC 号指令和第 2004/72/EC 号指令的第 596/2014 号（欧盟）条例，特别是其中第 6 条第 5 款、第 12 条第 5 款、第 17 条第 2、第 3 款以及第 19 条第 13、第 14 款的规定，

鉴于：

(1) 第 596/2014 号（欧盟）条例授予欧盟委员会在若干密切相关的事项上通过授权法案的权力，该等事项涉及某些第三国公共机构和中央银行豁免于适用该条例的范围、市场操纵征兆、排放配额市场参与者披露内幕信息的阈值、迟延公开披露内幕信息向主管部门通知的规定、允许发行人在封闭期内交易的情形以及需要通知的管理人交易的类型。

(2) 成员国、欧洲中央银行体系成员、一个或多个成员国的部门和其他机构以及特殊目的共同体、欧盟和某些其他公共机构或代表上述实体行事的人在执行货币、汇率或公共债务管理政策时不应受到限制，只要这些行动是基于公共利益并且仅仅是为了执行该等政策。

(3) 根据第 596/2014 号（欧盟）条例第 6 条第 5 款的规定，当满足相关要求时，行为基于公共利益而豁免于第 596/2014 号（欧盟）条例的适用范围可以延伸至某些负责或干预公共债务管理的公共机构和第三国中央银行。因此，欧盟委员会准备并向欧洲议会与欧盟理事会提交了一份报告，该报告评估了某些负责或干预公共债务管理的第三国公共机构和中央银行的国际待遇。报告内容包括：在第三国法律框架内对这些机构和中央

银行的待遇进行的比较分析；在这些管辖区内适用于这些机构和中央银行进行交易的风险管理标准。报告在比较分析中得出结论：为追求货币、汇率或公共债务管理政策的交易、指令或行为的豁免延伸至某些第三国公共机构和中央银行是合适的。

（4）应在必要时列出被豁免的第三国公共机构和中央银行名单并审查该名单。

（5）必须具体说明第596/2014号（欧盟）条例附件 I 中规定的与虚假或误导性信号和价格固定有关的操纵行为征兆，以阐明其构成要素并且考虑到金融市场的技术发展。因此，应提供包括实例在内的此类征兆的非详尽清单。

（6）对于某些实例，应该确定附加征兆（additional indicators），因为它们可以分别阐明和说明该等实例。这些征兆既非详尽的，亦非决定性的，它们与一个或多个实例的关系不应被认为是限制的。实例本身不应被认为是构成市场操纵行为，但应由市场参与者和主管机关在审查交易或交易指令时加以考虑。

（7）考虑相关金融工具和市场的性质和具体特点时应当遵循成比例的做法。这些例子可能与第596/2014号（欧盟）条例附件 I 规定的一个或多个市场操纵征兆有关并且能够说明该等征兆。因此，具体实例可能涉及第596/2014号（欧盟）条例附件 I 规定的不止一个市场操纵征兆，这取决于该具体实例的使用方式，并且可能存在一些重叠。同样，尽管本条例未明确提及，但某些其他实例可能说明本条例中规定的各项征兆。因此，市场参与者和主管机关应当根据第596/2014号（欧盟）条例中的定义，考虑可能被认为是潜在市场操纵行为的其他未具体说明的情况。

（8）本条例中列出的某些实例描述了涵盖在市场操纵定义中或者在某些方面涉及操纵行为的案例。另一方面，某些实例可能被认为是合法的。例如，如果进行交易或下达交易指令可能被认为是构成市场操纵行为的人可能可以证明，其进行此类交易或下达交易指令的理由是合法的并且符合有关市场的公认惯例。

（9）为了列出与第596/2014号（欧盟）条例附件 I 规定的市场操纵征兆有关的实例，本条例附件 II 中的交叉引用包括相关实例和与该实例有关的附加征兆。

（10）就本条例中规定的操纵行为征兆而言，"交易指令"涵盖所有类型的指令，包括发起、修改、更新和取消指令（无论它们是否已被执行），还涵盖所有用于访问交易场所、进行交易或下达交易指令的手段且不论该等指令是否已进入交易场所的订单簿。

（11）排放配额市场参与者是排放配额市场的参与者的特定部分。在排放配额市场参与者中，超过某一最低阈值的参与者应享有排放配额市场参与者的资格，公开披露内幕信息的要求仅适用于这些参与者。因此，应明确规定这些最低阈值。

（12）根据第596/2014号（欧盟）条例第7条第4款对内幕信息的定义，排放配额市场参与者必须逐案评估正在考虑的信息是否符合内幕信息的认定标准。这意味着排放配额市场参与者不会公开披露所有与其实际经营有关的信息。考虑到市场环境和其他可能会在信息出现的特定时间点对排放配额产生价格影响的外部因素，排放限额市场参与者应适当评估相关信息。

（13）第596/2014号（欧盟）条例第17条第2款规定的豁免将某些排放配额市场的参与者排除在排放配额市场参与者的定义之外，这些排放配额市场的参与者是其在上一年度拥有、控制或负责的设施或航空活动的排放量不超过二氧化碳当量的最低阈值并且进行的燃烧活动的额定热输入不超过最低阈值的排放配额市场的参与者。

（14）进一步，为了不适用披露要求，应累计考虑年度二氧化碳当量阈值和额定热输入阈值。因此，超过上述两个阈值之一就足以适用第596/2014号（欧盟）条例第17条第2款规定的披露义务。

（15）为了提高市场的完整性，同时避免过度披露，最好将最低阈值设定在排除掉不太可能持有内幕信息的公司的水平。

（16）应酌定审查最低阈值，以评估其在预期提高排放配额市场透明度方面的作用，包括报告的事件数量和有关的行政负担、排放配额市场的发展和成熟度、排放配额市场的参与者的数量、对公司特定信息可得性以及对排放配额市场中的价格形成或投资决策的影响。

（17）就所涵盖的金融工具而言，考虑到第596/2014号（欧盟）条例调整范围的扩大，向主管机关发出事后通知的要求适用于：其金融工具申请或获准在成员国受监管市场、多边交易设施（MTF）或其他类型的有组织化交易设施（OTF）交易的发行人；其金融工具已获准在MTF或OTF交易、已申请进入成员国MTF交易的发行人。并且这些发行人可能允许其金融工具在不同成员国的交易场所进行交易。应确保在任何情况下，收到通知的单一主管机关将是一个最有利于市场监管并能够约束发行人行为的主管机关。这种做法有赖于权益证券概念的使用。

（18）第596/2014号（欧盟）条例第17条第4款规定的向主管机关发出迟延披露内幕信息通知的义务也适用于排放配额市场参与者。就范围而言，第596/2014号（欧盟）条例适用于在排放配额的一级市场或基于排放配额的拍卖产品（拍卖中的报价）以及排放配额衍生品的二级市场上活跃的排放配额市场参与者。

（19）为确保给排放配额市场参与者确定单一的主管机关，根据第596/2014号（欧盟）条例第17条第4款规定通知的主管机关应为排放配额市场参与者根据该条例第19条第2款规定的注册地成员国的主管机关，而不是交易排放配额的每个交易场所的主管机关。

（20）选择排放配额市场参与者注册地成员国的主管机关是一种始终确定单一主管机关的解决方案，通过确保排放配额市场参与者不必向多个主管机关发出多个平行通知从而减轻了排放配额市场参与者的行政负担。

（21）在特殊情况下，发行人可以允许履行管理职责的人在封闭期内立即出售其股票。发行人应逐案进行许可，履行管理职责的人在任何交易之前请求并分别取得发行人的交易许可应当是首要标准。为了使发行人评估个案的特殊情况，该请求应当是合理的并且包括对所设想的交易说明和对情况特殊性的描述。

（22）只有在申请进入交易的原因是例外的情况下，才应设想授予交易许可的决定。这种例外应作狭义的解释，而不应过度扩大至在封闭期内禁止交易的例外范围。可以给予例外的情况不仅是非常紧急的，而且应该是不可预见、不可抗拒的，并且不是由履行管理职责的人造成的。

(23) 当履行管理职责的人出现不可预见、不可抗拒、无法控制的情况时，应仅允许其出售股份以取得必要的金钱。这些情况可能源自履行管理职责的人必须履行的金钱义务，例如法律强制执行命令（包括法院命令）并且履行管理职责的人在不出售有关股份的情况下无法合理地履行这一义务。也可能源自履行管理职责的人在封闭期开始前陷入的情况（例如，税务责任），并要求履行管理职责的人以除出售发行人股份以外的其他方式向不能得到全部或部分资金的第三方清偿。

(24) 对于根据员工股份或储蓄计划、资格或股份权利进行的交易或与之有关的交易，必须确定是否可以由发行人许可。因此，应明确识别和详细确定某些类型的交易。此类交易的特征涉及交易的性质（例如，购买或销售、行使期权或其他权利）、交易的时间或履行管理责任的人进入特定计划的时间、是否在封闭期开始前的合理期限内对交易及其特征（如执行日期、金额）达成一致、规划和组织。

(25) 此外，如果履行管理职责的人在设想的交易之前已经请求并取得发行人的许可，则该人可以主动进行实益不变的交易。有关交易应仅涉及在履行管理职责的人的账户之间（例如，在计划之间）转移有关工具，而不会改变所转移工具的价格。本做法不包括由履行管理职责的人与另一人，特别是由履行管理职责的人全资拥有的法人之间转让金融工具或进行其他交易，如销售或购买。

(26) 第596/2014号（欧盟）条例要求履行管理职责的人以及与其密切相关的人向发行人和主管机关通知他们以自己名义进行的与发行人股票、债务工具、与其相关的衍生工具或其他金融工具有关的每笔交易。履行管理职责的人以及与其密切相关的人也应通知排放配额市场参与者他们以自己名义进行的与排放配额、基于排放配额的拍卖产品及其他衍生品的每一笔交易。

(27) 在发行人或排放配额市场参与者内部，由履行管理职责的人或者与其密切相关的人以自己名义进行的交易的通知，不仅是市场参与者的宝贵信息，也是主管机关监管市场的一种其他方式。这些人通知交易的义务不影响他们履行第596/2014号（欧盟）条例所规定的反市场滥用的义务。

(28) 履行管理职责的人或与其密切相关的人所进行交易通知的义务适用于广泛的业务，并且包括以他们自己名义进行的每一笔交易。因此，应合理明确应予通知交易的特定类型的非详尽清单。这不仅应有助于履行管理职责的人及与其密切相关的人实现交易的充分透明，而且通过识别应予通知交易的特殊类型来减轻规避通知要求的风险。

(29) 基于第596/2014号（欧盟）条例第19条第14款授权的交易所涵盖的范围很广，不仅限于该条例第19条第7款明确列举的三类交易，因此确定应通知交易的特定类型的广泛的非详尽清单是合理的。

(30) 就附条件交易而言，当有关交易实际发生时，通知的要求在有关条件发生时产生。因此，不应要求通知附条件合同和在满足这些条件时执行的交易，因为这种通知在实践中会引起混淆，特别是在条件没有发生且交易未执行时。

(31) 第596/2014号（欧盟）条例的相关规定和授权仅从2016年7月3日开始适用。因此，本条例中的规定同样于2016年7月3日开始适用。

(32) 本条例规定的措施符合欧洲证券委员会专家组的意见,

兹通过本条例如下:

第1条 调整对象和范围

本条例规定的细则是关于:

(1) 将第 596/2014 号(欧盟)条例规定的执行货币、汇率或公共债务管理政策的义务和禁止性的豁免范围延伸至某些第三国公共机构和中央银行;

(2) 第 596/2014 号(欧盟)条例附件 I 规定的市场操纵征兆;

(3) 排放配额市场参与者披露内幕信息的阈值;

(4) 迟延披露内幕信息应通知的主管机关;

(5) 发行人许可在封闭期内进行交易的情况;

(6) 触发管理人应通知交易义务的交易类型。

第2条 定义

就本条例而言,"权益证券"是指欧洲议会与欧盟理事会第 2014/65/EU 号指令第 4 条第 1 款第(44)项第(a)点所述的可转让的证券类型。

第3条 豁免的第三国公共机构和中央银行

第 596/2014 号(欧盟)条例不适用于以追求货币,汇率或公共债务管理政策的交易、指令或行为,因为它们是为公共利益而进行的,并且仅仅由载于本条例附件 I 的第三国公共机构和中央银行追求这些政策而进行的。

第4条 操纵行为征兆

1. 关于第 596/2014 号(欧盟)条例附件 I 第 A 节所规定的与虚假或误导性信号和价格凝固有关的操纵行为征兆,本条例附件 II 第 1 节规定了第 596/2014 号(欧盟)条例附件 I 征兆 A(a)至 A(g)的做法。

2. 关于第 596/2014 号(欧盟)条例附件 I 第 B 节中所规定的与使用虚假手段或其他任何形式的欺骗或诡计有关的操纵行为征兆,本条例附件 II 第 2 节规定了第 596/2014 号(欧盟)条例附件 I 征兆 B(a)至 B(b)的做法。

第5条 二氧化碳和额定热输入的最低阈值

1. 就第 596/2014 号(欧盟)条例第 17 条第 2 款第二段而言:

(a) 二氧化碳(CO_2)当量的最低阈值应为每年 600 万吨;

(b) 额定热输入的最低阈值应为 2430 兆瓦。

2. 第 1 款规定的阈值应适用于集团层面,并与包括有关排放配额市场的参与者、其母公司或相关企业拥有或控制的航空活动或者设施或有关参与方、其母公司或相关企业全部或部分负责的运营事项在内的所有业务有关。

第 6 条 主管机关的确定

1. 根据第 596/2014 号（欧盟）条例第 17 条第 4、第 5 款的规定，在以下任何一种情况下，金融工具的发行人必须将向其迟延披露内幕信息的通知发送给的主管机关应为发行人注册地成员国的主管机关：

（a）只要发行人在发行人注册地成员国的交易场所持有经其同意获准交易或被交易或者发行人已申请进入交易的权益证券；

（b）即使发行人未在任何成员国的交易场所持有经其同意获准交易或被交易或发行人已申请进入交易的权益证券，但发行人在发行人注册地成员国的交易场所持有经其同意获准交易或被交易或者发行人已申请进入交易的其他金融工具。

2. 在所有其他情况下（包括在第三国注册的发行人的情况下），金融工具的发行人必须将其迟延披露内幕信息的通知发送给的主管机关应为该成员国的主管机关，当：

（a）发行人首次在交易场所持有经其同意获准交易或被交易或发行人已申请进入交易的权益证券；

（b）发行人首次在交易场所持有经其同意获准交易或被交易或发行人已申请进入交易的其他金融工具，即使发行人未在任何成员国的交易场所持有获准交易或被交易或者发行人已申请进入交易的权益证券。

根据欧洲议会与欧盟理事会第 600/2014 号条例第 26 条第 9 款第（b）项所通过的欧盟委员会授权条例的规定，如果发行人首次同时在多个成员国的交易场所持有经其同意获准交易或被交易或发行人已申请进入交易的相关金融工具，金融工具的发行人应当将迟延的通知发送给流动性方面最相关的市场的交易场所的主管机关。

3. 就根据第 596/2014 号（欧盟）条例第 17 条第 4 款规定发出的通知而言，排放配额市场参与者应向排放配额市场参与者注册地成员国的主管机关发出迟延披露内幕信息的通知。

第 7 条 封闭期内交易

1. 根据第 596/2014 号（欧盟）条例第 19 条第 11 款的规定，在发行人内部履行管理职责的人有权在封闭期内进行交易，但需满足以下条件：

（a）满足第 596/2014 号（欧盟）条例第 19 条第 12 款所规定的其中一种情况；

（b）履行管理职责的人能够证明特定交易不能在封闭期以外的其他时间进行。

2. 在第 596/2014 号（欧盟）条例第 19 条第 12 款第（a）项规定的情况下，在封闭期内进行任何交易之前，履行管理职责的人应向发行人提出合理的书面请求，请求发行人允许其在封闭期内立即出售该发行人的股票。

书面请求应描述设想的交易并解释为什么出售股份是取得必要金钱的唯一合理选择。

第 8 条 例外情况

1. 在决定是否允许在封闭期内立即出售其股份时，发行人应对履行管理职责的人根据第 7 条第 2 款所述的书面请求进行逐案评估。只有在此类交易可能被视为例外情况时，发行人才有权允许立即出售股票。

2. 当情况是极其紧急的、不可预见的和不可抗拒的并且在出于履行管理职责的人之外的原因且履行管理职责的人无法控制的情况下，第 1 款所述的情况应被认为是例外情况。

3. 在审查第 7 条第 2 款所述的书面请求中所述的情况是否为例外情况时，发行人应考虑其他征兆以及履行管理职责的人是否以及在何种程度上：

（a）在提交其请求时，面临着法律上可强制执行的财务承诺或索赔；

（b）必须履行或处于封闭期开始前已参与的情形，并要求向第三方支付款项（包括纳税义务），并且不能通过除立即出售股份以外的方式合理地满足财务承诺或索赔。

第 9 条 封闭期内交易的特点

发行人有权允许在发行人内部履行管理职责的人在封闭期内以自己或第三方名义进行交易，包括但不限于以下情况：

（a）履行管理职责的人根据雇员计划被奖励或被授予的金融工具，但须满足以下条件：

（ⅰ）雇员计划及其条款事先已由发行人根据国家法律批准，并且雇员计划及其条款明确规定了奖励或授予的时间以及被奖励或被授予的金融工具的金额或计算该金额的基础，并且不能行使自由裁量权。

（ⅱ）履行管理职责的人对接受被奖励或被授予的金融工具没有任何自由裁量权。

（b）履行管理职责的人根据在封闭期内形成的雇员计划被奖励或被授予金融工具，前提是按照预先计划和有组织的方式处理有关条件、周期、奖励时间、被授予金融工具的权利人的分组和被授予金融工具的金额、在既定框架下（在该框架下任何内幕信息均不影响金融工具的奖励或授予）进行金融工具的奖励或授予；

（c）当期权、认股权证或可转换债券的有效期在封闭期内时，履行管理职责的人行使根据雇员计划分配给他的期权、认股权证或可转换债券，以及出售根据这种行使或转换所获得的股份，但须满足以下条件：

（ⅰ）履行管理责任的人在到期日前至少四个月通知发行人其行使或转换的选择；

（ⅱ）履行管理责任的人的决定是不可撤销的；

（ⅲ）履行管理职责的人在实施之前已取得发行人的授权。

（d）履行管理职责的人根据员工储蓄计划取得发行人的金融工具，但须满足以下条件：

（ⅰ）履行管理职责的人在封闭期之前已加入该计划，但由于雇佣生效之日不能再次加入该计划的除外；

（ⅱ）履行管理职责的人在封闭期内不改变加入计划的条件或者取消加入计划；

（ⅲ）根据计划的条款明确地组织采购业务并且履行管理职责的人在封闭期内无权或在法律上可能改变它们、根据计划尝试在封闭期内的固定日期进行干预。

（e）履行管理职责的人直接或间接转让或接收金融工具，但金融工具在履行管理职责的人的两个账户之间转移且这种转移不会导致金融工具的价格发生变化；

（f）在封闭期内根据发行人的章程或法律规定，履行管理职责的人取得发行人股票的资格或权利以及最终收购日期，条件是履行管理职责的人向发行人提供其在其他时间没有进行收购理由的证据，且发行人对提供的解释表示满意。

第 10 条　应通知的交易

1. 根据第 596/2014 号（欧盟）条例第 19 条的规定并且除该条例第 19 条第 7 款所述的交易之外，在发行人或排放配额市场参与者内部履行管理职责的人及与其密切相关的人应当将他们的交易通知发行人、排放配额市场参与者和有关主管机关。

这些应通知的交易应包括履行管理职责的人以自己名义进行的与发行人的股票或债务工具或与发行人有关的其他金融工具或衍生品有关的所有交易（就发行人而言），以及他们进行的与排放配额、基于排放配额的拍卖产品或与其有关的衍生品有关的所有交易（就排放配额市场参与者而言）。

2. 这些应通知的交易应包括以下内容：

（a）收购、处置、卖空、认购或交换；

（b）接受或行使股票期权，包括授予管理人或员工的作为其薪酬计划的一部分的股票期权以及因行使股票期权而处置的股票；

（c）参与或行使股权互换；

（d）衍生品或与衍生品有关的交易，包括现金结算交易；

（e）缔结与发行人的金融工具或排放配额或基于排放配额的拍卖产品有关的差价合约；

（f）收购、处置或行使权利，包括看跌期权和看涨期权以及认股权证；

（g）认购增资或发行债务工具；

（h）与有关发行人的债务工具有关的衍生品和金融工具的交易，包括信用违约互换；

（i）条件发生和交易实际执行的附条件交易；

（j）自动或非自动将金融工具转换为另一种金融工具，包括将可转换债券转换为股票；

（k）给出或获得的赠予、捐赠和获得的继承；

（l）第 596/2014 号（欧盟）条例第 19 条所要求的与指数相关产品、一揽子和衍生品交易；

（m）在第 596/2014 号（欧盟）条例第 19 条要求的范围内，以欧洲议会与欧盟理事会第 2011/61/EU 号指令①第 1 条规定提到的另类投资基金（AIF）执行的以股票或投资

---

① 2011 年 6 月 8 日欧洲议会与欧盟理事会关于替代投资基金管理人的第 2011/61/EU 号指令，该指令修订了第 2003/41/EC 号和 2009/65/EC 号指令、第 1060/2009 号和第 1095/2010 号（欧盟）条例（2011 年 7 月 1 日《欧盟官方公报》L 174，第 1 页）。

基金单位执行的交易；

（n）在第 596/2014 号（欧盟）条例第 19 条的要求下，由 AIF 经理执行的履行管理职责的人或与其密切相关的人已投资的交易；

（o）第三方为履行管理职责的人或与其密切相关的人的利益，根据个人投资组合或资产管理授权进行的交易；

（p）借入或借出发行人的股份、债务工具、与其相关的衍生品或其他金融工具。

第 11 条 生效和适用

本条例自发布于《欧盟官方公报》后二十日生效。

本条例自 2016 年 7 月 3 日起适用。

本条例应具有整体约束力，并直接适用于所有成员国。

2015 年 12 月 17 日在布鲁塞尔签署。

欧盟委员会
主席
让－克洛德·容克

附件Ⅰ 第三国（地区）的公共机构和中央银行

1. 澳大利亚：
 – 澳大利亚储备银行；
 – 澳大利亚金融管理局；

2. 巴西：
 – 巴西中央银行；
 – 巴西国家财政部；

3. 加拿大：
 – 加拿大银行；
 – 加拿大财政部；

4. 中国：
 – 中国人民银行；

5. 中国香港特别行政区：
 – 香港金融管理局；
 – 香港财经事务及库务局；

6. 印度：
 – 印度储备银行；

7. 日本：
 – 日本银行；
 – 日本财政部；

8. 墨西哥：
 – 墨西哥银行；
 – 墨西哥财政和公共信贷部；

9. 新加坡：
 – 新加坡金融管理局；

10. 韩国：
 – 韩国银行；
 – 韩国战略与财政部；

11. 瑞士：
 – 瑞士国家银行；
 – 瑞士联邦财政局；

12. 土耳其：
 – 土耳其共和国中央银行；
 – 土耳其共和国财政部下属；

13. 美国：
 – 联邦储备系统；
 – 美国财政部。

附件 II 操纵行为征兆

第1节
与虚假或误导性信号和价格凝固有关的操纵行为征兆
第 596/2014 号（欧盟）条例附件 I（A 部分）

1. 第 596/2014 号（欧盟）条例附件 I 所列征兆 A（a）的具体做法：

（a）在金融工具、相关现货商品合约或基于排放配额的拍卖产品在一级市场配售后，串通多方在二级市场购买该金融工具、相关现货商品合约或基于排放配额的拍卖产品的头寸，目的是将价格拉抬至人为水平并且引起其他投资者的交易兴趣——例如在股票背景下，通常被称为"IPO 后的欺诈交易"（colluding in the after-market of an Initial Public Offer）。这种做法也可以通过下列市场操纵附加征兆来说明：

（i）异常集中的交易和/或交易指令，无论是一般情况下或仅由一人使用单个或不同的账户或由有限的人实施。

（ii）除了增加交易价量外没有其他明显正当理由的交易或交易指令，即在交易日内临近参考点（例如在开盘或收盘时）实施。

（b）为了避免金融工具、相关现货商品合约或基于排放配额的拍卖产品价格变动带来的负面后果，通过设置金融工具、相关现货商品合约或基于排放配额的拍卖产品的价格涨跌限制条件的方式进行交易或下达交易指令——通常称为"创建地板价或天花板价"（creation of a floor, or a ceiling in the price pattern）。这种做法也可以通过下列市场操纵附加征兆来说明：

（i）在相关衍生品或可转换债券的发行、可选择赎回或到期前的数天内，对价格有或可能有增减或维持作用的交易或交易指令；

（ii）对当日或某一时段的加权平均价格有或可能有增减作用的交易或交易指令；

（iii）具有或可能具有将基础金融工具、相关现货商品合约或基于排放配额的拍卖产品的价格维持在低于或高于敲定价格或用于确定到期日相关衍生品支出（例如障碍）的敲定价格或其他因素影响的交易或交易指令；

（iv）具有或可能具有改变基础金融工具、有关现货商品合约或基于排放配额的拍卖产品的价格，使其超过或未达到在到期日确定相关衍生品支出（例如障碍）的敲定价格或其他因素影响的任何交易场所的交易；

（v）当该价格在计算保证金要求时被用作参考或决定因素时，具有或可能具有改变金融工具、相关现货商品合约或基于排放配额的拍卖产品结算价格影响的交易。

（c）下达小额指令以窥探隐藏指令的深度，特别是评估处于暗池中的指令——通常称为"试探性指令"（ping orders）；

（d）执行一个或一系列交易指令以发现其他市场参与者的指令信息，然后下达交易指令利用获得的信息进行交易——通常称为"网络钓鱼"（phishing）。

2. 第 596/2014 号（欧盟）条例附件 I 所列征兆 A（b）的具体做法：

（a）本节第1（a）点所述的做法，例如在股权背景下，通常称为"IPO后的欺诈交易"；

（b）利用在金融工具、相关现货商品合约或基于排放配额的拍卖产品的供给、需求或交付机制上占据支配地位的巨大影响，实质上扭曲或者可能扭曲其他对手方为了履行义务必须交割、提货或者迟延交割的价格，通常称为"滥用挤压"（abusive squeeze）；

（c）在某一交易场所内或场外进行交易或下达交易指令（包括下达有投资兴趣的征兆），以便不正当影响另一交易场所内或场外的同一金融工具、相关的现货商品合约或基于排放配额的拍卖产品的价格——通常称为"交易场所间操纵"（inter-trading venues manipulation）（在某一交易场所内或场外交易以便不正当凝固在另一个交易场所内或场外的金融工具的价格）。这种做法也可以通过下列市场操纵附加征兆来说明：

（ⅰ）当买卖价差是确定其他交易（不论是否在同一交易场所进行的）价格的一个因素时，执行改变买卖价格的交易；

（ⅱ）本节第1（b）（i）、（b）（iii）、（b）（iv）及（b）（v）点所列征兆。

（d）在某一交易场所内或场外进行交易或下达交易指令（包括下达有投资兴趣的征兆），以便不正当影响另一个或同一个交易场所内或场外的相关金融工具、相关现货商品合约或基于排放配额的相关拍卖产品的价格——通常称为"跨交易产品操纵"（cross-product manipulation）（交易金融工具以便不正当凝固另一个或同一个交易场所内或场外的相关金融工具的价格）。这种做法也可以通过第1（b）（i）、（b）（iii）、（b）（iv）和（b）（v）点以及本节第2（c）（i）点所列的市场操纵附加征兆来说明。

3. 第596/2014号（欧盟）条例附件Ⅰ所列征兆A（c）的具体做法：

（a）达成关于金融工具、相关现货商品合约或基于排放配额的拍卖产品的交易获益或市场风险不变或在一致行动、串谋的当事方之间转移的安排，通常称为"洗售"（wash trades）。这种做法也可以通过下列市场操纵附加征兆来说明：

（ⅰ）少数当事方在一段时间内异常地重复交易；

（ⅱ）在不减少/增加头寸规模的同时，修改或可能修改头寸价值的交易或交易指令；

（ⅲ）本节第1（a）（i）点所列征兆。

（b）下达交易指令或进行单独或连续交易，通过将其显示在交易行情设施上，从而给出金融工具、相关现货商品合约或基于排放配额的拍卖产品交易活跃或价格变动的假象，通常称为"粉饰行情"（painting the tape）。这种做法也可以通过本节第1（a）（i）点和第3（a）（i）点所列征兆来说明。

（c）由相同的一方或串谋的多方以非常相似的数量和价格几乎同时下达买卖的交易指令进行交易，通常称为"对敲"（improper matched orders）。这种做法也可以通过下列市场操纵附加征兆来说明：

（ⅰ）当订单簿的流动性或深度不足以在交易日内固定价格时，具有或可能具有设定市场价格影响的交易或交易指令；

（ⅱ）本节第1（a）（i）、3（a）（i）和3（a）（ⅱ）点所列征兆。

（d）以串谋一方或多方的名义持有相关金融工具、相关现货商品合约或基于排放配额的拍卖产品，违反披露持有的相关规定，从而隐瞒相关金融工具、相关现货商品合约或基于排放配额的拍卖产品所有权的交易。对相关金融工具、相关现货商品合约或基于排放配额的拍卖产品的真实的基础性持有情况的披露具有误导性。——通常被称为"隐瞒所有权"（concealing ownership）。这种做法也可以通过本节第3（a）（i）点所列征兆来说明。

4. 第596/2014号（欧盟）条例附件Ⅰ所列征兆A（d）的具体做法：

（a）本节第3（b）点所述的做法，通常称为"粉饰行情"；

（b）本节第3（c）点所述的做法，通常称为"对敲"；

（c）持有金融工具、有关现货商品合约或基于排放配额的拍卖产品的多头，然后进一步增持和/或散布关于金融工具、有关现货商品合约或基于排放配额的拍卖产品方面具有误导性的利好，以期通过诱使其他买方拉抬金融工具、有关现货商品合约或基于排放配额的拍卖产品的价格。当价格处于人为的高位时抛售，通常被称为"拉高出货"（pump and dump）；

（d）持有金融工具、相关现货商品合约或基于排放配额的拍卖产品的空头，然后进行进一步减持和/或散布有关金融工具、有关现货商品合约或基于排放配额的拍卖产品方面具有误导性的利空，以期通过诱使其他买方打压金融工具、有关现货商品合约或根据排放配额的拍卖产品的价格。在价格下跌后平仓——通常被称为"压低吸筹"（trash and cash）；

（e）输入大量交易和/或取消和/或更新指令给其他市场参与者制造不确定性，放慢他们的进程和/或掩饰其自己的策略——通常被称为"塞单"（quote stuffing）；

（f）输入一个或一系列交易指令或执行一个或一系列交易，可能会诱发或加剧趋势并诱导其他市场参与者加速或延长该趋势，从而制造机会以有利价格平仓或建仓——通常称为"引发动量交易"（momentum ignition）。这种做法也可以通过高取消指令比率（例如，交易指令比率）与交易量的比率（例如，每个订单的金融工具的数量）结合起来说明。

5. 第596/2014号（欧盟）条例附件Ⅰ所列征兆A（e）的具体做法：

（a）本节第1（b）点所述的做法，通常称为"创建地板价或天花板价"；

（b）本节第2（c）点所述的做法，通常称为"交易场所间操纵"（在一个交易场所内或交易场所外交易，以不正当地凝固在另一个交易场所内或交易场所外的金融工具的价格）；

（c）本节第2（d）点所述的做法，通常称为"跨交易产品操纵"（交易的金融工具不正当地凝固另一个或同一个交易场所内或交易场地外的相关金融工具的价格）；

（d）在交易时段的参考时间（例如开盘、收盘、结算）故意买入或卖出金融工具、相关现货商品合约或基于排放配额的拍卖产品，以将参考价格（例如开盘价、收盘价、结算价）增减或维持在特定水平——通常被称为"做尾盘"（marking the close）。这种做法也可以通过下列市场操纵附加征兆来说明：

（i）在拍卖价格确定的前几分钟向交易系统的中央订单簿下达大量指令，并在订

单簿冻结以计算拍卖价格的前几秒钟取消这些指令,从而在理论上导致开盘价可能比其他价格看起来更高/更低;

(ⅱ)本节第1(b)(i)、第(b)(iii)、第(b)(iv)、第(b)(v)点所列征兆;

(ⅲ)在交易日内接近参考点进行交易或下达交易指令,这些交易或交易指令相对于市场的规模而言显然会对供需、价格或价值产生重大影响;

(ⅳ)除了增加交易价量外没有其他明显理由的交易或交易指令,即在交易日内临近参考点(例如在开盘或收盘时)实施。

(e)为了在订单簿的另一侧进行交易,在订单簿的买方(或卖方)一侧经常提交多个或大量远离合理价格(the touch)的指令。一旦交易发生,将撤销无意执行的指令——通常称为"分层和幌骗"(layering and spoofing)。这种做法也可以通过第4(f)(i)点所述征兆来说明;

(f)本节第4(e)点所述的做法,通常称为"塞单";

(g)本节第4(f)点所述的做法,通常称为"引发动量交易"。

6. 第596/2014号(欧盟)条例附件Ⅰ所列征兆A(f)的具体做法:

(a)在执行前撤回下达的指令,具有或者可能具有给出金融工具、相关的现货商品合约或基于排放配额的拍卖产品的需求或供给在该价格上的误导性假象的影响——通常称为"不打算实际履行的下单"(placing orders with no intention of executing them)。这种做法也可以通过下列市场操纵附加征兆来说明:

(ⅰ)嵌入价格的交易指令,这些指令增加出价或减少出价并具有或可能具有增加或降低相关金融工具价格的影响;

(ⅱ)本节第4(f)(i)点所述征兆。

(b)本节第1(b)点所述的做法,通常称为"创建地板价或天花板价";

(c)通过滥用市场力量将买卖价差扩大至和/或维持在人为水平上——通常称为"不当价差报价"(excessive bid – offer spreads)。这种做法也可以通过下列市场操纵附加征兆来说明:

(ⅰ)具有或可能具有绕过市场交易保障措施(例如价格限制、数量限制、买卖差价参数等)的影响的交易或交易指令;

(ⅱ)本节第2(c)(i)点所述征兆。

(d)下达增加(或减少)金融工具、相关现货商品合约或基于排放配额的拍卖产品报价从而增加(或减少)其价格的交易指令——通常称为"拉抬"(advancing the bid)。这种做法也可以通过本节第6(a)(i)点所述征兆来说明;

(e)本节第2(c)点所述的做法,通常称为"跨交易场所操纵"(在一个交易场所内或交易场所外交易,以不正当地凝固在另一个交易场所内或交易场所外的金融工具的价格);

(f)本节第2(d)点所述的做法,通常称为"跨交易产品操纵"(交易的金融工具不正当地凝固在另一个或同一个交易场所内或交易场所外的相关金融工具的价格);

(g)本节第5(e)点所述的做法,通常称为"分层和幌骗";

（h）本节第 4（e）点所述的做法，通常称为"塞单"；

（i）本节第 4（f）点所述的做法，通常称为"引发动量交易"；

（j）下达交易指令以吸引采用传统交易技术的其他市场参与者（"慢速交易者"）的注意，然后迅速修改为不那么慷慨的条款，希望能在"慢速交易者"交易指令流入的情况下实现盈利，通常称为"烟雾弹"（smoking）。

7. 第 596/2014 号（欧盟）条例附件 I 所列征兆 A（g）的具体做法：

（a）本节第 5（d）点所述的做法，通常称为"做尾盘"；

（b）本节第 1（a）点所述的做法，例如在股权背景下，通常称为"IPO 后的欺诈交易"；

（c）本节第 1（b）点所述的做法，通常称为"创建地板价或天花板价"；

（d）本节第 2（c）点所述的做法，通常称为"交易场所间操纵"（在一个交易场所内或交易场所外交易，以不正当地凝固在另一个交易场所内或交易场所外的金融工具的价格）；

（e）本节第 2（d）点所述的做法，通常称为"跨交易产品操纵"（交易的金融工具不正当地凝固在另一个或同一个交易场所内或交易场所外的相关金融工具的价格）；

（f）为了固定与商品合同有关的成本（如保险或运费）而做出安排，其影响是将金融工具或相关现货商品合约的结算价格凝固在一个异常或人为的水平上。

8. 本节第 2（c）点所述的做法及本节第 5（c）、第 6（e）、第 7（d）点中所述的做法与第 596/2014 号（欧盟）条例中关于跨交易场所操纵的范围有关。

9. 本节第 2（d）点所述的做法以及本节第 5（c）、第 6（f）、第 7（e）点中提到的做法与第 596/2014 号（欧盟）条例关于跨交易场所操纵的范围有关，这是考虑到金融工具的价格或价值可能取决于或可能对另一种金融工具或现货商品合约的价格或价值产生影响。

第 2 节
与使用虚假手段或其他任何形式的欺骗或诡计有关的操纵行为的征兆
第 596/2014 号（欧盟）条例附件 I（B 部分）

1. 第 596/2014 号（欧盟）条例附件 I 所列征兆 B（a）的具体做法：

（a）通过包括互联网在内的媒体或其他任何方式传播虚假或误导性的市场信息，这些信息导致或可能导致金融工具、相关现货商品合约或基于排放配额的拍卖产品的价格向有利于传播信息者所持头寸或计划交易的方向变动；

（b）在金融工具、相关现货商品合约或基于排放配额的拍卖产品中建仓，并在公开披露并强调投资的长期持有后立即平仓。被称为"建仓并在公开披露后立即平仓"（opening a position and closing it immediately after its public disclosure）；

（c）第 1 节第 4（c）点所述的做法，通常称为"拉高倒货"。这种做法也可以通过下列市场操纵附加征兆来说明：

（i）在金融工具价格异常变动前后通过媒体传播与不断增加（或减少）合格持股

有关的新闻；

（ⅱ）第1节第5（d）（i）点所述征兆。

（d）第1节第4（d）点所述的做法，通常称为"压低吸筹"。这一做法也可以通过本节第1（c）（i）点和第1节第5（d）（i）点所述征兆来说明；

（e）第1节第3（d）点所述的做法，通常称为"隐瞒所有权"；

（f）实物商品的流动或储存可能对金融工具或相关现货商品合约的商品或可交付物的供给、需求、价格或价值造成误导性印象；

（g）空载货船的移动可能会对金融工具或相关现货商品合约的商品或可交付物的供给、需求、价格或价值造成虚假或误导性印象。

2. 第596/2014号（欧盟）条例附件Ⅰ所列征兆B（b）的具体做法：

（a）本节第1（a）点所述的做法。这种做法还可以通过在市场参与者或与该市场参与者密切相关的人发布或传播公开可得的相反的研究报告或投资建议前后不久进行交易或交易指令来说明。

（b）第1节第4（c）点所述的做法，通常称为"拉高倒货"。这一做法也可以通过本节第2（a）（i）点所述征兆来说明。

（c）第1节第4（d）点所述的做法，通常称为"压低吸筹"。这一做法也可以通过本节第2（a）（i）点所述征兆来说明。

II

(非立法法案)

条例

欧盟委员会
第 2016/909 号（欧盟）授权条例

本条例于 2016 年 3 月 1 日通过，补充欧洲议会与欧盟理事会第 596/2014 号（欧盟）条例关于向主管机关提交通知的内容以及通知清单的编制、公布和维护的监管性技术标准（与欧洲经济区相关的文本）

欧洲议会，

根据《欧洲联盟运作条约》，

根据 2014 年 4 月 16 日欧洲议会与欧盟理事会关于市场滥用并废止欧洲议会与欧盟理事会第 2003/6/EC 号指令和欧盟委员会第 2003/124/EC 号、第 2003/125/EC 号和第 2004/72/EC 号指令的第 596/2014 号（欧盟）条例（反市场滥用条例），特别是其中的第 4 条第 4 款第三段的规定，

鉴于：

（1）根据欧洲议会与欧盟理事会第 600/2014 号（欧盟）条例第 27 条第 3 款第三段规定通过的欧盟委员会授权条例，要求持续提交已获准交易金融工具的识别参考数据（identifying reference data）。相比之下，第 596/2014 号（欧盟）条例第 4 条要求交易场所将金融工具（这些金融工具是申请进入交易、获准交易或已交易的对象）的详细信息仅通知其主管机关一次，随后在金融工具停止交易或获准交易的情况下将金融工具详细信息只通知主管机关一次。根据第 596/2014 号（欧盟）条例与上述授权条例关于报告义务的上述差异，本条例中的报告义务应当与上述授权条例中的报告义务相一致，以减少承担此类义务的实体的行政负担。

（2）为了有效且高效利用金融工具通知清单，交易场所应当提供完整且准确的金融工具通知。出于同样的原因，主管机关应当监测和评估从交易场所接收到的金融工具通知的完整性和准确性，并及时将发现的任何不完整或不准确的情况告知交易场所。同样，ESMA 应监测和评估从主管机关接收到的通知的完整性和准确性，并及时将发现的任何不完整或不准确的情况告知主管机关。

（3）ESMA 应当以电子、机器可读和可下载的形式公布金融工具通知清单，以促进有效利用与交流数据。

（4）本条例基于ESMA向欧盟委员会提交的监管性技术标准草案。

（5）ESMA已就本条例所依据的监管性技术标准草案进行了公开公众咨询，分析了潜在的相关成本和收益，并征求了根据欧洲议会与欧盟理事会第1095/2010号（欧盟）条例第37条设立的证券市场利益相关者团体的意见。

（6）为了确保金融市场的平稳运行，有必要在紧急情况下实施本条例，并且本条例中规定的条款自第596/2014号（欧盟）条例中规定的日期起适用。

兹通过本条例如下：

第1条

根据第596/2014号（欧盟）条例第4条第1款发出的金融工具通知应当包括本条例附件表2中提及的与相关金融工具有关的全部细节。

第2条

1. 主管机关应当使用自动化程序监测和评估根据第596/2014号（欧盟）条例第4条第1款接收到的通知是否符合本条例第1条和第2016/378号（欧盟）委员会实施条例①第2条的要求。

2. 交易场所运营商应当毫不迟延地使用自动化程序告知接收到的通知中存在的任何不完整情况，以及未能在第2016/378号（欧盟）委员会实施条例第1条规定的期限前提交通知的情况。

3. 主管机关应当根据第1条的规定，采用自动化程序向ESMA发送完整且准确的金融工具通知。根据第596/2014号（欧盟）条例第4条第2款的规定，在接收到金融工具通知后的第二天，ESMA应当采用自动化程序合并从各主管机关接收到的通知。

4. ESMA应当采用自动化程序监测和评估从主管机关接收到的通知是否完整、准确，是否符合第2016/378号（欧盟）委员会实施条例附件表3中规定的适用标准和格式。

5. ESMA应当毫不延迟地使用自动化程序将所发送通知中的任何不完整情况以及未能在第2016/378号（欧盟）委员会实施条例第1条第3款规定的截止日期前提交通知的情况通知有关主管机关。

6. ESMA应当采用自动化程序在其网站上以电子、可下载和机器可读的形式发布通知的完整列表。

---

① 2016年3月11日欧盟委员会根据欧洲议会与欧盟理事会第596/2014号（欧盟）条例就向主管机关提交通知的时间、格式和模板制定的实施性技术标准的第2016/378号（欧盟）实施条例（2016年3月17日《欧盟官方公报》L 72，第1页）。

第 3 条

本条例自发布于《欧盟官方公报》之日起生效。

本条例自 2016 年 7 月 3 日起适用。

本条例具有整体约束力，并直接适用于所有成员国。

于 2016 年 3 月 1 日在布鲁塞尔订立。

欧盟委员会

主席

让－克洛德·容克

附件
根据第 596/2014 号（欧盟）条例第 4 条第 1 款规定发出的金融工具通知

表 1 关于表 2（第 35—37 栏）中商品和排放配额衍生品的类别

基础产品（Base product）	二级产品（Sub product）	下一级产品（Further sub product）
'AGRI' – 农业	'GROS' – 谷物和油菜籽	'FWHT' – 饲料小麦 'SOYB' – 大豆 'CORN' – 玉米 'RPSD' – 油菜籽 'RICE' – 大米 'OTHR' – 其他
	'SOFT' – 软商品	'CCOA' – 可可 'ROBU' – 罗布斯塔咖啡 'WHSG' – 白糖 'BRWN' – 原糖 'OTHR' – 其他
	'POTA' – 土豆	
	'OOLI' – 橄榄油	'LAMP' – 橄榄油
	'DIRY' – 乳制品	
	'FRST' – 木材	
	'SEAF' – 海产品	
	'LSTK' – 牲畜	
	'GRIN' – 谷物	'MWHT' – 碾磨小麦
'NRGY' – 能源	'ELEC' – 电力	'BSLD' – 基本负载 'FITR' – 金融输电权 'PKLD' – 峰值负载 'OFFP' – 非高峰期 'OTHR' – 其他
	'NGAS' – 天然气	'GASP' – 气藏 'LNGG' – 液化天然气 'NBPG' – 英国均衡点 'NCGG' – 非二氧化碳（CO_2）温室气体 'TTFG' – 荷兰产权转让设施

续表

基础产品（Base product）	二级产品（Sub product）	下一级产品（Further sub product）
'NRGY' – 能源	'OILP' – 油	'BAKK' – 巴肯 Bakken 'BDSL' – 生物柴油 'BRNT' – 布伦特原油 'BRNX' – 布伦特 NX 'CNDA' – 加拿大油 'COND' – 凝析油 'DSEL' – 柴油 'DUBA' – 迪拜油 'ESPO' – 东西伯利亚 – 太平洋管道原油 'ETHA' – 乙醇 'FUEL' – 燃料 'FOIL' – 燃油 'GOIL' – 瓦斯油 'GSLN' – 汽油 'HEAT' – 馏分燃料油 'JTFL' – 航空燃油 'KERO' – 煤油 'LLSO' – 路易斯安那轻质原油 'MARS' – Mars 原油 'NAPH' – 石脑油 'NGLO' – 天然气凝液 'TAPI' – 塔皮斯原油 'URAL' – 乌拉尔混合原油 'WTIO' – 美国西得克萨斯中质原油
	'COAL' – 煤炭 'INRG' – 国际能源 'RNNG' – 可再生能源 'LGHT' – 轻质油 'DIST' – 馏出物	
'ENVR' – 环境	'EMIS' – 排放	'CERE' – 核证减排量 'ERUE' – 减排单位 'EUAE' – 欧盟排放配额 'EUAA' – 欧洲航空碳排放配额 'OTHR' – 其他
	'WTHR' – 天气 'CRBR' – 碳相关	

续表

基础产品（Base product）	二级产品（Sub product）	下一级产品（Further sub product）
'FRGT' – 货运	'WETF' – 潮湿	'TNKR' – 油轮
	'DRYF' – 干燥	'DBCR' – 干散货船
	'CSHP' – 集装箱船	
'FRTL' – 肥料	'AMMO' – 氨 'DAPH' – 二铵磷酸盐 'PTSH' – 钾碱 'SLPH' – 硫黄 'UREA' – 尿素 'UAAN' – UAN（尿素硝酸铵溶液）	
'INDP' – 工业产品	'CSTR' – 建设 'MFTG' – 制造业	
'METL' – 金属	'NPRM' – 非稀有	'ALUM' – 铝 'ALUA' – 铝合金 'CBLT' – 钴 'COPR' – 铜 'IRON' – 铁矿石 'LEAD' – 铅 'MOLY' – 钼 'NASC' – 北美特种铝合金 'NICK' – 镍 'STEL' – 钢铁 'TINN' – 锡 'ZINC' – 锌 'OTHR' – 其他
	'PRME' – 稀有	'GOLD' – 金 'SLVR' – 银 'PTNM' – 铂 'PLDM' – 钯 'OTHR' – 其他
'MCEX' – 多出口商品		
'PAPR' – 纸	'CBRD' – 箱板纸 'NSPT' – 新闻纸 'PULP' – 纸浆 'RCVP' – 可回收纸张	

续表

基础产品（Base product）	二级产品（Sub product）	下一级产品（Further sub product）
'POLY'－聚丙烯	'PLST'－塑料	
'INFL'－通货膨胀		
'OET'－官方经济统计		
'OTHC'－其他 C_{10}，如，定义见补充第 600/2014 号（欧盟）条例关于交易场所和投资公司债券、结构性金融产品、排放配额和衍生品透明度要求的监管技术标准的欧盟委员会授权条例附件三"其他 C_{10} 衍生产品"一节表 10.1。	'DLVR'－可交付 'NDLV'－无法交付	
'OTHR'－其他		

表 2　根据第 596/2014 号（欧盟）条例第 4 条第 1 款向主管机关提交通知的内容

序号	栏目	报告内容
一般栏目		
1	工具识别码	用于识别金融工具的代码
2	工具全称	金融工具的全称
3	工具类别	用于对金融工具进行分类的分类法 应提供完整准确的 CFI 代码
4	商品衍生品标识	关于金融工具是否并入第 600/2014 号（欧盟）条例第 2 条第 1 款 30 项规定的商品衍生物定义范围内的说明
与发行人相关的栏目		
5	发行人或交易场所运营商的识别编码	发行人或交易场所运营商的法人机构识别编码（LEI）
与交易场所相关的栏目		
6	交易场所	用于交易场所或系统化内部化交易商的 MIC 分部（如有），否则为运营的 MIC
7	金融工具简称	符合 ISO 18774 的金融工具简称
8	发行人入市交易申请	金融工具的发行人是否已申请、被核准或获准在交易场所交易其金融工具
9	批准入市交易的日期	发行人已获准进入交易场所交易其金融工具或在交易场所交易其金融工具的日期和时间
10	申请入市交易的日期	在交易场所申请入市的日期和时间

续表

序号	栏目	报告内容
11	入市交易日期或首次交易日期	在交易场所入市交易的日期和时间,或交易场所首次交易工具或首次收到订单或报价的日期和时间
12	终止日期	金融工具停止在交易场所交易或获准交易的日期和时间 如果此日期和时间不可得,则不填写此栏目
与名义（Notional）相关的栏目		
13	名义货币1	名义上的货币。在利率或货币衍生品合约的情况下,这将是第一阶段的名义货币 对于基础货币是单一货币的互换期权,这将是基础互换的名义货币。对于基础货币是多种货币的互换期权,这将是互换第一阶段的非名义货币
与债券或其他形式的证券化债务相关的栏目		
14	总发行面值	以货币价值计算的总发行面值
15	到期日	所报告金融工具的到期日 此栏目适用于到期日确定的债务工具
16	面值货币	债务工具的面值货币
17	每单位面值/最低交易价值	每种工具的面值。如果不可得,则应填写最低交易价值
18	固定利率	持有至到期日的债务工具的固定利率回报率,以百分比表示
19	浮动利率债券指数/基准的识别编码	存在识别编码的位置
20	浮动利率债券的指数/基准的名称	没有识别编码的地方,指数的名称
21	浮动利率债券的指数/基准的期限	浮动利率债券的指数/基准的期限。该术语应以天,周、月或年表示
22	浮动利率债券的指数/基准的基点差（Base Point Spread）	高于或低于用于计算价格的指数的基点数
23	债券优先受偿权（Seniority）	确定债券类型：优先债券、夹层债券（mezzanine）、次级债券（subordinated or junior）
与衍生工具和证券化衍生工具相关的栏目		
24	到期日	金融工具的到期日。此栏目仅适用于到期日确定的衍生工具
25	价格乘数（Price multiplier）	单一衍生合约所代表的基础工具单位数目 对于指数期货或期权,每个指数点的数量 价差合约是指价差合约所依据的基础工具价格的变动

续表

序号	栏目	报告内容
26	基础工具代码	基础工具的 ISIN 代码。 对于 ADR、GDR 和类似工具，这些工具所基于的金融工具的 ISIN 代码。 对于可转换债券，债券可以转换的工具的 ISIN 代码。 对于具有基础工具的衍生工具或其他工具，当基础工具在交易场所获准交易或交易时，基础工具 ISIN 代码。当基础工具是股票股息时，用于分配相关股息的相关股份的工具代码。 对于信用违约互换，应提供具有参考作用的 ISIN。 如果基础工具是一个指数并且有一个 ISIN，指数的 ISIN 代码。 当基础工具是一篮子时，包括在交易场所获准交易或交易的一篮子的每个组成部分的 ISIN。因此，应根据需要多次报告第 26 和 27 栏，以列出篮子中的所有工具
27	基础工具发行人	如果工具是指发行人而不是单一工具，则指发行人的 LEI 代码
28	基础工具指数名称	如果基础工具是指数，则为指数的名称
29	基础工具指数期限	如果基础工具是指数，则为指数的期限
30	期权类型	表明衍生合约是否为看涨期权（购买特定基础资产的权利）或看跌期权（出售特定基准资产的权利），或在执行时无法确定是看涨期权还是看跌期权。在互换的情况下，应： —"看跌期权"在接受方互换期权的情况下，买方有权作为固定利率接受方进行互换。 —"看涨期权"，在付款人互换期权的情况下，买方有权作为固定利率付款人进行互换。 如果是上限和下限，则应： —"看跌期权"，在下限的情况下。 —"看涨期权"，在上限的情况下。 此栏目仅适用于作为期权或权证的衍生工具
31	敲定价格（Strike price）	持有人必须买入或卖出相关工具的预定价格，或表明在执行时无法确定价格的标示。 此栏目仅适用于敲定价格可以在执行时确定的期权或权证。 如果价格目前尚不可得但待定，则值应为"PNDG"。 如果敲定价格不可得，则不填写此栏目
32	执行价货币	执行价的货币
33	期权行权类型（Option exercise style）	表明期权是否只能在固定日期行使（欧洲和亚洲类型）、一系列预先指定的日期（百慕大类型）或合同有效期内的任何时间（美国类型）行使。 此栏目仅适用于期权、权证和权利证书

续表

序号	栏目	报告内容
34	交割类型	表明金融工具是以实物结算还是以现金结算。如果在执行时无法确定交割类型,则值应为"OPTL"。 此栏目仅适用于衍生品
商品和排放配额衍生品		
35	基础产品	基础产品为《商品分类及排放配额衍生品表》所列示的基础资产类别
36	二级产品	衍生产品为《商品分类及排放配额衍生品表》所列示的基础资产类别。 此栏目需要一个基础产品
37	下一级产品	进一步衍生产品为《商品分类及排放配额衍生品表》所列示的基础资产类别。 此栏目需要衍生产品
38	交易类型	交易场所指定的交易类型
39	最终价格类型	交易场所指定的最终价格类型
利率衍生品 –本节中的栏目仅应填写以利率为基础的非金融类工具		
40	参考利率	参考利率的名称
41	IR 合同期限	如果资产类别为利率,则此栏目说明合同期限。期限以日、周、月、年表示
42	名义货币 2	在多币种或跨币种互换的情况下,合同第二阶段计价的货币。 对于基础互换为多种货币的互换,以互换第二阶段计价的名义货币
43	第 1 段固定利率	如适用,表示第 1 段使用的固定利率
44	第 2 段固定利率	如适用,表示第 2 段使用的固定利率
45	第 2 段固定利率	如适用,表示使用的利率
46	第 2 段 IR 合同期限	表明利率的参考期间,其通过参考市场利率以预定的间隔设置。 该术语应以天、周、月或年表示
外汇衍生品 –本节中的栏目仅应填写以外汇为基础的非金融类工具		
47	名义货币 2	该栏目应填写货币对的基础货币 2(货币 1 将填充在名义货币 1 栏目 13 中)
48	FX 类型	基础货币类型

II

（非立法法案）

条例

第 2016/378 号（欧盟）实施条例

本条例于 2016 年 3 月 11 日通过，根据欧洲议会与欧盟理事会第 596/2014 号（欧盟）条例向主管机关提交通知的时间、格式和模板制定的实施性技术标准（与欧洲经济区相关的文本）

欧洲议会，

根据《欧洲联盟运作条约》，

根据 2014 年 4 月 16 日欧洲议会与欧盟理事会关于市场滥用并废止欧洲议会与欧盟理事会第 2003/6/EC 号指令和欧盟委员会第 2003/124/EC 号、第 2003/125/EC 号和第 2004/72/EC 号指令的第 596/2014 号（欧盟）条例（反市场滥用条例），特别是其中的第 4 条第 5 款第三段的规定，

鉴于：

（1）为确保报告义务的协调统一并减轻实体遵守这些义务的行政负担，有必要调整本条例和根据欧洲议会与欧盟理事会第 600/2014 号（欧盟）条例第 27 条第 3 款第三段通过的欧盟委员会授权条例规定的报告义务。

（2）为使主管机关和 ESMA 能够确保数据质量和市场监控的有效，以维护市场完整性，主管机关和 ESMA 应能够及时接收到与每个交易日相关的完整通知。

（3）为使主管机关有效且高效地利用数据，提交金融工具通知所使用的模板和格式应当保持统一。遵守这些通知所载详细信息的有关国际标准有助于实现这一目的。

（4）本条例基于 ESMA 向欧盟委员会提交的实施性技术标准草案。

（5）ESMA 已就本条例所依据的实施性技术标准草案进行了公开公众咨询，分析了潜在的相关成本和收益，并征求了根据欧洲议会与欧盟理事会第 1095/2010 号（欧盟）条例第 37 条设立的证券市场利益相关者团体的意见。

（6）为了确保金融市场的平稳运行，有必要在紧急情况下实施本条例，并且本条例中规定的条款自第 596/2014 号（欧盟）条例中规定的日期起适用，

兹通过本条例如下：

第1条

1. 在不迟于每日21：00 CET 开放交易之前，交易场所应当根据第596/2014号（欧盟）条例第4条第1款的规定，采用自动化程序向其主管机关通知在当日18：00 CET 之前首次在交易场所申请进入交易、获准交易或交易的所有金融工具，包括通过其系统下单或报价，或在交易场所停止交易或获准交易的情况。

2. 在18：00 CET 之后，交易场所应当在不迟于其开放交易的次日21：00 CET 前，采用自动程序向主管机关通知首次在交易场所申请进入交易、获准交易或交易的金融工具，包括通过其系统下单或报价，或在交易场所停止交易或获准交易的情况。

3. 主管机关应当根据第596/2014号（欧盟）条例第4条第2款的规定，在每日23：59 CET 之前通过自动化程序和安全的电子通信渠道向 ESMA 发送第1和第2款所述通知。

第2条

根据第596/2014号（欧盟）条例第4条第1和第2款的规定，通知中包含的所有详细信息应当遵循本条例附件中规定的标准和格式，采用 ISO 20022 方法，以电子和机器可读的形式并以相应的通用 XML 模板提交。

第3条

本条例自发布于《欧盟官方公报》之日起生效。
本条例自2016年7月3日起适用。

本条例具有整体约束力，并直接适用于所有成员国。
于2016年3月11日在布鲁塞尔订立。

欧盟委员会
主席
让－克洛德·容克

附件
根据第 596/2014 号（欧盟）条例向主管机关提交通知的标准和格式

表 1 对表 3 的说明

符号	数据类型	定义
{ALPHANUM – n}	最多 n 个字母数字字符	自由文本栏目
{CFI_CODE}	6 个字符	ISO 10962 CFI 代码
{COUNTRYCODE_2}	2 个字母数字字符	由 ISO 3166 – 1 Alpha – 2 国家代码所定义的 2 个字母的国家代码
{CURRENCYCODE_3}	3 个字母数字字符	由 ISO 4217 货币代码所定义的 3 个字母的货币代码
{DATE_TIME_FORMAT}	ISO 8601 日期和时间格式	—以下日期和时间： —YYYY – MM – DDThh：mm：ss.ddddddZ —"YYYY"是指年份； —"MM"是月份； —"DD"是日期； —"T"表示应使用字母"T" —"hh"是小时； —"mm"是分钟； —"ss.dddddd"是秒及其分数； —Z 是 UTC 时间。 日期和时间应以 UTC 格式报告
{DATEFORMAT}	ISO 8601 日期格式	日期格式如下： YYYY – MM – DD.
{DECIMAL – n/m}	最多 n 位的十进制数，其中最多 m 位可以是小数位数	正值和负值的数值字段。 —小数点分隔符为"."（句号） —负数前面加" – "（减）； 值是四舍五入的，而非将其舍去

续表

符号	数据类型	定义
{INDEX}	4个字母字符	'EONA'—欧元隔夜平均利率指数 'EONS'—欧元隔夜平均利率指数互换 'EURI'—欧洲银行间同业拆借利率 'EUUS'—欧洲美元 'EUCH'—欧洲瑞士 'GCFR'—通用回购 'ISDA'—国际互换和衍生品协会基准互换利率 'LIBI'—伦敦银行间同业拆入利率 'LIBO'—伦敦银行间同业拆出利率 'MAAA'—穆迪 AAA 'PFAN'—抵押债券 'TIBO'—东京银行间同业拆出利率 'STBO'—斯德哥尔摩银行间同业拆出利率 'BBSW'—银行票据互换率 'JIBA'—约翰内斯堡银行间同业平均利率 'BUBOR'—布达佩斯银行间同业拆出利率 'CDOR'—加拿大元拆出利率 'CIBO'—中国货币市场基准利率 'MOSP'—莫斯科优惠拆出利率 'NIBO'—纽约银行间同业拆出利率 'PRBO'—波多黎各银行间同业拆出利率 'TLBO'—特拉维夫银行间同业拆出利率 'WIBO'—华沙银行间同业拆出利率 'TREA'—财政部 'SWAP'—互换 'FUSW'—期货互换
{INTEGER-n}	整数，最多n位	正整数值和负整数值的数值字段
{ISIN}	12个字母数字字符	ISO 6166 中定义的 ISIN 代码
{LEI}	20个字母数字字符	ISO 17442 中定义的法人识别码
{MIC}	4个字母数字字符	ISO 10383 中定义的市场识别编码
{FISN}	35个字母数字字符	国际标准化组织 18774 中定义的国际标准编号代码

表2 关于表3（第35－37栏）中商品和排放配额衍生品的类别

基础产品	二级产品	下一级产品
'AGRI' – 农业	'GROS' – 谷物和油菜籽	'FWHT' – 饲料小麦 'SOYB' – 大豆 'CORN' – 玉米 'RPSD' – 油菜籽 'RICE' – 大米 'OTHR' – 其他
	'SOFT' – 软商品	'CCOA' – 可可 'ROBU' – 罗布斯塔咖啡 'WHSG' – 白糖 'BRWN' – 原糖 'OTHR' – 其他
	'POTA' – 土豆	
	'OOLI' – 橄榄油	'LAMP' – 橄榄油
	'DIRY' – 乳制品	
	'FRST' – 木材	
	'SEAF' – 海产品	
	'LSTK' – 牲畜	
	'GRIN' – 谷物	'MWHT' – 碾磨小麦
'NRGY' – 能源	'ELEC' – 电力	'BSLD' – 基本负载 'FITR' – 金融输电权 'PKLD' – 峰值负载 'OFFP' – 非高峰期 'OTHR' – 其他
	'NGAS' – 天然气	'GASP' – 气藏 'LNGG' – 液化天然气 'NBPG' – 英国均衡点 'NCGG' – 非二氧化碳（CO_2）温室气体 'TTFG' – 荷兰产权转让设施

续表

基础产品	二级产品	下一级产品
'NRGY' – 能源	'OILP' – 油	'BAKK' – 巴肯 'BDSL' – 生物柴油 'BRNT' – 布伦特原油 'BRNX' – 布伦特 NX 'CNDA' – 加拿大油 'COND' – 凝析油 'DSEL' – 柴油 'DUBA' – 迪拜油 'ESPO' – 东西伯利亚 – 太平洋管道原油 'ETHA' – 乙醇 'FUEL' – 燃料 'FOIL' – 燃油 'GOIL' – 瓦斯油 'GSLN' – 汽油 'HEAT' – 馏分燃料油 'JTFL' – 航空燃油 'KERO' – 煤油 'LLSO' – 路易斯安那轻质原油 'MARS' – Mars 原油 'NAPH' – 石脑油 'NGLO' – 天然气凝液 'TAPI' – 塔皮斯原油 'URAL' – 乌拉尔混合原油 'WTIO' – 美国西得克萨斯中质原油
	'COAL' – 煤炭 'INRG' – 国际能源 'RNNG' – 可再生能源 'LGHT' – 轻质油 'DIST' – 馏出物	
'ENVR' – 环境	'EMIS' – 排放	'CERE' – 核证减排量 'ERUE' – 减排单位 'EUAE' – 欧盟排放配额 'EUAA' – 欧洲航空碳排放配额 'OTHR' – 其他
	'WTHR' – 天气 'CRBR' – 碳相关	

续表

基础产品	二级产品	下一级产品
'FRGT' – 货运	'WETF' – 潮湿	'TNKR' – 油轮
	'DRYF' – 干燥	'DBCR' – 干散货船
	'CSHP' – 集装箱船	
'FRTL' – 肥料	'AMMO' – 氨 'DAPH' – 二铵磷酸盐 'PTSH' – 钾碱 'SLPH' – 硫黄 'UREA' – 尿素 'UAAN' – UAN（尿素硝酸铵溶液）	
'INDP' – 工业产品	'CSTR' – 建设 'MFTG' – 制造业	
'METL' – 金属	'NPRM' – 非稀有	'ALUM' – 铝 'ALUA' – 铝合金 'CBLT' – 钴 'COPR' – 铜 'IRON' – 铁矿石 'LEAD' – 铅 'MOLY' – 钼 'NASC' – 北美特种铝合金 'NICK' – 镍 'STEL' – 钢铁 'TINN' – 锡 'ZINC' – 锌 'OTHR' – 其他
	'PRME' – 稀有	'GOLD' – 金 'SLVR' – 银 'PTNM' – 铂 'PLDM' – 钯 'OTHR' – 其他
'MCEX' – 多出口商品		
'PAPR' – 纸	'CBRD' – 箱板纸 'NSPT' – 新闻纸 'PULP' – 纸浆 'RCVP' – 可回收纸张	

续表

基础产品	二级产品	下一级产品
'POLY' – 聚丙烯	'PLST' – 塑料	
'INFL' – 通货膨胀		
'OET' – 官方经济统计		
'OTHC' – 其他 C_{10}，如，定义见补充第 600/2014 号（欧盟）条例关于交易场所和投资公司债券、结构性金融产品、排放配额和衍生品透明度要求的监管技术标准的欧盟委员会授权条例附件三"其他 C_{10} 衍生产品"一节表 10.1。	'DLVR' – 可交付 'NDLV' – 无法交付	
'OTHR' – 其他		

表 3　根据第 596/2014 号（欧盟）条例第 4 条第 1 和第 2 款提交的通知中使用的标准和格式

序号	栏目	用于报告的标准和格式
	一般栏目	
1	工具识别码	{ISIN}
2	工具全称	{ALPHANUM – 350}
3	工具类别	{CFI_CODE}
4	商品衍生品标示	'true' —是 'false' —否
	发行人相关栏目	
5	发行人或交易场所运营商的识别编码	{LEI}
	交易场所相关栏目	
6	交易场所	{MIC}
7	金融工具简称	{FISN}
8	发行人入市交易申请	'true' —是 'false' —否
9	批准入市交易的日期	{DATE_TIME_FORMAT}
10	申请入市交易的日期	{DATE_TIME_FORMAT}
11	入市交易日期或首次交易日期	{DATE_TIME_FORMAT}
12	终止日期	{DATE_TIME_FORMAT}
	与名义（Notional）相关的栏目	
13	名义货币 1	{CURRENCYCODE_3}

续表

序号	栏目	用于报告的标准和格式
与债券或其他形式的证券化债务相关的栏目		
14	总发行面值	{DECIMAL – 18/5}
15	到期日	{DATEFORMAT}
16	面值货币	{CURRENCYCODE_3}
17	每单位面值/最低交易价值	{DECIMAL – 18/5}
18	固定利率	{DECIMAL – 11/10} 以百分比表示（例如7.0表示7%，0.3表示0.3%）
19	浮动利率债券指数/基准的识别编码	{ISIN}
20	浮动利率债券的指数/基准的名称	{INDEX} 或 {ALPHANUM – 25}—如果指数名称不包含在{INDEX}列表中
21	浮动利率债券的指数/基准的期限	{INTEGER – 3} + 'DAYS'—天数 {INTEGER – 3} + 'WEEK'—周数 {INTEGER – 3} + 'MNTH'—月数 {INTEGER – 3} + 'YEAR'—年数
22	浮动利率债券的指数/基准的基点差	{INTEGER – 5}
23	债券优先受偿权	'SNDB'—优先债务 'MZZD'—夹层融资 'SBOD'—附属债务 'JUND'—次级债务
与衍生工具和证券化衍生工具相关的栏目		
24	到期日	{DATEFORMAT}
25	价格乘数	{DECIMAL – 18/17}
26	基础工具代码	{ISIN}
27	基础工具发行人	{LEI}
28	基础工具指数名称	{INDEX} 或 {ALPHANUM – 25}—如果指数名称不包含在{INDEX}列表中
29	基础工具指数期限	{INTEGER – 3} + 'DAYS'—天数 {INTEGER – 3} + 'WEEK'—周数 {INTEGER – 3} + 'MNTH'—月数 {INTEGER – 3} + 'YEAR'—年数

续表

序号	栏目	用于报告的标准和格式
30	期权类型	'PUTO'—看跌 'CALL'—看涨 'OTHR'—无法确定是看涨还是看跌
31	执行价	{DECIMAL-18/13} 如果价格表示为货币价值 {DECIMAL-11/10} 如果价格以百分比或收益率表示 {DECIMAL-18/17} 如果价格以基点表示 'PNDG' 如果价格不可行
32	执行价货币	{CURRENCYCODE_3}
33	期权行权类型	'EURO'—欧洲类型 'AMER'—美洲类型 'ASIA'—亚洲类型 'BERM'—百慕大类型 'OTHR'—任何其他类型
34	交割类型	用于报告的标准和格式
商品和排放限额衍生品		
35	基础产品	仅允许商品分类和排放限额衍生表中"基础产品"列中的值
36	二级产品	仅允许商品分类和排放限额衍生表中"二级产品"列中的值
37	下一级产品	仅允许商品分类和排放限额衍生表中"下一级产品"列中的值
38	交易类型	'FUTR'—期货 'OPTN'—期权 'TAPO'—均价期权 'SWAP'—互换合约 'MINI'—迷你合约 'OTCT'—场外交易 'ORIT'—单笔 'CRCK'—裂解价差交易 'DIFF'—差价 'OTHR'—其他

续表

序号	栏目	用于报告的标准和格式
39	最终价格类型	'ARGM'—阿格斯/麦克洛斯基 'BLTC'—波罗的海 'EXOF'—交易所 'GBCL'—全球煤炭 'IHSM'— IHS麦克洛斯基 'PLAT'—普氏价格 'OTHR'—其他
	利率衍生品 – 本节中的栏目仅应填写以利率为基础的非金融类工具	
40	参考利率	{INDEX} Or {ALPHANUM-25} – 如果参考利率不包括在{INDEX}列表中
41	IR合同期限	{INTEGER-3} + 'DAYS'—天数 {INTEGER-3} + 'WEEK'—周数 {INTEGER-3} + 'MNTH'—月数 {INTEGER-3} + 'YEAR'—年数
42	名义货币2	{CURRENCYCODE_3}
43	第1段固定利率	{DECIMAL -11/10} 以百分比表示（例如7.0表示7%，0.3表示0.3%）
44	第2段固定利率	{DECIMAL -11/10} 以百分比表示（例如7.0表示7%，0.3表示0.3%）
45	第2段固定利率	{INDEX} Or {ALPHANUM-25} – 如果参考利率不包括在{INDEX}列表中
46	第2段IR合同期限	{INTEGER-3} + 'DAYS'—天数 {INTEGER-3} + 'WEEK'—周数 {INTEGER-3} + 'MNTH'—月数 {INTEGER-3} + 'YEAR'—年数
	外汇衍生品 – 本节中的字段仅应填写以外汇为基础的非金融类工具	
47	名义货币2	{CURRENCYCODE_3}
48	FX类型	'FXCR'—外汇交叉汇率 'FXEM'—外汇新兴市场 'FXMJ'—外汇主要货币

II

(非立法法案)

条例

欧盟委员会
第 2016/1052 号（欧盟）授权条例

本条例于 2016 年 3 月 8 日通过，补充欧洲议会与欧盟理事会第 596/2014 号（欧盟）条例关于回购计划与安定操作适用条件的监管性技术标准（与欧洲经济区相关的文本）

欧洲议会，

根据《欧洲联盟运作条约》，

根据 2014 年 4 月 16 日欧洲议会与欧盟理事会关于市场滥用并废止欧洲议会与欧盟理事会第 2003/6/EC 号指令和欧盟委员会第 2003/124/EC 号、第 2003/125/EC 号和第 2004/72/EC 号指令的第 596/2014 号（欧盟）条例（反市场滥用条例），特别是其中的第 5 条第 6 款第三段的规定，

鉴于：

（1）为从市场滥用禁止性规定的豁免中获益，在回购计划中进行自有股票交易以及为安定证券进行证券或相关金融工具交易均应遵守第 596/2014 号（欧盟）条例和本条例规定的要求和条件。

（2）尽管第 596/2014 号（欧盟）条例允许通过相关金融工具实施安定操作，但与回购计划有关交易的豁免应当限于发行人自有股票的实际交易而不适用于金融衍生品交易。

（3）由于透明度是预防市场滥用的先决条件，因此确保在回购计划中交易自有股票以及为安定证券而交易之前、期间和之后披露或报告充分的信息是十分重要的。

（4）为防止市场滥用，宜在回购计划中就自有股票购买价格和允许的日交易量设定条件。为避免规避此类条件，回购交易应当在发行人股票获准交易或被交易的交易场所进行。然而，若满足第 596/2014 号（欧盟）条例和本条例中规定的所有条件，无助于价格形成的谈判交易也可用于回购计划并从豁免中获益。

（5）为避免回购计划中自有股票交易豁免被滥用的风险，本条例对发行人在回购计划期间可以进行的交易类型及其股票交易时间设定限制条件是重要的。因此，这些限制条件应当防止发行人在回购计划期间出售自有股票，并应当考虑可能存在的临时禁止在

发行人内部进行交易的情况以及发行人可能有正当理由延迟公开披露内幕信息的事实。

（6）证券在面临销售压力的情况下，证券安定操作旨在在一段有限时间内为证券的首次或二次发行价格提供支持，从而减轻短期投资者带来的销售压力并维持证券市场的有序运行。因此，安定操作有助于提升投资者和发行人在金融市场的信心。因此，为了投资者在重大发行的情况下认购或购买证券的利益，并且为了发行人的利益，严格意义上属于私人交易的大宗交易不应被视为证券的重大发行。

（7）在首次公开发行的情况下，某些成员国允许在受监管市场正式交易开始之前进行交易。这通常被称为"发行时交易"。因此，就证券安定操作的豁免而言，只要符合某些透明度和交易条件，安定期应当在正式交易开始前开始计算。

（8）市场完整性要求对安定操作进行充分公开披露。安定交易的报告对主管机关监督安定操作也是必要的。为了确保保护投资者、维护市场完整性以及打击市场滥用，主管机关在进行监督活动中了解所有安定交易（不管它们是在交易场所内还是交易场所外进行的）也是重要的。此外，在满足适用的报告和透明度要求方面，事先明确发行人、要约人或实施安定操作的实体之间的责任划分是适当的。这种责任划分应考虑到谁掌握了相关信息。指定实体还应负责对各有关成员国主管机关的任何请求做出回应。为确保任何投资者或市场参与者易于获取信息，根据欧盟委员会第 809/2004 号（欧共体）条例①规定，首次或二次发行证券的安定操作开始前披露的信息不应违反本条例第 6 条规定的披露要求。

（9）所有实施安定操作的投资公司和信贷机构之间应当进行充分的协调。在安定期间，一家投资公司或信贷机构可能作为有关成员国主管机关进行任何监管干预的调查中心点。

（10）为给安定操作活动提供资源和对冲，应允许以行使超额配售选择权或绿鞋期权的形式进行辅助安定操作。但是，设定有关此类辅助安定操作的透明度和行使方式的条件（包括可以行使的期限）是重要的。此外，当投资公司或信贷机构为了安定操作目的而行使超额配售选择权时，应特别注意其形成的头寸不包含在绿鞋期权中。

（11）为避免混淆，安定操作应以顾及市场状况及证券发行价格的方式实施。在充分考虑当前市场状况下，因安定操作而建立头寸的清算交易应尽量减少对市场的影响。由于安定操作的目的是支持价格，因此出售为了安定操作购买获得的证券（包括为了促进随后的安定操作活动而出售的证券）不应被视为是为了支持价格。这些出售或随后的购买本身不应被视为滥用，即使它们不从第 596/2014 号（欧盟）条例规定的豁免中获益。

（12）本条例基于 ESMA 向欧盟委员会提交的监管性技术标准草案。

（13）ESMA 已就本条例所依据的监管性技术标准草案进行了公开公众咨询，分析了潜在的相关成本和收益，并征求了根据欧洲议会与欧盟理事会第 1095/2010 号（欧盟）

---

① 2004 年 4 月 29 日欧盟委员会关于实施欧洲议会与欧洲理事会第 2003/71/EC 号指令中招股说明书中所含信息、招股说明书的格式、引用合并与发布以及广告的传播的第 809/2004 号（欧共体）条例（2004 年 4 月 30 日《欧盟官方公报》L 149，第 1 页）。

条例第 37 条设立的证券市场利益相关者团体的意见。

（14）为了确保金融市场的平稳运行，有必要在紧急情况下实施本条例，并且本条例中规定的条款自第 596/2014 号（欧盟）条例中规定的日期起适用，

兹通过本条例如下：

第一章　一般规定

第 1 条

就本条例而言，应适用以下定义：

（a）"定期回购计划"（time-scheduled buy-back programme）是指在回购计划公开披露时列明计划期间拟交易股票的日期及数量的回购计划。

（b）"充分公开披露"是指根据欧盟委员会第 2016/1055 号（欧盟）实施条例①规定，以公众能够快速获取和完整、准确和及时地评估信息的方式公开信息，并且在适用的情况下，根据欧洲议会与欧盟理事会第 2004/109/EC 号指令第 21 条规定以官方指定的方式公开信息。

（c）"要约人"是指证券的前手或发行实体；

（d）"配售"是指确定先前认购或申请证券的投资者将获得的证券数量的过程或进程（process or processes）。

（e）"辅助安定操作"是指投资公司或信贷机构在证券重大发行的情况下专门为促进安定操作活动而行使超额配售选择权或绿鞋期权。

（f）"超额配售选择权"是指承销协议或牵头管理协议中的一项允许接受认购或要约认购比最初发行数量更多证券的条款。

（g）"绿鞋期权"是指要约人授予参与要约的投资公司或信贷机构的一种涵盖超额配售目的的选择权，根据该选择权条款，该公司或机构可在证券发行后的一段时间内以要约价格购买一定数量的证券。

第二章　回购计划

第 2 条　披露与报告义务

1. 为从第 596/2014 号（欧盟）条例第 5 条第 1 款规定的豁免中获益，在根据欧洲议会与欧盟理事会第 2012/30/EU 号指令第 21 条第 1 款规定允许的回购计划交易开始之前，发行人应当确保充分披露以下信息：

（a）第 596/2014 号（欧盟）条例第 5 条第 2 款规定的回购计划目标；

（b）分配给回购计划的最高金额；

（c）要收购的最大股票数；

---

① 2016 年 6 月 29 日欧盟委员会根据欧洲议会与欧盟理事会第 596/2014 号（欧盟）条例就适当公开披露内幕信息和迟延公开披露内幕信息的技术手段制定实施性技术标准的第 2016/1055 号（欧盟）实施条例（见本《欧盟官方公报》第 47 页）。

（d）回购计划的授权期限（以下简称"回购计划期限"）。

发行人应当确保充分公开披露随后对回购计划及已依第 1 款公布的资料所作的变更。

2. 发行人应当建立机制，使其能够向主管机关履行报告义务，并记录与回购计划有关的每项交易，包括第 596/2014 号（欧盟）条例第 5 条第 3 款规定的信息。发行人应当在不迟于成交日后第七个交易日结束前，以细表和汇总表形式向股票获准交易或被交易的各交易场所主管机关报告与回购计划有关的全部交易。汇总表应当载明每日和每个交易场所的汇总数量和加权平均价格。

3. 发行人应当确保在不迟于成交日后第七个交易日结束前充分公开披露与第 2 款规定的回购计划有关的交易信息。发行人应当将被披露的交易信息发布在其网站上并且保存该信息自充分公开披露之日起至少 5 年。

第 3 条 交易条件

1. 为从第 596/2014 号（欧盟）条例第 5 条第 1 款规定的豁免中获益，与回购计划有关的交易应当满足以下条件：

（a）发行人应当在股票获准交易或被交易的交易场所购买股票；

（b）在交易场所连续买卖的股票，竞价阶段不得下单，在竞价阶段开始前下单的，竞价阶段不得修改；

（c）以竞价方式在交易场所单独交易的股票，在其他市场参与者有足够时间做出反应的前提下，发行人应当在竞价期间下达并修改指令。

2. 为从第 596/2014 号（欧盟）条例第 5 条第 1 款规定的豁免中获益，发行人在执行回购计划项下交易时，不得以高于上一次独立交易价格和回购进行的交易场所（包括在不同交易场所交易股票的交易场所）当前最高独立报价购买股票。

3. 为从第 596/2014 号（欧盟）条例第 5 条第 1 款规定的豁免中获益，发行人在执行回购计划项下交易时，在任何交易日购买的股票不得超过回购进行的交易场所日平均交易量的 25%。

就第一段而言，日平均交易量以下列任一期间的日平均交易量为准：

（a）第 2 条第 1 款规定的要求披露月份的前一个月；应当在回购计划中载明并在该计划的期限内适用此类固定数量；

（b）若回购计划没有载明该数量，则在购买日之前的 20 个交易日。

第 4 条 交易限制

1. 为从第 596/2014 号（欧盟）条例第 5 条第 1 款规定的豁免中获益，在回购计划期间，发行人不得从事以下活动：

（a）出售自有股票；

（b）在第 596/2014 号（欧盟）条例第 19 条第 11 款规定的封闭期内进行交易；

（c）在发行人根据第 596/2014 号（欧盟）条例第 17 条第 4 款或第 5 款规定决定延迟公开披露内幕信息的情况下进行交易。

2. 第 1 款不适用于以下情况：

（a）发行人已制订了定期回购计划；

（b）回购计划由投资公司或信贷机构牵头管理，该投资公司或信贷机构就发行人股票的购买时间做出独立于发行人的交易决定。

3. 第1款第（a）项的规定不适用于：若发行人为受主管机关监管的投资公司或信贷机构，在其已建立、实施和维持适当有效的内部安排及程序来防止直接或间接获取发行人内幕信息的人向做出有关股票交易决定的负责人非法披露内幕信息的情况下，根据该决定进行的自有股票交易。

4. 第1款第（b）、（c）项的规定不适用于：若发行人为受主管机关监管的投资公司或信贷机构，在其已建立、实施和维持适当有效的内部安排及程序来防止直接或间接获取发行人（包括回购计划下的收购决定）内幕信息的人向代表客户买卖自有股票的负责人非法披露内幕信息的情况下，代表客户买卖自有股票的交易。

第三章 安定操作

第5条 与安定期相关的条件

1. 关于股票和其他等同于股票的证券，第596/2014号（欧盟）条例第5条第4款第（a）项规定的有限期间（以下简称"安定期"）应当是：

（a）以首次公开发行方式进行重大发行的，自该证券在交易场所开始交易之日起至不迟于30个日历日止；

（b）以二次发行方式进行重大发行的，自充分公开披露证券最终价格之日起至不迟于发行之日后30个日历日止。

2. 就第1款第（a）项而言，如果在成员国（该成员国允许在交易场所开始交易前进行交易）进行首次公开发行，安定期应自充分公开披露证券最终价格之日起至不迟于此后30个日历日止。此类交易应根据证券交易场所适用的规则（包括任何有关公开披露和交易报告的规则）进行。

3. 关于债券和其他形式的证券化债务（包括可转换或可交换为股票或其他等同于股票的证券的证券化债务），安定期应自充分公开披露证券发行条款之日起至不迟于金融工具发行人收到发行收益之日后30个日历日止，或至不迟于证券配售之日后60个日历日止，以较早者为准。

第6条 披露与报告义务

1. 在证券首次或二次发行开始前，根据第5款任命的人应当确保充分公开披露以下信息：

（a）安定操作可能不一定发生也可能随时停止的事实；

（b）安定操作交易旨在支持安定期内证券的市场价格的事实；

（c）可以实施安定操作的安定期的开始和结束时间；

（d）实施安定操作实体的身份，除非披露时该实体不为人所知，否则在安定操作开始前必须向公众充分披露该实体；

(e) 存在的任何超额配售选择权或绿鞋期权以及该选择权或期权所包含的最大证券数量、实施绿鞋期权的期间以及行使超额配售选择权或绿鞋期权的任何条件；

(f) 实施安定操作的地点，包括相关交易场所的名称。

2. 在安定期内，根据第 5 款任命的人应当确保在不迟于成交日后第七个交易日结束前充分公开披露所有稳定交易的详细信息。

3. 安定期结束后 1 周内，根据第 5 款任命的人应当确保充分公开披露以下信息：

(a) 是否实施了安定操作；

(b) 安定操作开始的日期；

(c) 安定操作最后实施的日期；

(d) 每个安定操作交易日期内执行的安定操作交易的价格范围；

(e) 进行安定操作交易的交易地点（若适用）。

4. 为了遵守第 596/2014 号（欧盟）条例第 5 条第 5 款规定的通知要求，实施安定操作的实体（无论是否代表发行人或要约人行事）应当根据欧洲议会与欧盟理事会第 600/2014 号（欧盟）条例第 25 条第 1 款和第 26 条第 1、第 2、第 3 款的规定记录证券和相关工具中的每项安定操作指令或交易。实施安定操作的实体（无论是否代表发行人或要约人行事）应当将所有证券和相关工具的安定操作交易通知给以下主体：

(a) 安定操作的证券获准交易或被交易的各交易场所的主管机关；

(b) 从事相关工具的证券安定操作交易的各交易场所的主管机关。

5. 发行人、要约人和任何实施安定操作的实体以及代表其行事的人，应当任命其中一个主体主要负责：

(a) 第 1、第 2 和第 3 款规定的公开披露要求；

(b) 处理第 4 款规定的任何主管机关的任何请求。

第 7 条 价格条件

1. 若发行股票或其他相当于股票的证券，则在任何情况下证券的安定操作价格都不得高于发行价格。

2. 若发行可转换或可交换为股票或其他等同于股票的证券的证券化债务，则在任何情况下这些债务工具的安定操作价格不得高于公开披露新的发行最终条款时这些工具的市场价格。

第 8 条 辅助安定操作的条件

辅助安定操作应当按照第 6 条和第 7 条的规定进行，并符合以下条件：

(a) 证券只能在认购期内以要约价格超额配售；

(b) 因投资公司或信贷机构行使超额配售选择权而产生的头寸，若不在绿鞋期权范围内，则不得超过原始报价的 5%；

(c) 只有在证券超额配售的情况下，绿鞋期权受益人才能行使该期权；

(d) 绿鞋期权不得超过原报价的 15%；

(e) 可行使绿鞋期权的期限应与第 5 条规定的安定期相同；

（f）应及时向公众披露绿鞋期权的行使以及所有适当的细节，特别是期权的行使日期以及所涉及证券的数量和性质。

第四章　最后条款

第9条　生效

本条例自发布于《欧盟官方公报》之日起生效。

本条例自 2016 年 7 月 3 日起适用。

本条例具有整体约束力，并直接适用于所有成员国。

于 2016 年 3 月 8 日在布鲁塞尔订立。

欧盟委员会
主席
让 – 克洛德·容克

II

(非立法法案)

条例

欧盟委员会
第 2016/960 号（欧盟）授权条例

本条例于 2016 年 5 月 17 日通过，补充欧洲议会和欧盟理事会第 596/2014 号（欧盟）条例关于将要披露信息的市场参与者进行邀标询价的适当安排、系统和程序的监管性技术标准（与欧洲经济区相关的文本）

欧盟委员会，

根据《欧洲联盟运行条约》，

根据 2014 年 4 月 16 日欧洲议会和欧盟理事会关于市场滥用并废止欧洲议会与欧盟理事会第 2003/6/EC 号指令和欧盟委员会第 2003/124/EC 号、第 2003/125/EC 号和第 2004/72/EC 号指令的第 596/2014 号（欧盟）条例（反市场滥用条例），特别是其中的第 11 条第 9 款第三段的规定，

鉴于：

（1）适当的安排、程序和记录保存要求，对确保有效管理和控制邀标询价行为是必要的。作为适当安排的一部分，将要披露信息的市场参与者应当建立描述邀标询价方式的程序。此类程序应当设定一系列标准信息，提供给接受邀标询价的人并向其提出获取信息的要求，避免传播不必要的潜在敏感信息，并确保所有接受邀标询价的人获得相同水平的信息。

（2）有必要确定在邀标询价过程中通信的信息内容。因此，若邀标询价通过电话进行且将要披露信息的市场参与者可以使用录音电话，则其应当使用这些录音电话。若邀标询价是通过录音电话以外的方式进行的，邀标询价的记录应以音频、视频记录的形式或书面形式保存。出于个人数据保护的原因，当通过录音电话进行邀标询价或正在使用音频或视频录制时，应征得接受邀标询价的人对录制的同意。

（3）为协助主管机关就涉嫌市场滥用的行为进行调查，将要披露信息的市场参与者应当对接受邀标询价的人进行记录。

（4）为尽量降低内幕信息披露不当的风险，将要披露信息的市场参与者应当对已明示不愿意接受邀标询价的潜在投资者进行记录。潜在投资者应当能够表达其意愿，即不接受与所有潜在交易或仅特定类型交易相关的邀标询价。

(5) 为第 596/2014 号欧盟条例第 10 条第 1 款的目的, 进行邀标询价时, 将要披露信息的市场参与者应当能够从正常履行雇佣合同、职业或职责时披露内幕消息的情形中获益。在这方面, 只有将要披露信息的市场参与者符合所有要求, 包括第 596/2014 号 (欧盟) 条例第 11 条和本条例中规定的记录保存要求, 才应当被视为在正常雇佣合同、职业或职责范围内行事。

(6) 鉴于根据第 596/2014 号 (欧盟) 条例第 11 条第 3 款对内幕信息的构成进行评估可能很复杂, 将要披露信息的市场参与者应当保留所有邀标询价记录, 包括其认为不涉及披露内幕信息的记录。此类记录有助于将要披露信息的市场参与者向主管机关提供行为正当的证据, 特别是在邀标询价后信息的性质发生变化或主管机关希望审查信息分类过程的情况下。

(7) 本条例以 ESMA 向欧盟委员会提交的监管性技术标准草案为基础。

(8) ESMA 就本条例所依据的监管性技术标准草案进行了公开的公众磋商, 分析了潜在的相关成本和收益, 并要求根据欧洲议会和欧盟理事会第 1095/2010 号 (欧盟) 条例第 37 条设立的证券市场利益相关者团体发表意见。

(9) 为了确保金融市场的顺利运行, 有必要在紧急情况下实施本条例, 并且本条例中规定的条款自第 596/2014 号 (欧盟) 条例中规定的日期起适用,

兹通过本条例如下:

第 1 条 一般要求

将要披露信息的市场参与者应当确保在必要时定期审查与更新其为遵守第 596/2014 号 (欧盟) 条例第 11 条第 4、第 5、第 6 和第 8 款规定而制定的安排和程序。

第 2 条 进行邀标询价的程序

1. 将要披露信息的市场参与者应当建立描述邀标询价方式的程序。

将要披露信息的市场参与者可以将用于邀标询价的信息通过口头、现场会议、音频、视频电话或通过书面、邮件、传真、电子通信传达给接受邀标询价的人。

2. 将要披露信息的市场参与者应当建立通过电话进行邀标询价的程序, 确保其在可以使用录音电话的情况下予以使用, 并且接受邀标询价的人已同意记录该对话。

3. 第 1 款和第 2 款所述程序应当确保基于合约关系、雇佣关系或其他情形为将要披露信息的市场参与者工作的人, 在为邀标询价而发送和接收电话和电子通信时, 只使用将要披露信息的市场参与者提供的设备。

第 3 条 与接受邀标询价的人进行通信的标准信息

1. 将要披露信息的市场参与者应当建立程序, 以预先确定的顺序与邀标询价期间接受邀标询价的人交换标准信息。

2. 应当由将要披露信息的市场参与者在进行该邀标询价之前为每个邀标询价确定第 1 款中提到的标准信息。将要披露信息的市场参与者应当对接受该邀标询价的所有人使

用该标准信息。

3. 在将要披露信息的市场参与者认为邀标询价涉及披露内幕信息的情况下，第 1 款所述的标准信息应当按照规定的顺序列出，包括且不限于下列内容：

（a）为了邀标询价目的而做出该通信的声明；

（b）交谈已被记录且接受邀标询价的人同意被记录的声明（如邀标询价是以录音电话或使用音频或视频录制的方式进行的）；

（c）联系人针对将要披露信息的市场参与者与潜在投资者委托的接受邀标询价的人进行通信的请求和确认以及对该请求的答复；

（d）联系人将收到将要披露信息的市场参与者认为属于内幕信息的信息的声明（如同意接受邀标询价），该声明中提及第 596/2014 号（欧盟）条例第 11 条第 7 款规定的义务；

（e）在可能的情况下，信息不再是内幕信息的评估、可能改变评估的因素、在任何情况下将以何种方式告知接受邀标询价的人评估变更的信息；

（f）通知接受邀标询价的人关于第 596/2014 号欧盟条例第 11 条第 5 款第 1 段第（b）、（c）和（d）项规定的义务的声明；

（g）第 596/2014 号欧盟条例第 11 条第 5 款第 1 段第（a）项所述的接受邀标询价的人同意接受内幕信息的请求以及对请求的答复；

（h）在（g）项所请求的同意被给出的情况下，为邀标询价而披露的信息，将被认定为将要披露信息的市场参与者视为内幕信息的信息。

4. 在将要披露信息的市场参与者认为邀标询价不涉及披露内幕信息的情况下，第 1 款所指的标准信息应当按照规定的顺序列出，包括并且不限于以下内容：

（a）为了邀标询价目的而做出该通信的声明；

（b）对话已被记录且接受邀标询价的人同意被记录的声明（如邀标询价是以录音电话或使用音频或视频录制的方式进行的）；

（c）联系人针对将要披露信息的市场参与者与潜在投资者委托的接受邀标询价的人进行通信的请求和确认以及对该请求的答复；

（d）联系人将收到将要披露信息的市场参与者认为不属于内幕信息的信息的声明（如同意接受邀标询价），该声明中提及第 596/2014 号（欧盟）条例第 11 条第 7 款规定的义务；

（e）接受邀标询价的人同意进行邀标询价的请求以及对请求的答复；

（f）在（e）项所请求的同意被给出的情况下，为邀标询价而披露的信息。

5. 将要披露信息的市场参与者应当确保相同水平的信息被传达给予同一邀标询价相关的接受邀标询价的每个人。

第 4 条　关于接受邀标询价的人的资料

1. 对于每个邀标询价，将要披露信息的市场参与者应当编制一份包含以下信息的清单：

（a）在邀标询价过程中向其披露信息的所有自然人和法人的姓名；

（b）在邀标询价过程中或之后每次传达信息的日期和时间；

（c）接受邀标询价的人用于邀标询价的联系方式。

2. 将要披露信息的市场参与者应当编制一份潜在投资者的清单，这些投资者已告知将要披露信息的市场参与者，其不愿意接受涉及所有潜在交易或特定类型的潜在交易的邀标询价。将要披露信息的市场参与者应当避免向此类潜在投资者传达用于邀标询价的信息。

第5条 当信息不再是内幕信息的通知程序

根据第596/2014号（欧盟）条例第11条第6款的规定，若将要披露信息的市场参与者评估后认为在邀标询价过程中披露的信息不再是内幕信息，则其应当向接受邀标询价的人提供以下信息：

（a）将要披露信息的市场参与者的身份；

（b）邀标询价下交易的认定；

（c）邀标询价的日期和时间；

（d）所披露的信息不再是内幕信息的事实；

（e）信息不再是内幕信息的日期。

第6条 记录保存要求

1. 将要披露信息的市场参与者应当确保以下记录保存在耐久介质上，以确保在第596/2014号（欧盟）条例第11条第8款规定的保留期内具有可获取性和可读性：

（a）第1条和第2条所述的程序；

（b）根据第3条为每个邀标询价确定的标准信息；

（c）第4条所述接受邀标询价的人的资料；

（d）将要披露信息的市场参与者与所有为邀标询价而接受邀标询价的人之间所发生的所有通信，包括将要披露信息的市场参与者提供给接受邀标询价的人的文件；

（e）使得邀标询价期间传达的信息不再属于内幕信息的评估信息以及第5条所述的相关通知。

2. 就第6条第1款第（d）项而言，将要披露信息的市场参与者应当保持：

（a）若通过录音电话进行通信，则录音电话交谈的前提是信息传达对象已同意进行此类录音；

（b）若以书面形式传达资料，则须载有该函件的副本；

（c）若在视频或录音会议期间进行了信息传达，则这些会议记录的前提是信息传达对象已同意进行此类录音；

（d）在未记录的会议或电话交谈期间进行的通信，以及这些会议或电话交谈的书面会议记录或说明。

3. 第2款第（d）项所述的书面会议记录或说明，应当由将要披露信息的市场参与者拟定，并由其与接受邀标询价的人正式签署，并应当包括：

（a）会议或电话交谈的日期、时间以及参加者的身份；

（b）将要披露信息的市场参与者和在邀标询价过程中接受邀标询价的人之间交换的与邀标询价相关的详细信息（包括向接受邀标询价的人提供的信息），并根据第3条所述的标准信息向接受邀标询价的人提出信息获取请求；

（c）将要披露信息的市场参与者向邀标询价过程中接受邀标询价的人提供的任何文件和材料。

若将要披露信息的市场参与者和接受邀标询价的人未在邀标询价后5个工作日内就书面记录或说明内容达成协议，则将要披露信息的市场参与者应将其和接受邀标询价的人签署的书面记录或说明的版本一并记录在案。

接受邀标询价的人未在邀标询价后的5个工作日内向将要披露信息的市场参与者提供签署的书面记录或说明的副本，将要披露信息的市场参与者应保留一份由其签署的书面记录或说明的副本。

4. 第1、第2和第3款中提到的记录应当根据要求提供给主管机关。

第7条 生效

本条例自发布于《欧盟官方公报》之日起生效。

本条例自2016年7月3日起适用。

本条例具有整体约束力，并直接适用于所有成员国。
于2016年5月17日在布鲁塞尔签订。

委员会
总统
让－克洛德·容克

II

(非立法法案)

条例

欧盟委员会
第 2016/959 号（欧盟）实施条例

本条例于 2016 年 5 月 17 日通过，根据欧洲议会与欧盟理事会第 596/2014 号（欧盟）条例就披露市场参与者使用的邀标询价系统和通知模板以及记录格式制定的实施性技术标准（与欧洲经济区相关的文本）

欧盟委员会，

根据《欧洲联盟运行条约》，

根据 2014 年 4 月 16 日欧洲议会与欧盟理事会关于市场滥用并废止欧洲议会与欧盟理事会第 2003/6/EC 号指令和欧盟委员会第 2003/124/EC 号、第 2003/125/EC 号和第 2004/72/EC 号指令的第 596/2014 号（欧盟）条例（反市场滥用条例），特别是其中的第 11 条第 10 款第三段，

鉴于：

（1）将要披露信息的市场参与者应当保存其与所有接受邀标询价的人之间为邀标询价而进行的通信记录。此类记录应当有助于将要披露信息的市场参与者向主管机关提供行为正当的证据，特别是在邀标询价后信息的性质发生变化或主管机关需要审查信息分类的情况下。为此，所有这些记录都应以电子格式保存。

（2）为确保通信信息在未记录的会议或电话交谈的情况下进行邀标询价时也得到一致的记录，应为将要披露信息的市场参与者就这些会议和交谈所作的书面记录或说明编制统一的模板。

（3）为确保通信信息得到一致的记录，将要披露信息的市场参与者应当将书面通信记录保存至邀标询价过程中披露的信息不再属于内幕信息之时，通知接受邀标询价的人。

（4）本条例以 ESMA 向欧盟委员会提交的实施性技术标准草案为基础。

（5）ESMA 已就本条例所依据的实施性技术标准草案进行了公开的公众磋商，分析了潜在的相关成本和效益，并要求证券市场利益相关者团体发表意见，该团体依据欧洲议会和理事会第 1095/2010 号（欧盟）条例第 37 条设立。

（6）为了确保金融市场的顺利运行，有必要在紧急情况下实施本条例，并且本条例中规定的条款自第 596/2014 号（欧盟）条例中规定的日期起适用。

兹通过本条例如下：

第 1 条 电子记录格式

第 2016/960（欧盟）委员会授权条例第 6 条[①]中提到的所有记录应以电子格式保存。

第 2 条 书面记录或说明的记录格式

将要披露信息的市场参与者应以电子格式起草第 2016/960（欧盟）授权条例第 6 条第 2 款第（d）项所述的书面记录或说明：

（a）附件 I 中规定的模板，该模板中将要披露信息的市场参与者认为邀标询价涉及内幕信息的披露；

（b）附件 II 中规定的模板，该模板中将要披露信息的市场参与者认为邀标询价未涉及内幕信息的披露。

第 3 条 潜在投资者数据的记录格式

1. 将要披露信息的市场参与者应以单独列表的形式记录第 2016/960 号（欧盟）授权条例第 4 条第 1 款所述的信息，以便进行每一次的邀标询价。

2. 将要披露信息的市场参与者应以单独列表的形式记录第 2016/960 号（欧盟）授权条例第 4 条第 2 款所述的信息。

第 4 条 当信息不再属于内幕信息的通信和记录格式

1. 将要披露信息的市场参与者应以书面形式通知接受邀标询价的人，在邀标询价过程中披露的信息已不再属于内幕信息。

2. 将要披露信息的市场参与者应当按照附件 III 所规定的模板，记录根据第 1 款提供的信息。

第 5 条 生效

本条例自发布于《欧盟官方公报》之日起生效。

本条例自 2016 年 7 月 3 日起适用。

本条例具有整体约束力，并直接适用于所有成员国。

于 2016 年 5 月 17 日在布鲁塞尔签订。

欧盟委员会

主席

让 – 克洛德·容克

[①] 2016 年 5 月 17 日补充欧洲议会与欧盟理事会第 596/2014 号（欧盟）条例关于披露市场参与者进行邀标询价的适当安排、系统和程序的监管技术标准的第 2016/960 号（欧盟）委员会授权条例（见本期《欧盟官方公报》，第 29 页）。

附件 I

第 2016/960 号（欧盟）授权条例第 6 条第 2 款第（d）项所述的披露内幕信息的书面记录和说明模板

项目	文本栏目
i. 将要披露信息的市场参与者身份	将要披露信息的市场参与者的全名和将要披露信息的市场参与者中提供信息和通信联系方式的人的全名
ii. 获取通信的人的全名	获取通信的人的全名以及用于通信的联系人详细信息
iii. 通信日期和时间	特定时区的通信的日期和时间
iv. 根据第 2016/960 号（欧盟）授权条例第 3 条第 3 款第（a）项阐明对话性质	为邀标询价而进行沟通的声明记录
v. 根据第 2016/960 号（欧盟）授权条例第 3 条第 3 款第（c）项确认接受邀标询价的人的身份	记录将要披露信息的市场参与者正在与潜在投资者委托的接受邀标询价的人沟通的联系人的确认信息
vi. 根据第 2016/960 号（欧盟）授权条例第 3 条第 3 款第（d）项阐明内幕信息将被传达	如果同意接受邀标询价，阐明接收信息传达的人将收到将要披露信息的市场参与者认为是内幕信息的信息、并提及根据第 596/2014 号（欧盟）条例第 11 条第 7 款规定的义务的声明记录
vii. 根据第 2016/960 号（欧盟）授权条例第 3 条第 3 款第（e）项，评估信息何时不再是内幕信息时的信息	记录在信息公开或交易启动的预计时间内提供的信息（如有），解释这可能会发生变化的原因，以及在预计时间内不再有效的情况下如何通知接受邀标询价的人
viii. 关于根据第 2016/960 号（欧盟）授权条例第 3 条第 3 款第（f）项获取通信的个人义务的声明	根据第 596/2014 号（欧盟）条例第 11 条第 5 款第一段第（b）、（c）和（d）项，向获取通信的人解释持有内幕信息的义务的声明记录
ix. 根据第 2016/960 号（欧盟）授权条例第 3 条第 3 款第（g）项确认同意	第 596/2014 号（欧盟）条例第 11 条第 5 款第一段第（a）项（请求和答复）中所述的关于接受邀标询价的人同意获取内幕信息的信息记录
x. 根据第 2016/960 号（欧盟）授权条例第 3 条第 3 款第（h）项披露信息	为邀标询价而披露的信息的描述，识别被视为内幕信息的信息

附件 II

第 2016/960 号（欧盟）授权条例第 6 条第 2 项第（d）项所述的未披露内幕信息的书面记录和说明模板

项目	文本栏目
i. 将要披露信息的市场参与者身份	将要披露信息的市场参与者的全名和将要披露信息的市场参与者中提供信息和通信联系方式的人的全名
ii. 获取通信的人的全名	获取通信的人的全名以及用于通信的联系人详细信息
iii. 通信日期和时间	特定时区的通信的日期和时间

续表

项目	文本栏目
iv. 根据第 2016/960 号（欧盟）授权条例第 3 条第 4 款第（a）项阐明对话性质	为邀标询价而进行沟通的声明记录
v. 根据第 2016/960 号（欧盟）授权条例第 3 条第 4 款第（c）项确认身份	记录将要披露信息的市场参与者正在与潜在投资者委托的接受邀标询价的人沟通的联系人的确认信息
vi. 根据第 2016/960 号（欧盟）授权条例第 3 条第 4 款第（d）项阐明内幕信息不会被传达	如果同意接受邀标询价，阐释接收信息传递的人将收到将要披露信息的市场参与者不认为是内幕信息的信息、并提及根据第 596/2014 号（欧盟）条例第 11 条第 7 款规定的义务的声明记录
vii. 根据第 2016/960 号（欧盟）授权条例第 3 条第 4 款第（e）项确认同意	关于接受邀标询价的人同意继续邀标询价的信息记录（请求和答复）
viii. 根据第 2016/960 号（欧盟）授权条例第 3 条第 4 款第（f）项披露信息	为邀标询价而披露的信息的描述

附件 III

根据第 596/2014 号（欧盟）条例第 11 条第 6 款第一段发出通知的记录模板，以通知接受邀标询价的人信息已不属于内幕信息

条款	文本栏目
i. 将要披露信息的市场参与者身份	将要披露信息的市场参与者的全名和将要披露信息的市场参与者中提供信息和通信联系方式的人的全名
ii. 获取通信的人的全名	获取通信的人的全名以及用于通信的联系人详细信息
iii. 通信日期和时间	特定时区的通信的日期和时间
iv. 交易的识别	用于识别受邀标询价影响的交易的信息。 它可能包括有关交易类型的信息，例如 IPO、二次发行、合并、大宗交易、私募、股本增加
v. 邀标询价的日期和时间	当内幕信息作为邀标询价的一部分被披露时，有关日期和时间的信息
vi. 信息不再属于内幕信息的通信	通知接受邀标询价的人披露的信息已不再属于内幕信息的声明
vii. 信息不再属于内幕信息的日期	作为邀标询价的一部分所披露的信息不再属于内幕信息的日期

II

(非立法法案)

条例

欧盟委员会
第 2016/908 号（欧盟）授权条例

本条例于 2016 年 2 月 26 日通过，补充欧洲议会与欧盟理事会第 596/2014 号（欧盟）条例关于建立一个公认市场惯例的标准、程序和要求以及维持、终止公认市场惯例或修改其公认性的要求的监管性技术标准（与欧洲经济区相关的文本）

欧洲议会，

根据《欧洲联盟运作条约》，

根据 2014 年 4 月 16 日欧洲议会与欧盟理事会关于市场滥用并废止欧洲议会与欧盟理事会第 2003/6/EC 号指令和欧盟委员会第 2003/124/EC 号、第 2003/125/EC 号和第 2004/72/EC 号指令的第 596/2014 号（欧盟）条例（反市场滥用条例），特别是其中的第 13 条第 7 款第三段的规定，

鉴于：

（1）共同的标准、程序和要求的规范应有助于在公认市场惯例（AMP）的领域内制定统一安排，提高允许这些做法的法律制度的明确性，并促进市场参与者之间的公平和有效行为。

（2）为确保 AMP 不损害金融市场的创新和持续动态发展，对于可能导致有别于传统的市场惯例的新的或正在出现的市场趋势，主管机关不应默认该趋势是不可接受的。相反，这些主管机关应当评估此类市场惯例是否符合本条例和第 596/2014 号（欧盟）条例中规定的标准。

（3）实施 AMP 的方式应当确保市场完整性和投资者保护，而不会给其他市场参与者和其他相关市场带来风险。因此，应适当考虑透明度和管理拟议确定为 AMP 的市场惯例的条件。在评估向公众和各主管机关拟议确定为 AMP 的市场惯例的透明度水平时，特定主管机关应当考虑实施潜在 AMP 的各个阶段。因此，为这些阶段制定具体的透明度要求也是合适的，这些阶段包括在市场参与者适用 AMP 之前、适用 AMP 期间及当市场参与者停止适用 AMP 时。

（4）可以由主管机关确定为 AMP 的市场惯例可以有不同的类型和性质。在将一项市场惯例确定为 AMP 时，主管机关应当评估所有将要适用 AMP 的人被要求披露的频率，

以确保其适用于并适合于所考虑的市场惯例。披露频率应当在向公众提供信息和向主管机关提供持续监测所需信息的需要与适用 AMP 的人定期披露信息的负担之间达到平衡。此外，在评估可能在交易场所以外适用的市场惯例时，主管机关应当考虑该市场惯例是否满足市场透明度的实质性要求。

（5）确立市场惯例的主管机关应当确保在适当谨慎和注意下对该市场惯例进行充分监控。因此，适用市场惯例的人应当保存所有交易和指令的充足记录，以便主管机关能够履行其监督职能并实施第 596/2014 号（欧盟）条例规定的执法行动。同样重要的是，适用市场惯例的人适用市场惯例的活动能够与其自己或代表客户进行的其他交易活动区分开来。这可以通过设置独立账户来实现。

（6）适用公认市场惯例的实体的身份是需要考虑的一个特殊因素，尤其是当该实体代表直接受益于市场惯例的他人或以该人的名义行事时。主管机关应当评估受监管人是否与确立正在考虑的特定市场惯例有关。

（7）在评估确定为 AMP 的市场惯例对市场流动性和效率的影响时，主管机关应考虑市场惯例的目的，例如在特定情况下，市场惯例的目的是否在于促进非流动性金融工具的正常交易以避免滥用挤压，或者在没有交易对手的风险时提供报价，或者在参与者占主导地位的情况下有利于市场有序运行。在价格方面，这些目标还可以寻求在不损害市场趋势的情况下尽量减少由于过度利差和金融工具的有限供给或需求所导致的价格波动，以提供价格透明度或促进公平地评估在场外进行的大部分交易的市场价格。

（8）本条例基于 ESMA 向欧盟委员会提交的监管性技术标准草案。

（9）ESMA 已就本条例所依据的监管性技术标准草案进行了公开公众咨询，分析了潜在的相关成本和收益，并征求了根据欧洲议会与欧盟理事会第 1095/2010 号（欧盟）条例第 37 条设立的证券市场利益相关者团体的意见。

（10）为了确保金融市场的平稳运行，有必要在紧急情况下实施本条例，并且本条例中规定的条款自第 596/2014 号（欧盟）条例中规定的日期起适用。

兹通过本条例如下：

第一章 一般规定

第 1 条 定义

就本条例而言，"受监管人"是指：

（a）根据欧洲议会与欧盟理事会第 2014/65/EU 号指令授权的投资公司；

（b）根据欧洲议会与欧盟理事会第 2013/36/EU 号指令授权的信贷机构；

（c）欧洲议会与欧盟理事会第 648/2012 号（欧盟）条例第 2 条第 8 款所定义的金融交易对手方；

（d）受欧洲议会与欧盟理事会第 1227/2011 号（欧盟）条例所定义的"金融主管机关"或"国家监管机关"授权、组织要求和监督的任何人；

（e）受主管机关、监管机关或负责商品现货或衍生品市场的机构授权、组织要求和

监督的任何人;

(f) 根据欧洲议会与欧盟理事会关于建立制定温室气体排放配额交易计划的第 2003/87/EC 号指令规定应履行合规义务的运营商。

第二章 公认市场惯例

第 1 节 确定公认市场惯例

第 2 条 一般要求

1. 在将市场惯例确定为 AMP 之前,主管机关应当:

(a) 根据第 596/2014 号(欧盟)条例第 13 条第 2 款规定的标准和本章第 2 节进一步规定的标准来评估市场惯例;

(b) 酌情咨询相关机构将市场惯例确定为 AMP 的适当性,这些相关机构至少包括发行人、投资公司、信贷机构、投资者、排放配额市场参与者的代表,经营多边交易设施(MTF)或有组织交易设施(OTF)的市场经营者和受监管市场的经营者以及其他有关机关。

2. 意图将市场惯例确定为 AMP 的主管机关应当根据第 3 节规定的程序,使用附件中规定的模板,将此意图通知给 ESMA 和其他主管机关。

3. 根据第 596/2014 号(欧盟)条例第 13 条和本条例的规定,当主管机关将一个市场惯例确定为 AMP 时,其应当根据附件中规定的模板在其网站上公开披露将市场惯例确定为 AMP 的决定和有关 AMP 的说明,包括以下信息:

(a) 可能适用 AMP 的人的类型描述;

(b) 通过直接适用 AMP 或通过指定适用 AMP 的他人("受益人"),对可能从 AMP 适用中受益的人或一组人的类型描述;

(c) AMP 所涉金融工具的类型描述;

(d) 示明 AMP 是否可以在指定的时间段内适用以及对导致临时中断、暂停或终止适用的情况或条件的描述。

第一段(a)项所述的人应对所有交易决定负责,包括提交指令、取消或修改指令、缔结交易或执行与 AMP 相关的交易。

第 2 节 确定公认市场惯例应考虑的标准规范

第 3 条 透明度

1. 在决定市场惯例是否可以确定为 AMP 以及是否符合第 596/2014 号(欧盟)条例第 13 条第 2 款(a)项中规定的标准时,主管机关应当审查市场惯例是否确保向公众披露以下信息:

(a) 在将市场惯例确定为 AMP 适用之前:

(i) 受益人及适用 AMP 的人的身份,以及其中负责满足本款(b)和(c)项下透明度要求的人的身份;

(ii) 与将要适用的 AMP 相关的金融工具的识别；

(iii) AMP 的适用期限，以及导致临时中断、暂停或终止其适用的情况或条件；

(iv) 将适用 AMP 的交易场所的识别，以及（若适用）可能在交易场所外执行交易的指示；

(v) 配置给适用 AMP 的最大现金金额和金融工具数量的参考（若适用）。

(b) 在将市场惯例确定为 AMP 适用之时：

(i) 定期提供与适用 AMP 有关的交易活动详细信息，如已执行的交易次数、交易量、交易的平均规模和平均价差、已执行的交易价格；

(ii) 对先前披露的 AMP 信息的任何变更，包括现金和金融工具方面可用资源的变更、适用 AMP 的人的身份的变更以及在账户中现金或金融工具以受益人和适用 AMP 的人的名义分配方面的任何变更。

(c) 当适用市场惯例的人、受益人或两者提议下该惯例不再作为 AMP 适用时：

(i) 已停止适用 AMP 的事实；

(ii) AMP 适用情况的描述；

(iii) 停止适用 AMP 的理由或原因。

就（b）项（i）点而言，若在一个交易日内执行多个交易，则与适当类别的信息相关的每日汇总数据也可以接受。

2. 在决定市场惯例是否可以确定为 AMP 以及是否符合第 596/2014 号（欧盟）条例第 13 条第 2 款（a）项中规定的标准时，主管机关应当审查市场惯例是否确保向公众披露以下信息：

(a) 在将市场惯例确定为 AMP 适用之前，确定的受益人与将适用市场惯例的人之间的安排与合约，在该市场惯例确定为 AMP 时需要此类安排与合约来适用 AMP 的情况下；

(b) 在将市场惯例确定为 AMP 适用之时，提交给主管机关的定期报告，该报告提供已执行的交易以及受益人与适用 AMP 的人之间的任何安排或合约运行情况的详细信息。

第 4 条　市场力量运行的保障与供需力量的相互作用

1. 在决定市场惯例是否可以确定为 AMP 以及是否符合第 596/2014 号（欧盟）条例第 13 条第 2 款（b）项中规定的标准时，主管机关应当考虑市场惯例是否限制了其他市场参与者对交易做出反应的机会。当市场惯例被确定为 AMP 时，主管机关也应当至少考虑以下与将适用市场惯例的该类人有关的标准：

(a) 其是否为受监管人；

(b) 其是否为将要适用 AMP 的交易场所的会员；

(c) 其是否以某种能够与其他交易活动易于区分的方式保存这些与适用市场惯例有关的指令和交易的记录，这种方式包括通过设置独立账户来适用 AMP，特别是为了证明引入的指令是独立地和个别地下达而非由多个客户的指令聚合在一起下达的；

(d) 其是否制定了具体的内部程序能够：

(i) 立即识别与市场惯例有关的活动；

(ii) 应主管机关的要求，随时向其提供有关指令和交易的记录。

(e) 其是否拥有必要的合规和审计资源，以便能够随时监控和确保遵守 AMP 设定的条件；

(f) 其是否保存（c）点所述的记录至少五年。

2. 主管机关应当考虑在多大程度上为适用作为 AMP 的市场惯例建立事前交易条件清单，内容包括价格、数量限制以及头寸限制。

3. 主管机关应当评估市场惯例及为适用该惯例的安排或合同在多大程度上：

(a) 使适用 AMP 的人能够独立于受益人行事，而不受制于受益人关于交易方式的指示、信息或影响；

(b) 考虑到避免受益人和适用 AMP 的人的客户之间的利益冲突。

第 5 条　对市场流动性和效率的影响

在决定市场惯例是否可以确定为 AMP 以及是否符合第 596/2014 号（欧盟）条例第 13 条第 2 款（c）项中规定的标准时，主管机关应当至少评估市场惯例对以下因素的影响：

(a) 交易量；

(b) 订单簿中的指令数量（订单深度）；

(c) 执行交易的速度；

(d) 单个交易日成交量加权平均价、日收盘价；

(e) 报价价差、价格波动和波动幅度；

(f) 报价或交易的规律。

第 6 条　对市场正常运行的影响

1. 在决定市场惯例是否可以确定为 AMP 以及是否符合第 596/2014 号（欧盟）条例第 13 条第 2 款（d）项中规定的标准时，主管机关应当考虑以下因素：

(a) 市场惯例能够对交易场所价格形成过程产生影响的可能性；

(b) 市场惯例在多大程度上有助于对进入订单簿的价格和指令进行评估，以及为适用 AMP 而将要进行的交易或将要引入的指令是否与相应交易场所的交易规则相抵触；

(c) 向公众披露第 3 条所述信息的方式，包括在相关交易平台的网站上披露信息以及在适当时在受益人的网站上同时披露信息；

(d) 市场惯例在多大程度上确定了一份情况或条件的预先清单，当其确定为 AMP 被暂时中止或限制适用时，特别是在特定的交易期间或时段，如拍卖阶段、收购、首次公开发行、增资、二次发行等。

就第一段（b）点而言，还应当考虑市场经营者或投资公司或经营 MTF 或 OTF 的市场经营者实时监控交易和指令的市场惯例。

2. 主管机关应当评估市场惯例在多大程度上能够：

(a) 在交易日的开盘或收盘竞价阶段提交并执行与其适用有关的指令；

(b) 在安定操作和回购计划实施期间引入/进行与适用有关的指令/交易。

第 7 条 对相关市场完整性的风险

在确定市场惯例是否可以确定为 AMP 以及是否符合第 596/2014 号（欧盟）条例第 13 条第 2 款（e）项中规定的标准时，主管机关应当考虑：

（a）与适用被确定为 AMP 的市场惯例有关的交易是否将定期向主管机关报告；

（b）配置给适用 AMP 的资源（现金或金融工具）是否与 AMP 本身的目标相称；

（c）在 AMP 适用过程中提供服务的费用性质和水平，以及该费用是否为固定金额；提出可变费用的，不得导致损害市场完整性或者市场有序运行的行为并应当报主管机关评估。

（d）适用 AMP 的这类人是否确保在适当的情况下，将专门适用 AMP 的资产与客户的资产（若有）或其自身资产进行充分隔离；

（e）受益人与适用 AMP 的人是否各司其职，或在适当情况下明确界定其所分担的职责；

（f）适用 AMP 的这类人是否有组织架构和适当的内部安排，以确保涉及 AMP 的交易决定，对其内部的其他部门保密，并且独立于从客户、投资组合管理接收的交易指令或以自己名义下达的交易指令；

（g）受益人与适用 AMP 的人之间是否有适当的报告程序来交流必要的信息，以履行各自的法律或合同义务（若适用）。

第 8 条 市场惯例的调查

在确定市场惯例是否可以确定为 AMP 以及是否符合第 596/2014 号（欧盟）条例第 13 条第 2 款（f）项中规定的标准时，主管机关尤其应当考虑到他们监控的市场中任何可能对即将确定的 AMP 提出质疑的调查结果。

第 9 条 市场的结构特征

根据第 596/2014 号（欧盟）条例第 13 条第 2 款（g）项的规定，考虑到零售投资者参与相关市场，主管机关应当至少评估：

（a）当市场惯例涉及在零售投资者参与的市场上交易的金融工具时，市场惯例可能会给零售投资者的利益带来的影响；

（b）在未增加他们所承担的风险的情况下，市场惯例是否增加了零售投资者在低流动性金融工具中寻找交易对手的可能。

第 3 节 程序

第 10 条 意图确定公认市场惯例时的通知

1. 主管机关应当根据第 596/2014 号（欧盟）条例第 13 条第 3 款的规定，使用主管机关与 ESMA 建立并定期维护的预定的联络点清单，将其确定 AMP 的意图通过邮寄或电子邮件同时通知给 ESMA 和其他主管机关。

2. 第 1 款规定的通知应当包括以下内容：

（a）意图确定 AMP 的声明，包括预定的日期；

（b）所通知的主管机关的识别信息及该主管机关联络人的联络方式（姓名、工作电话及电子邮件地址、职务）；

（c）市场惯例的详细描述，包括：

（i）金融工具的类型和 AMP 将适用的交易场所的识别信息；

（ii）能适用 AMP 的人的类型；

（iii）受益人的类型；

（iv）是否能在一段确定时间内适用市场惯例以及导致暂时中断、暂停或终止适用该惯例的任何情况或条件的明示。

（d）根据第 596/2014 号（欧盟）条例第 12 条，该惯例可能构成市场操纵的原因；

（e）根据第 596/2014 号（欧盟）条例第 13 条第 2 款进行评估的详细信息。

3. 第 1 款所规定的通知应当包括使用附件中的模板评估拟议的市场惯例的表格。

第 11 条 ESMA 的意见

1. ESMA 应当在收到第 596/2014 号（欧盟）条例第 13 条第 4 款所述通知后，并且在发布该款要求的意见之前，主动或应任何主管机关的要求，启动程序向发出通知的主管机关提供就已通知的市场惯例的初步意见、疑虑、异议或要求其澄清（若有）。发出通知的主管机关可以就所通知的市场惯例向 ESMA 提供进一步的澄清。

2. 在第 1 款提到的程序中，若发生任何根本性或重大变化影响所通知的市场惯例的基础或实质，或影响发出通知的主管机关进行的评估，则应当停止 ESMA 发布关于所通知惯例的意见这一程序。若适用，主管机关应当根据第 596/2014 号（欧盟）条例第 13 条第 3 款启动新的程序，将修改后的惯例确定为 AMP。

第 4 节 维持、修改和终止公认市场惯例

第 12 条 审查已确定的 AMP

1. 已确定 AMP 的主管机关应当定期（至少每两年）评估 AMP 是否继续满足第 596/2014 号（欧盟）条例第 13 条第 2 款和本章第 2 节中规定的确定 AMP 的条件。

2. 尽管根据第 596/2014 号（欧盟）条例第 13 条第 8 款的规定进行了定期审查，但也应在以下情况下启动第 1 款所述的评估过程：

（a）当已施加任何涉及已确定 AMP 的处罚时；

（b）当本条例第 13 条第 8 款所述的市场环境发生重大变化，不再满足一项或多项接受已确定惯例的条件时；

（c）当主管机关有理由怀疑 AMP 的受益人或适用 AMP 的人正在或已实施违反第 596/2014 号（欧盟）条例的行为时。

3. 若评估显示已确定的 AMP 不再符合第 2 节规定的主管机关的初始评估条件，主管机关应当在考虑第 13 条规定标准的情况下提出修改公认条件或终止 AMP 的适用。

4. 主管机关应当将评估过程的结果通知 ESMA，包括 AMP 未经修改而维持的情况。

5. 当主管机关拟变更已确定 AMP 的公认条件时，应当符合第 2 条的规定。

6. 当主管机关决定终止已确定的 AMP 时，应当同时向其他主管机关和 ESMA 公开披

露和传达其决定及注明终止日期，并根据第 596/2014 号（欧盟）条例第 13 条第 9 款规定更新其公布的 AMP 清单。

第 13 条 修改或终止已确定 AMP 的标准

主管机关在决定是否终止已确定的 AMP 或拟议修改其公认条件时，应当考虑：

（a）受益人或适用 AMP 的人遵守该 AMP 规定条件的程度；

（b）受益人或适用 AMP 的人的行为导致第 596/2014 号（欧盟）条例第 13 条第 2 款规定的任何标准不再满足的程度；

（c）市场参与者在一段时间内没有适用 AMP 的程度；

（d）第 596/2014 号（欧盟）条例第 13 条第 8 款所述的相关市场环境的重大变化是否导致确定 AMP 的任何条件不再可能满足或不需要满足，特别是考虑到：

（i）AMP 的目标是否不可行；

（ii）在主管机关的监督下，持续适用已确定的 AMP 是否会对市场的完整性或效率造成不利影响。

（e）是否存在属于已确定的 AMP 本身所包含的任何一般终止条款的情况。

第三章 最后条款

第 14 条 生效

本条例自发布于《欧盟官方公报》之日起生效。

本条例自 2016 年 7 月 3 日起适用。

本条例具有整体约束力，并直接适用于所有成员国。

于 2016 年 2 月 26 日在布鲁塞尔订立。

欧盟委员会
主席
让 – 克洛德·容克

附件

意图确定公认市场惯例时的通知模板

公认市场惯例（AMP）[填写 AMP 的名称]
拟确定 AMP 的日期：[填写发出通知的主管机关意图确定 AMP 的日期]
AMP 的描述： [填写内容，包括金融工具的类型和 AMP 将要适用的交易场所的识别信息；能够适用 AMP 的人的类型；受益人的类型以及市场惯例是否能在一段确定的时间内执行，以及导致该惯例暂时中断、暂停或终止的任何情况或条件的明示]
该惯例可能构成市场操纵的理由 [填写内容]

评估	
考虑标准的列表	主管机关的结论和理由
向市场提供的透明度水平	[填写该标准的理由]
市场力量的运行保障和供需力量的相互作用	[填写该标准的理由]
对市场流动性和效率的影响	[填写该标准的理由]
相关市场的交易机制以及使市场参与者能够正确、及时地对该惯例所产生的新的市场情况做出反应	[填写该标准的理由]
对欧盟金融工具相关市场（无论是否受到监管）完整性的直接或间接风险	[填写该标准的理由]
任何主管机关或其他机关对相关市场惯例的调查结果（特别是相关市场的惯例是否违反旨在防范市场滥用的条例、规则或行为准则的规定，无论该规定是否涉及相关市场或直接或间接涉及欧盟内部市场）	[填写该标准的理由]
相关市场（无论是否受到监管）的结构特征（特别是交易的金融工具的类型、市场参与者的类型以及零售投资者参与相关市场的程度）	[填写该标准的理由]

II

（非立法法案）

条例

欧盟委员会
第 2016/957 号（欧盟）授权条例

本条例于 2016 年 3 月 9 日通过，补充欧洲议会与欧盟理事会第 596/2014 号（欧盟）条例关于防范、侦查和报告滥用行为、可疑交易或指令的适当安排、系统和程序以及通知模板的监管性技术标准（与欧洲经济区相关的文本）

欧洲议会，

根据《欧洲联盟运作条约》，

根据 2014 年 4 月 16 日欧洲议会与欧盟理事会关于市场滥用并废止欧洲议会与欧盟理事会第 2003/6/EC 号指令和欧盟委员会第 2003/124/EC 号、第 2003/125/EC 号和第 2004/72/EC 号指令的第 596/2014 号（欧盟）条例（反市场滥用条例），特别是其中的第 16 条第 5 款第三段的规定，

鉴于：

（1）有必要明确，经营交易场所的市场运营者和投资公司以及任何职业从事安排或执行交易的人报告其安排、系统和程序的适当要求，报告的内容是根据第 596/2014 号（欧盟）条例规定可能构成内幕交易、市场操纵行为或企图进行内幕交易、市场操纵行为的指令和交易。这些要求应当有助于防范和侦查市场滥用，还应当有助于确保向主管机关提交的通知是有意义的、全面的和有用的。为了有效侦查市场滥用，应当建立适当的系统来监控指令和交易。此类系统应当提供由受适当培训的人员进行的人工分析。监控市场滥用的系统应当能够根据预先设定的参数发出警报，以便对潜在的内幕交易、市场操纵行为或企图进行内幕交易、市场操纵行为进行深入分析。整个过程可能需要一定程度的自动化。

（2）为了促进整个欧盟在防范和侦查市场滥用方面采取统一做法，宜制定详细规定来协调可疑交易和指令报告的内容、模板和时间安排。

（3）欧洲议会与欧盟理事会第 2014/65/EU 号指令规定的职业从事安排或执行算法交易的人应当建立和维护本条例和第 596/2014 号（欧盟）条例中规定的系统，并应当遵守第 2014/65/EU 号指令第 17 条第 1 款的规定。

（4）根据适当的条件，职业从事安排或执行交易的人应当能够在集团内将监控、监

测和识别可疑指令和交易的义务予以委派，或将数据分析和警报生成的义务予以委派。此类委派应当在监测指令和交易方面使共享资源、集中开发并维护监测系统以及建立智库成为可能。这种委派不应当妨碍主管机关随时评估委托人履行监督和侦查市场滥用义务的安排、系统和程序是否有效。委托人应当承担报告义务以及履行本条例和第596/2014号（欧盟）条例第16条规定的义务。

（5）交易场所应当制定适当的交易规则，以防范内幕交易、市场操纵行为或企图进行内幕交易、市场操纵行为。交易场所还应当具有复盘订单簿的设施，以便在算法交易（包括高频交易）的背景下分析交易时段内的活动。

（6）在指令和交易日益跨境化的市场中，用于电子提交可疑交易和指令报告（STOR）的单一协调模板将有助于遵守本条例和第596/2014号（欧盟）条例第16条规定的要求。在跨国调查中，该模板也将能提高主管机关之间共享可疑交易与指令的信息的效率。

（7）模板中包含的相关信息字段，若填写清楚、全面、客观、准确，将有助于主管机关及时评估可疑性并采取相关行动。因此，模板应当能够提交报告的人提供与被报告的可疑交易和指令有关的信息，并解释这种可疑原因。模板还应当能够提供个人数据，以便能够识别可疑交易和指令中涉及的人，并有助于主管机关进行调查，快速分析可疑人的交易行为，并有助于联系参与调查其他可疑交易的人。应当在调查开始时提供此类信息，以确保调查的完整性不因主管机关在调查过程中可能需要将调查结果反馈给提交该报告的人而受到损害。模板应当包括出生日期、地址、有关人员职业和账户的信息，以及相关人员的客户识别编码和国家识别编码（若适用）。

（8）为了便于提交 STOR，模板应当考虑到支撑所作通知所必要的文件和材料的附件，包括以附件形式列出的与同一报告相关的指令或交易，并详细说明其价格和数量。

（9）经营交易场所的市场经营者和投资公司以及职业安排或执行交易的人不应通知所有收到的指令或已触发内部警报的交易。这一要求与逐案评估是否有合理怀疑理由的要求不一致。

（10）对可能构成内幕交易、市场操纵行为或企图进行内幕交易、市场操纵行为的合理怀疑一经形成，应当毫不迟延地向有关主管机关报告。对某一特定指令或交易是否被视为可疑的分析应基于事实，而不是推测或假设，并应当尽快进行。在已经形成合理怀疑的情况下，为纳入更多的可疑指令或交易而延迟提交报告的做法不符合立即采取行动的义务。在任何情况下，应当根据具体情况评估提交的 STOR，以确定是否可以在单个 STOR 中报告多个指令和交易。此外在报告之前，等待特定数量的 STOR 累积的做法不应被视为与毫不迟延地通知的要求一致。

（11）在可疑活动发生后的一段时间内，由于后续事件或可获得的信息可能会形成对内幕交易、市场操纵行为或企图进行内幕交易、市场操纵行为的合理怀疑，但这不应当成为不向主管机关报告可疑活动的理由。为了证明在这些特定情况下符合报告要求，提交报告的人应当能够证明发生可疑活动与形成内幕交易、市场操纵或企图进行内幕交易、市场操纵行为的合理怀疑之间存在时间差异。

（12）保留和获取已提交的 STOR、保留对未导致提交 STOR 的可疑指令和交易分析成为侦查市场滥用程序的重要组成部分。回顾、审查对已提交的 STOR 的分析和经过分析的可疑指令和交易（因为怀疑理由不合理而得出不提交 STOR 的相应结论）的能力将有助于职业从事安排或执行交易的人以及经营交易场所的市场经营者或投资公司在考虑后续的可疑指令或交易时做出判断。对未最终导致提交 STOR 的可疑指令和交易进行的分析有助于这些人改进其监控系统并侦查重复行为的模式，总的来说，这可能导致对内幕交易、市场操纵行为或企图进行内幕交易、市场操纵行为的合理怀疑。此外，上述记录还将有助于证明遵守了本条例规定的要求，并有助于主管机关履行第 596/2014 号（欧盟）条例规定的监督、调查和执行职能。

（13）根据本条例对个人数据进行的任何处理应符合欧洲议会与欧盟理事会第 95/46/EC 号指令所转化的国家法律、条例或行政法规。

（14）本条例基于 ESMA 向欧盟委员会提交的监管性技术标准草案。

（15）ESMA 已就本条例所依据的监管性技术标准草案进行了公开公众咨询，分析了潜在的相关成本和收益，并征求了根据欧洲议会与欧盟理事会第 1095/2010 号（欧盟）条例第 37 条设立的证券市场利益相关者团体的意见。

（16）为了确保金融市场的平稳运行，有必要在紧急情况下实施本条例，并且本条例中规定的条款自第 596/2014 号（欧盟）条例中规定的日期起适用。

兹通过本条例如下：

第 1 条　定义

就本条例而言，应当适用以下定义：

（a）"可疑交易和指令报告"（STOR）是指根据第 596/2014 号（欧盟）条例第 16 条第 1、2 款的规定报告可能构成内幕交易、市场操纵行为或企图进行内幕交易、市场操纵行为的可疑指令（包括取消或修改指令）和交易；

（b）"电子手段"是指使用电线、无线电、光学技术或任何其他电磁手段处理（包括数字压缩）、存储和传输数据的电子设备手段；

（c）"集团"是指欧洲议会与欧盟理事会第 2013/34/EU 号指令第 2 条第 11 款定义的集团；

（d）"指令"是指每一个指令，包括每一个报价，无论其目的是发起、修改、更新还是取消指令，也不论其类型如何。

第 2 条　一般要求

1. 职业从事安排与执行交易的人应当建立和维护安排、系统和程序以确保：

（a）对接收到的所有指令以及所有已执行的交易进行有效和持续监控，以防范、侦查和识别内幕交易、市场操纵行为或企图进行内幕交易、市场操纵行为；

（b）按照本条例规定的要求并使用附件规定的模板，向主管机关递交 STOR。

发行人应确保充分公开披露后续对该计划及已依第 1 款公布的资料所作的变更。

2. 第1款规定的义务应当适用于与金融工具有关的任何指令和交易，且：
（a）与下达指令或执行交易的能力无关；
（b）与客户类型无关；
（c）与是否在交易场所内还是在交易场所外进行无关。

3. 经营交易场所的市场经营者和投资公司应当建立和维护安排、系统和程序以确保：
（a）对接收到的所有指令以及所有已执行的交易进行有效和持续监控，以防范、侦查和识别内幕交易、市场操纵行为或企图进行内幕交易、市场操纵行为；
（b）按照本条例规定的要求并使用附件规定的模板，向主管机关递交 STOR。

4. 第3款规定的义务应当适用于与金融工具有关的任何指令和交易，且：
（a）与下达指令或执行交易的能力无关；
（b）与客户类型无关。

5. 职业从事安排或执行交易的人、经营交易场所的市场经营者和投资公司应当确保第1款和第3款规定的安排、系统和程序：
（a）与其业务活动的规模、大小和性质相称；
（b）定期评估，至少每年进行一次进行审计和内部审查，必要时进行更新；
（c）为符合本条例的要求，应当以书面形式清楚地记录对其进行的任何更改或更新，并将记录的信息保存五年。

第一段所指的人经主管机关请求应当向其提供该款（b）项和（c）项规定的信息。

第3条 防范、监控和侦查

1. 第2条第1、第3款规定的安排、系统和程序应当：
（a）考虑对交易场所系统中执行的每项交易和下达、修改、取消或拒绝的指令进行单独和比较分析，如果是职业从事安排或执行交易的人，还应当考虑在交易场所之外进行上述分析；
（b）发出警报，指出需要深入分析的活动，以便侦查潜在的内幕交易或市场操纵行为或企图进行内幕交易、市场操纵行为；
（c）覆盖有关的人进行的全部交易活动。

2. 职业从事执行或安排交易的人以及经营交易场所的市场经营者和投资公司应当根据要求向主管机关提供信息，以证明其系统在其业务活动的规模、大小和性质方面的适当性和相称性，包括在这些系统中落实自动化水平的信息。

3. 经营交易场所的市场经营者和投资公司应在与其业务活动的规模、大小和性质相称的程度上，使用软件系统并开发有助于防范和侦查内幕交易、市场操纵行为或企图进行内幕交易、市场操纵行为的程序。

第一段所称系统和程序，应当包括能延迟自动读取、重放及分析订单簿信息的软件，且该软件应有足够能力在算法交易环境中运行。

4. 职业从事安排或执行交易的人以及经营交易场所的市场经营者和投资公司应当落

实并维护适当的安排和程序，以确保在监控、侦查和识别可能构成内幕交易、市场操纵行为或企图进行内幕交易、市场操纵行为的交易和指令时具备人工分析的适当水平。

5. 经营交易场所的市场经营者和投资公司应当落实并维护适当的安排和程序，以确保在防范内幕交易、市场操纵行为或企图进行内幕交易或市场操纵行为时具备人工分析的适当水平。

6. 职业从事安排或执行交易的人应当有权通过书面协议，将可能构成内幕交易、市场操纵行为或企图内部交易、市场操纵行为的指令和交易的监控、侦查和识别职能委托给组成同一集团的法人。委托这些职能的人仍应全权负责履行本条例和第596/2014号（欧盟）条例第16条规定的所有义务，并应确保以书面形式清晰表达相关安排、协商和分配任务和责任，包括委托期限。

7. 职业从事安排或执行交易的人应当有权通过书面协议，将执行数据（包括指令和交易数据）分析并生成必要的警报以便对可能构成内幕交易、市场操纵行为或企图进行内幕交易、市场操纵行为的指令和交易进行监控、侦查和识别的职能委托给第三方（"提供商"）。委托这些职能的人仍应全权负责履行本条例和第596/2014号（欧盟）条例第16条规定的所有义务：

（a）其应保留必要的专业知识和资源，以评估所提供服务的质量和提供者的组织充分性，监督委托服务并持续管理与这些职能委托相关的风险；

（b）其应能直接访问有关分析数据和生成警报的所有相关信息。

书面协议应当包括关于第一段所指职能委托人和提供商之间权利义务的说明。还应说明允许委托人终止该协议的理由。

8. 作为第2条第1、第3款所规定的安排和程序的一部分，职业从事安排或执行交易的人以及经营交易场所的市场经营者和投资公司应在五年内保存有关可能构成经审查的内幕交易、市场操纵行为或企图进行内幕交易、市场操纵行为的指令和交易分析的文件资料以及提交或不提交STOR报告的原因。该信息经主管机关请求应当向其提供。

第一段所指者应当保证对第2条第1、第3款所规定的安排和程序对第一段所提到的信息予以保密。

第4条 培训

1. 职业从事安排或执行交易的人以及经营交易场所的市场经营者和投资公司应当组织并对参与监控、侦查和识别可能构成内幕交易、市场操纵行为或企图进行内幕交易、市场操纵行为的员工进行培训，包括对参与处理指令和交易的员工进行培训。此类培训应定期进行，并应当与业务规模、大小和性质适当和相称。

2. 经营交易场所的市场经营者和投资公司，也应当向从事防范内幕交易、市场操纵行为和企图内幕交易、市场操纵行为的员工提供第1款规定的培训。

第5条 报告义务

1. 职业从事安排或执行交易的人以及经营交易场所的市场经营者和投资公司应当建

立和维持有效的安排、系统和程序，使其能够评估一项指令或交易是否可能构成内幕交易、市场操纵行为或企图进行内幕交易或市场操纵行为。这些安排、系统和程序应适当考虑构成第 596/2014 号（欧盟）条例第 8 条和第 12 条所规定的实际或企图进行内幕交易或市场操纵行为的要素，以及该条例附件一所述的非详尽的市场操纵行为征兆，如同欧盟委员会第 2016/522（欧盟）授权条例①的进一步规定。

2. 第 1 款规定的参与处理同一指令或交易的人应当评估是否提交 STOR。

3. 第 1 款规定的人应当确保提交作为 STOR 报告一部分的信息是基于事实和分析的，并考虑其可获得的所有信息。

4. 第 1 款规定的人应有适当的程序，以确保不将 STOR 已经、将要或打算提交给主管机关这一事实告知提交的 STOR 所涉及的人以及任何因具有报告人内部职能或职位而不需要知道提交 STOR 的人。

5. 第 1 款规定的人应在不通知提交的 STOR 所涉及的人或不需要知道 STOR 将被提交的人的情况下完成 STOR，包括通过要求提供与提交的 STOR 所涉及的人的相关信息以便填写某些部分。

第 6 条　提交 STOR 的时机

1. 职业从事安排或执行交易的人以及经营交易场所的市场经营者和投资公司应当确保其根据第 596/2014 号（欧盟）条例第 16 条第 1、第 2 款制定有效的安排、系统和程序，以便在对实际或企图内幕交易或市场操纵行为形成合理怀疑时毫不迟延地提交 STOR。

2. 当对后续事件或信息产生怀疑时，第 1 款所指的安排、系统和程序应当具备报告与过去发生的交易和指令有关的 STORs 的可能。

在这种情况下，职业从事安排或执行交易的人以及经营交易场所的市场经营者和投资公司应当根据具体情况在 STOR 中向主管机关解释可疑违法行为的发生与 STOR 的提交之间存在的延迟。

3. 职业从事安排或执行交易的人以及经营交易场所的市场经营者和投资公司应当向主管机关提交其在最初提交 STOR 之后了解到的任何相关补充信息，并应当提供主管机关要求的任何信息或文件。

第 7 条　STOR 的内容

1. 职业从事安排或执行交易的人以及经营交易场所的市场经营者和投资公司应当使用附件中规定的模板提交 STOR。

2. 第 1 款所述的人提交 STOR 时应以清晰准确的方式填写与报告的指令或交易相关

---

① 2015 年 12 月 17 日欧盟委员会补充欧洲议会与欧盟理事会第 596/2014 号（欧盟）条例关于某些第三国公共机构和中央银行的豁免、市场操纵征兆、披露阈值、应迟延通知的主管机关、在封闭期内进行交易的许可以及应报告经理人交易类型规定的第 2016/522 号（欧盟）授权条例（2016 年 5 月 4 日《欧盟官方公报》L 88，第 1 页）。

的信息。STOR 应至少包含以下信息：

（a）提交 STOR 的人（若是职业从事安排或执行交易的人）的识别信息，以及提交 STOR 的人的工作能力，特别是以自己名义交易或以第三方名义执行指令时；

（b）指令或交易的描述，包括：

（i）指令和交易的类型（特别是大宗交易），以及活动发生的地点；

（ii）价格和交易量。

（c）怀疑该指令或交易构成内幕交易、市场操纵行为或企图内幕交易、市场操纵行为的原因；

（d）识别可能构成内幕交易、市场操纵行为或企图内幕交易、市场操纵行为的指令或交易中所涉人的方法，这些人包括下达或执行该指令的人以及代表其下达或执行该指令的人；

（e）为侦查、调查和查处内幕交易、市场操纵行为和企图内幕交易、市场操纵行为而可能被认为与主管机关相关的任何其他信息和证明文件。

第 8 条　传输方式

1. 职业从事安排或执行交易的人以及经营交易场所的市场经营者和投资公司应当使用第 596/2014 号（欧盟）条例第 16 条第 1、第 3 款规定的主管机关指定的电子手段向该主管机关提交 STOR，包括任何证明文件或附件。

2. 主管机关应当在其网站上公布第 1 款规定的电子手段。这些电子手段应当确保在传输过程中保持信息的完整性、真实性和保密性。

第 9 条　生效

本条例自发布于《欧盟官方公报》之日起生效。

本条例自 2016 年 7 月 3 日起适用。

本条例具有整体约束力，并直接适用于所有成员国。

于 2016 年 3 月 9 日在布鲁塞尔订立。

欧盟委员会
主席
让－克洛德·容克

STOR 模板

第 1 节 – 提交 STOR 的实体/人员的身份	
职业从事安排或执行交易的人/经营交易场所的市场经营者和投资公司	具体说明
自然人的名字	在提交实体内负责提交 STOR 的自然人的名字和姓氏
在报告实体中的任职	在提交实体内负责提交 STOR 的自然人的职位
报告实体的名称	报告实体的全称，包括法人： – 若适用，根据其所依据的法律在该国家登记册中规定的法律形式 – 若适用，符合 ISO 17442 LEI 代码的法人识别编码（LEI）代码
报告实体的地址	完整地址（例如街道，街道号，邮政编码，城市，州/省）和国家
与可能构成内幕交易、市场操纵行为或企图内幕交易、市场操纵行为的指令或交易相关的实体的行为能力（Acting capacity）	报告实体就可能构成内幕交易、市场操纵行为或企图内幕交易、市场操纵行为的指令或交易采取行动的能力的说明，例如：代表客户执行指令、自营账户、运营交易场所或者系统化内部交易商
报告实体所报告的交易活动类型（做市，套利等）和交易工具类型（证券，衍生品等）	若适用
与提交 STOR 所涉及的人的关系	任何公司、合同、组织安排、情况或关系的描述
要求提供其他信息的联络人	获取与该报告有关的其他信息的报告实体内联络人（例如，合规官员）和相关联络细节信息： – 名字和姓氏， – 联络人在报告实体内的任职， – 正式的电子邮件地址
第 2 节 – 交易/指令	

续表

金融工具的描述	描述作为 STOR 对象的金融工具,具体指: - 金融工具的全称或说明, - 若适用,根据第 600/2014 号(欧盟)条例第 26 条规定通过的欧盟委员会授权条例中规定的工具识别编码代码或其他代码, - 根据金融工具分类法和相关代码(ISO 10962 CFI 代码)确定的金融工具类型。 与场外衍生工具相关的指令和交易的其他要素 (以下数据清单并非详尽无遗) - 使用欧盟委员会第 1247/2012 号(欧盟)授权条例第 4 条第 3 款(b)项所述类型确定的场外交易衍生品的类型 [例如差价合约(CFD),互换,信用违约互换(CDS)和场外交易(OTC)期权]。 - OTC 衍生品的特征描述,至少包括与特定衍生品类型相关的以下内容: - 名义金额(面值), - 价格单位的货币, - 到期日, - 溢价(价格), - 利息率。 - 至少描述与特定类型的场外衍生品相关的以下内容: - 保证金、预付款和相关金融工具的名义规模或价值, - 交易条款,如敲定价格,合约条款,例如每交易一次的损益(spread bet gain or loss per tick move)。 - OTC 衍生品的基础金融工具的具体描述: - 基础金融工具的全称或金融工具的说明。 - 根据第 600/2014 号(欧盟)条例第 26 条规定通过的欧盟委员会授权条例定义的工具识别码(如适用)或其他代码, - 根据金融工具分类法和相关代码(ISO 10962 CFI 代码)确定的金融工具类型
可能构成内幕交易、市场操纵行为或企图进行内幕交易、市场操纵行为的交易日期和时间	指明指令或交易指定时区的日期和时间
指令或交易发生的市场	具体指: - 根据第 600/2014 号(欧盟)条例第 26 条规定通过的欧盟委员会授权条例的规定执行交易的交易场所、系统化内部交易商或欧盟以外的有组织交易平台的名称和识别代码,或者 - 如果未在任何上述场所下达指令或执行交易,请明确"在交易场所外"

续表

地点（国家）	国家的全称以及 ISO 3166-1 的国家代码 具体指： - 指令在哪里发出（如果适用） - 指令在哪里执行
指令和交易的描述	至少描述报告的指令或交易的以下特征： - 交易/指令参考号；参考号（如适用）， - 结算日期和时间， - 购买价/销售价， - 金融工具的数量， （如果存在可能构成内部交易、市场操纵行为或企图进行内幕交易、市场操纵行为的多个指令或交易，则可将此类指令和交易的价格和数量的详细信息提供给主管机关，并列在 STOR 的附件中。） - 指令下达信息，至少包括以下内容： - 指令类型（例如"限购欧元的金额"）， - 下达指令的方式（如电子订单簿）； - 下达指令的时间， - 实际下达指令的人， - 实际收到指令的人， - 传送指令的方式。 - 指令取消或修改信息（若适用）： - 修改或取消的时间， - 修改或取消指令的人， - 修改的性质（如价格或数量的修改）和修改的范围； （若存在可能构成内幕交易、市场操纵行为或企图进行内幕交易、市场操纵行为的多个指令或交易，则可将此类指令或交易的价格和数量以及交易的详细信息提供给监管机关，并列在 STOR 附件中。） - 修改指令的方式（例如通过电子邮件、电话等）
第 3 节 – 对可疑性的描述	
可疑性	指定报告的指令或交易可能构成的违法类型： - 市场操纵行为人， - 内幕交易， - 企图进行市场操纵行为， - 企图进行内幕交易

续表

怀疑理由	对行为（交易和指令、下达指令或执行交易的方式、指令和交易产生怀疑的特点）的描述以及报告人如何注意到该事项，并说明怀疑的原因。 作为非详尽的指导标准，描述可能包括： – 对于在交易场所获准交易/已交易的金融工具，描述可能构成内幕交易、市场操纵行为或企图进行内幕交易、市场操纵行为的订单簿互动/交易的性质； – 对于场外衍生品，与基础资产有关的交易或指令的详细信息，以及基础资产在现金市场的交易与场外衍生品已报告的交易之间可能存在联系的任何信息
第 4 节 – 可能构成内幕交易、市场操纵行为或企图进行内幕交易、市场操纵行为的指令或交易的人的身份（"可疑人员"）	
姓名	自然人：名字和姓氏 法人：全称，包括根据其注册所在国法律规定的法律形式（如适用），以及符合 ISO 17442 的法人识别编码（LEI）（如适用）
出生日期	仅限自然人。 年 – 月 – 日
国家识别编码（如适用）	适用于有关成员国。 数字和/或文本
地址	完整地址（例如街道，街道号，邮政编码，城市，州/省）和国家
职业信息： – 地点 – 位置	有关可疑人员雇用的信息，来源于报告实体内部可获得的信息（例如，客户的账户文件，报告实体员工的员工信息系统）
账号	现金和证券账户的号码、任何联合账户或可疑实体/个人持有账户的任何授权书
根据有关金融工具市场的第 600/2014 号条例的交易报告下的客户识别码（或其他识别码）	若可疑人员是报告实体的客户
与相关金融工具发行人的关系（如适用和已知）	对任何公司、合同或组织安排、情况或关系的描述
第 5 节 – 其他信息 报告实体考虑的与报告相关的背景或任何其他信息	

续表

以下列表并不详尽。 – 可疑人员的职位（如零售客户、机构）； – 可疑实体/个人介入的性质（以自己的名义、代表客户、其他人）； – 可疑实体/个人投资组合的规模， – 如果可疑实体/个人是报告人/实体的客户，则与客户建立业务关系的日期； – 可疑实体的柜台交易行为的类型，如有； – 可疑实体/个人的交易模式。以下是可能有用的信息示例，供参考： – 可疑实体/个人在使用杠杆和卖空方面的交易习惯，以及使用频率， – 已报告的指令/交易的规模与可疑实体/人员过去 12 个月已提交的指令/已执行的交易的平均规模的可比性， – 可疑实体/个人过去 12 个月内在证券已交易的发行人方面或已交易的金融工具类型方面的习惯，特别是在过去一年，是否已报告的指令/交易与发行人有关，其证券已被可疑实体/个人交易了。 – 已知的参与可能构成内幕交易、市场操纵行为或企图进行内幕交易、市场操纵行为的指令或交易的其他实体/个人： – 姓名， – 行为（例如代表客户执行指令、自营交易、经营交易场所、系统化交易商等）
第 6 节 – 随附文件
列出与此 STOR 一起提供的支撑附件和材料。 此类文件的例子包括电子邮件、谈话记录、指令/交易记录、确认书、经纪商报告、授权书文件以及相关的媒体评论。 如果本模板第 2 节中提及的指令/交易的详细信息在单独的附件中提供，请注明该附件的标题

II

（非立法法案）

条例

欧盟委员会
第 2016/1055 号（欧盟）实施条例

本条例于 2016 年 6 月 29 日通过，根据欧洲议会和理事会第 596/2014 号（欧盟）条例关于适当公开披露内幕信息和迟延公开披露内幕信息的技术手段的实施性技术标准（与欧洲经济区相关的文本）

欧盟委员会，

根据《欧洲联盟运行条约》，

根据 2014 年 4 月 16 日欧洲议会与欧盟理事会关于市场滥用并废止欧洲议会与欧盟理事会第 2003/6/EC 号指令和欧盟委员会第 2003/124/EC 号、第 2003/125/EC 号和第 2004/72/EC 号指令的第 596/2014 号（欧盟）条例（反市场滥用条例），特别是其中的第 17 条第 10 款，

鉴于：

（1）保护投资者需要发行人和排放配额市场参与者及时有效地公开披露内幕信息。为了保证投资者在欧盟层面上平等获取内幕信息，内幕信息应当在全欧盟各类投资者中免费、同步、尽快公开披露，并应当将内幕信息传达给媒体以确保有效地向公众传播。

（2）当排放配额市场参与者根据欧洲议会与欧盟理事会第 1227/2011 号（欧盟）条例已经满足同等的内幕信息披露要求，并且当根据本条例和第 596/2014 号（欧盟）条例要求其公开披露相同信息，则根据第 1227/2011 号（欧盟）条例的规定使用内幕信息披露平台披露内幕信息应当视为履行本条例规定的义务，但前提是内幕信息被传达给相关媒体。

（3）延迟披露内幕信息的技术手段允许保留延迟披露内幕信息过程中的关键信息是重要的，以便发行人和排放配额市场参与者能够履行其通知主管机关的义务。

（4）迟延披露内幕信息的通知以及在必要时关于如何满足适用迟延披露的所有条件的解释，应使用同一主管机关指定的安全电子手段以书面形式提供给主管机关，从而确保信息内容的完整性和保密性以及传输的快速性。

（5）为使主管机关能够识别迟延披露内幕信息的发行人或者排放配额市场参与者中相关的人，迟延的通知应包括发出通知的人和做出迟延披露内幕信息决定的负责人的身

份。同样地,该通知还应指出迟延的时间方面,以使主管机关能够评估是否满足第596/2014号(欧盟)条例中关于迟延披露的规定。

(6)为维护金融体系的稳定性,作为信贷机构或金融机构的发行人应当书面通知主管机关其意图迟延公开内幕信息,并应当考虑此类信息的敏感性以及确保其内容最大限度保密的必要性,为此应采用适当的安全标准。

(7)本条例以ESMA向欧盟委员会提交的实施性技术标准草案为基础。

(8)2016年5月25日,欧盟委员会通知ESMA其意欲批准修改的实施性技术标准草案,以阐明第1227/2011号(欧盟)条例中的披露规定足以确保排放配额市场参与者根据第596/2014号(欧盟)条例第17条第2款的规定公开、有效和及时地披露内幕信息。欧盟委员会第1348/2014号(欧盟)实施条例①已要求排放配额市场参与者为基于网站的披露提供"网站反馈"(web feeds),以便及时、有效地公开地披露内幕信息。在2016年6月16日的正式意见中,ESMA重申了其最初立场,并未按照欧盟委员会拟议的修正案重新提交实施性技术标准。由于第1227/2011号(欧盟)条例对排放配额市场参与者的披露要求可能足以满足第596/2014号(欧盟)条例第17条第2款的规定,因此应修改实施性技术标准草案以避免报告要求的重复。

(9)ESMA已就本条例所依据的实施性技术标准草案进行了公开的公众咨询,分析了潜在的相关成本和收益,并征求了根据欧洲议会和欧盟理事会第1095/2010号(欧盟)条例第37条设立的证券市场利益相关者团体的意见。

(10)为了确保金融市场的平稳运行,有必要在紧急情况下实施本条例,并且本条例中规定的条款自第596/2014号(欧盟)条例中规定的日期起适用。

兹通过本条例如下:

第一章 一般规定

第1条 定义

就本条例而言,适用以下定义:

"电子手段"是指使用电线、无线电、光学技术或任何其他电磁手段处理(包括数字压缩)、存储和传输数据的电子设备手段。

第二章 适当公开披露内幕信息的技术手段

第2条 公开披露内幕信息的手段

1. 发行人与排放配额市场参与者应当采用技术手段披露内幕信息,以确保:

(a)内幕信息:

(i)在非歧视的基础上向尽可能广泛的公众传播;

---

① 2014年12月17日欧盟委员会关于数据报告以及实施关于批发能源市场完整性和透明度的欧洲议会与欧盟理事会第1227/2011号(欧盟)条例第8条第2、第6款的第1348/2014号(欧盟)实施条例(2014年12月18日《欧盟官方公报》L 363,第121页)。

（ⅱ）免费传播；
（ⅲ）在欧盟内同步传播。
（b）内幕信息直接或通过第三方传达给公众合理信赖的媒体，以确保其有效传播。应当采用电子手段进行传输通信，以确保在传输过程中保持信息的完整性、真实性和保密性，并应当明确指出：
（ⅰ）所传达的信息是内幕信息；
（ⅱ）发行人或者排放配额市场参与者的身份：全称；
（ⅲ）发出通知的人的身份：姓名、姓氏、在发行人或排放配额市场参与者内部的职位；
（ⅳ）内幕信息的主题；
（ⅴ）与媒体通信的日期和时间。

发行人与排放限额市场参与者应当通过及时补救内幕信息传达过程中的任何失败或中断，以确保内幕信息的完整性、真实性和保密性。

2. 根据第 1227/2011 号（欧盟）条例第 4 条规定要求披露内幕信息的排放配额市场参与者可以使用根据第 596/2014 号（欧盟）条例第 17 条第 2 款为披露内幕信息而设立的技术手段，前提是要求披露的内幕信息具有实质上相同的内容，并且用于披露的技术手段确保将内幕信息传达给相关媒体。

第 3 条　在网站上发布内幕信息

第 596/2014 号（欧盟）条例第 17 条第 1、第 9 款所述的网站应当符合以下要求：
（a）其允许用户以非歧视性的方式免费获取网站上发布的内幕信息；
（b）其允许用户在网站的易于识别的部分（easily identifiable section）找到内幕信息；
（c）其确保所披露的内幕信息清楚地表明披露日期和时间，并且将信息按时间顺序组织。

第三章　迟延公开披露内幕信息的技术手段

第 4 条　迟延披露内幕信息的通知与书面说明

1. 就第 596/2014 号（欧盟）条例第 17 条第 4 款第三段迟延披露内幕信息而言，发行人与排放配额市场参与者应当采用技术手段，并在耐久性介质中维护以下信息：
（a）发生以下情况的日期和时间：
（ⅰ）内幕信息最初存在于发行人或排放配额市场参与者内部；
（ⅱ）决定迟延披露内幕信息；
（ⅲ）发行人或排放配额市场参与者可能会披露内幕信息。
（b）发行人或排放配额市场参与者内部负责以下事项的人的身份：
（ⅰ）做出迟延披露的决定以及决定迟延的开始及其可能结束的时间；
（ⅱ）确保持续监测迟延的条件；

（ⅲ）决定公开披露内幕信息；

（ⅳ）向主管机关提供所要求的有关迟延的信息和书面说明。

（c）证明初步满足第 596/2014 号（欧盟）条例第 17 条第 4 款所述条件的证据，以及迟延期间内任何满足条件变化的证据，包括：

（ⅰ）在内部和第三方之间设置的信息障碍，以防止在发行人或排放配额市场参与者内正常履行雇佣合同、职业或职责之外的其他人获取内幕信息；

（ⅱ）在保密性不再得到保证的情况下，为尽快披露相关内幕信息而做出的安排。

2. 发行人与排放配额市场参与者应当通过书面通知的形式将迟延披露内幕信息的情况通知主管机关，并且其应当以主管机关指定的电子手段，于主管机关内或者其指定的专用联络点就其迟延提供书面说明。

主管机关应当在其网站上公布主管机关内部或指定的专用联络点及第 1 款所述的电子手段。这些电子手段应当确保在传输过程中保持信息的完整性、真实性和保密性。

3. 第 2 款所述的电子手段应当确保迟延披露内幕信息的通知包括以下信息：

（a）发行人或排放配额市场参与者的身份：全称；

（b）做出通知的人的身份：姓名、姓氏、在发行人或排放配额市场参与者内部的职位；

（c）做出通知的人的联络方式：工作邮件地址和电话号码；

（d）延迟披露的公开内幕信息的识别：披露声明的标题；用于传播内幕信息的系统分配的参考号；公开披露内幕信息的日期和时间；

（e）决定迟延披露内幕信息的日期和时间；

（f）所有对做出迟延公开披露内幕信息的决定负责人的身份。

4. 当根据第 596/2014 号（欧盟）条例第 17 条第 4 款第三段的规定，仅经主管机关要求而提供迟延披露内幕信息的书面解释时，本条第 2 款所述的电子手段应当确保此类书面解释包括本条第 3 款所述的信息。

第 5 条 意图迟延披露内幕信息的通知

1. 就根据第 596/2014 号（欧盟）条例第 17 条第 5 款的规定迟延公开内幕信息而言，作为信贷机构或金融机构的发行人应当通过主管机关内部或指定的专门联络点向主管机关提供书面通知，说明其迟延披露内幕信息的意图，以维护金融体系的稳定并确保信息的完整性、真实性和保密性。

发行人以电子手段传达第 1 款所述通知的，应当使用本条例第 4 条第 2 款所称的电子手段。

2. 主管机关应当基于第 1 款提交的信息，将其同意或不同意迟延披露的决定以书面形式通知发行人，并确保该信息的完整性、真实性和保密性。

3. 发行人应当采用第 1 款中向主管机关发出通知的相同技术手段，将可能影响到主管机关决定是否迟延披露内幕信息的新信息通知给主管机关。

第四章　最后条款

第 6 条　生效

本条例自发布于《欧盟官方公报》之日起生效。
本条例自 2016 年 7 月 3 日起适用。

本条例具有整体约束力，并直接适用于所有成员国。
2016 年 6 月 29 日在布鲁塞尔签订。
欧盟委员会
主席
让－克洛德·容克

Ⅱ
（非立法法案）
条例

欧盟委员会
第 2016/347 号（欧盟）实施条例

本条例于 2016 年 3 月 10 日通过，根据欧洲议会和欧盟理事会第 596/2014 号（欧盟）条例关于内幕人名单及其更新的准确格式的实施性技术标准（与欧洲经济区相关的文本）

欧盟委员会，

根据《欧洲联盟运行条约》，

根据 2014 年 4 月 16 日欧洲议会和欧盟理事会关于市场滥用并废止欧洲议会与欧盟理事会第 2003/6/EC 号指令和欧盟委员会第 2003/124/EC 号、第 2003/125/EC 号和第 2004/72/EC 号指令的第 596/2014 号（欧盟）条例（反市场滥用条例），特别是其中的第 18 条第 9 款，

鉴于：

（1）根据第 596/2014 号（欧盟）条例第 18 条的规定，发行人、排放配额市场参与者、拍卖平台、拍卖人和拍卖监察员，或者其他代表其或以其名义行事的人，必须编制内幕人名单，并按照准确格式随时更新。

（2）准确格式的建立（包括标准使用模板）将有助于统一适用第 596/2014 号（欧盟）条例关于要求起草和更新内幕人名单的规定。该准确格式也将确保向主管机关提供必要的信息，以完成保护金融市场的完整性和调查可能的市场滥用的任务。

（3）由于一个实体内可以同时存在多条内幕信息，内幕人名单应当准确确定那些为发行人、排放配额市场参与者、拍卖平台、拍卖人和拍卖监察员工作的人能够获得的特定的内幕信息（无论是交易、项目、公司还是金融事件、公布财务报表或者盈利预警）。为此目的，内幕人名单应分为多个部分，每一部分的内幕信息都应单独列出。每一部分应列出所有能够获取同一特定内幕信息的人。

（4）为避免同一人在内幕人名单的不同部分多次出现，发行人、排放配额市场参与者、拍卖平台、拍卖人和拍卖监察员，或者其他代表其或以其名义行事的人，可以决定起草和更新内幕人名单的补充部分，该部分称为永久性内幕人，与内幕人名单的其余部分性质不同，因为该部分并非根据特定信息而创建。在这种情况下，永久性内幕人部分

应只包括因其职能或职位性质而随时可获取发行人、排放配额市场参与者、拍卖平台、拍卖人或拍卖监察员所有内幕信息的人。

（5）内幕人名单原则上应当包括有助于识别内幕人的个人数据信息。这些信息应包括出生日期、个人地址和相关个人的国家识别编码（若适用）。

（6）内幕人名单还应包含将有助于主管机关调查以快速分析内幕人的交易行为、建立内幕人与可疑交易人员之间的联系并在关键时刻认定他们之间联系的数据。在这方面，电话号码非常重要，因为其使得主管机关能够迅速采取行动，并在必要时要求内幕人与可疑交易人员提供数据流量记录。此类数据应当在一开始就提供，这样主管机关在调查过程中向发行人、排放配额市场参与者、拍卖平台、拍卖人或拍卖监察员或内幕人提出进一步的信息要求就不会损害调查的完整性。

（7）为确保内幕人名单经要求尽快提供给主管机关、为避免因必须向内幕人名单中的人寻求信息而危及调查，当发生第 596/2014 号（欧盟）条例中规定的更新内幕人名单的情况时，应当以电子格式起草并随时更新内幕人名单。

（8）使用主管机关确定的特定电子格式提交内幕人名单，还应当减轻主管机关、发行人、排放配额市场参与者、拍卖平台、拍卖人或拍卖监察员以及其他代表其或以其名义行事的人的行政负担。电子格式应当能够对内幕人名单中的信息保密，并能够遵守欧盟关于处理个人数据和传输此类数据的立法中确定的规则。

（9）由于在 SME 成长市场上交易的发行人不必编制和保持最新的内幕人名单，因此可以根据本条例要求的电子格式以外的其他格式向其他发行人出示和保存该信息，在 SME 成长市场上的发行人无须使用电子格式向主管机关提交内幕人士名单。同样，在要求提供内幕人名单时，若这些发行人无法获得某些个人数据，则不要求提供这些数据也是适当的。在任何情况下，应以确保信息真实性、完整性和保密性的方式提交内幕人名单。

（10）本条例以 ESMA 向欧盟委员会提交的实施性技术标准草案为基础。

（11）ESMA 已就本条例所依据的实施性技术标准草案进行了公开的公众咨询，分析了潜在的相关成本和收益，并征求了根据欧洲议会和欧盟理事会第 1095/2010 号（欧盟）条例第 37 条设立的证券市场利益相关者团体的意见。

（12）为了确保金融市场的平稳运行，有必要在紧急情况下实施本条例，并且本条例中规定的条款自第 596/2014 号（欧盟）条例中规定的日期起适用。

兹通过本条例：

第1条 定义

就本条例而言，适用以下定义：

"电子手段"是指使用电线、无线电、光学技术或任何其他电磁手段处理（包括数字压缩）、存储和传输数据的电子设备手段。

第2条 起草和更新内幕人名单的格式

1. 发行人、排放配额市场参与者、拍卖平台、拍卖人和拍卖监察员，或者代表其或以其名义行事的人，应当确保将其内幕人名单分为与不同内幕信息相关的不同部分。根据第596/2014号（欧盟）条例第7条的规定，在识别新的内幕信息后，应当将新部分添加至内幕人名单中。

内幕人名单的每一部分应仅包括已获取涉及该部分内幕信息个人的详细信息。

2. 第1款所述的人可以在其内幕人名单中加入补充部分，详细说明任何时候都能获取所有内幕信息的个人（"永久性内幕人"）。

第一段所称补充部分所列的永久性内幕人的详细情况不得包括在第1款所述内幕人名单的其他部分。

3. 第1款所述的人应当依附件 I 模板一的规定，以电子格式起草和更新内幕人名单。若内幕人名单包括第2款所述的补充部分，则第1款所述的人应根据附件 I 模板二的规定，起草并以电子格式更新该部分。

4. 第3款所述的电子格式应当始终确保：

（a）内幕人名单所载信息的保密性，通过确保获取内幕人名单的人仅限于发行人、排放配额市场参与者、拍卖平台、拍卖人和拍卖监察员，或者代表其或以其名义行事的人（由于其职能或职位性质需要获取内幕人名单）来实现；

（b）内幕人名单所载信息的准确性；

（c）内幕人名单先前版本的可获取及可检索；

5. 第3款所述的内幕人名单，应当以主管机关指定的电子手段提交。主管机关应当在其网站上公布拟使用的电子手段。这些电子手段应当确保信息在传输过程中的真实性、完整性和保密性。

第3条 在SME成长市场上交易的发行人

就第596/2014号（欧盟）条例第18条第6款第（b）项而言，金融工具获准在SME成长市场上交易的发行人应当根据主管机关的要求，按照附件 II 中模板和以确保信息在传输过程中的真实性、完整性和保密性的格式向主管机关提供内幕人名单。

第4条 生效

本条例自发布于《欧盟官方公报》之日起生效。
本条例自2016年7月3日起适用。

本条例具有整体约束力，并直接适用于所有成员国。
2016年3月10日在布鲁塞尔签订。
欧盟委员会
主席
让－克洛德·容克

附件 I

模板一

内幕人名单：与特定于交易或基于事件的内幕信息的名称相关的部分

日期和时间（创建内幕人名单中此部分的日期和时间，即内幕信息被确认的时间）：年 – 月 – 日；时 – 分 UTC（格林尼治时间坐标）

日期和时间（最新更新）：年 – 月 – 日；时 – 分 UTC（格林尼治时间坐标）

提交主管机关的日期：年 – 月 – 日

内幕人的名字	内幕人的姓氏	内幕人的出生姓氏（若不同）	工作电话号码（工作电话和工作手机）	公司名称和地址	成为内幕人的理由和职能	获取（获取内幕信息的日期和时间）	停止（停止获取内幕信息的日期和时间）	出生日期	国家识别编码（若适用）	个人电话号码（家用和个人移动电话号）	个人完整家庭住址（街道名称；街道编号；城市；邮政编码；国家）
文本	文本	文本	数字（无空格）	发行人/排放配额市场参与者/拍卖平台/拍卖人/拍卖监察员或者第三方内幕人的地址	描述在此列表中的角色、功能和原因的文本	年 – 月 – 日 UTC	年 – 月 – 日 UTC	年 – 月 – 日	数字和/或文本	数字（无空格）	文本：内幕人的详细个人地址—街道名称和街道编号—城市—邮政编码—国家

模板二

内幕人名单中的永久性内幕人部分

日期和时间（永久性内幕人部分的创建）：年–月–日；时–分 UTC（格林尼治时间坐标）

日期和时间（最新更新）：年–月–日；时–分 UTC（格林尼治时间坐标）

提交主管机关的日期：年–月–日

内幕人的名字	内幕人的姓氏	内幕人的出生姓氏（如果不同）	专业电话号码（工作电话和工作手机）	公司名称和地址	成为内幕人的理由和职能	列入（某人被列入永久性内幕人的日期和时间）	出生日期	国家识别编码（如果适用）	个人电话号码（家用和个人移动电话号）	个人完整家庭住址（街道名称；街道编号；城市；邮政编码；国家）
文本	文本	文本	数字（无空格）	发行人/排放配额市场参与者/拍卖平台/拍卖人/拍卖监察员或者第三方内幕人的地址	描述在此列表中的角色、功能和原因的文本	年–月–日 UTC	年–月–日	数字和/或文本	数字（无空格）	文本：内幕人的详细个人地址 —街道名称和街道编号 —城市 —邮政编码 —国家

附件 II

允许在 SME 成长市场上交易的金融工具发行人提交的内幕人名单模板

日期和时间（创建）：年–月–日；时–分 UTC（格林尼治时间坐标）

提交主管机关的日期：年–月–日

内幕人的名字	内幕人的姓氏	内幕人的出生姓氏（如果不同）	专业电话号码（工作电话和工作手机）	公司名称和地址	成为内幕人的理由和职能	获取（获取内幕信息的日期和时间）	停止（某人停止获取内幕信息的日期和时间）	出生日期	国家识别编码（如果适用）	个人电话号（家用和个人移动电话号）
文本	文本	文本	数字（无空格）	发行人/排放配额市场参与者/拍卖平台/拍卖人/拍卖监察员或者第三方内幕人的地址	描述在此列表中的角色、功能和原因的文本	年–月–日 UTC	年–月–日 UTC	年–月–日	数字和/或文本	数字（无空格）

II

（非立法法案）

条例

欧盟委员会
第 2016/523 号（欧盟）实施条例

本条例于 2016 年 3 月 10 日通过，根据欧洲议会与欧盟理事会第 596/2014 号（欧盟）条例关于管理人交易的通知、公开披露的格式和模板的实施性技术标准（与欧洲经济区相关的文本）

欧洲议会，

根据《欧洲联盟运作条约》，

根据 2014 年 4 月 16 日欧洲议会与欧盟理事会关于市场滥用并废止欧洲议会与欧盟理事会第 2003/6/EC 号指令和欧盟委员会第 2003/124/EC 号、第 2003/125/EC 号和第 2004/72/EC 号指令的第 596/2014 号（欧盟）条例（反市场滥用条例），特别是其中的第 19 条第 15 款第三段的规定，

鉴于：

（1）为提高管理人交易通知的效率，并向公众提供可比较的信息，宜就如何通过单一模板通知和公开所要求的信息制定统一的规则。

（2）模板应当包含履行管理职责的人或与其密切相关的人在特定日期内进行的所有交易的信息。为向公众提供全面的视角，模板应当能够以个别交易和汇总交易的形式呈现。汇总信息应当表明在同一交易日、同一交易场所或任何交易场所以外在同一金融工具上进行的所有相同性质的交易的量，以单个数字表示每个交易量的算术和（arithmetical sum）。还应当注明相应的交易量加权平均价格。在将不同性质的交易（例如采购和销售）填入模板时不应进行汇总，也不应在它们之间进行净额结算。

（3）为简化更改错误通知（这些错误通知已经通知了）的过程，模板应当包括一个用于在修改通知中识别最初通知并解释其中的不准确内容的栏目。

（4）本条例基于 ESMA 向欧盟委员会提交的监管性技术标准草案。

（5）ESMA 已就本条例所依据的监管性技术标准草案进行了公开公众咨询，分析了潜在的相关成本和收益，并征求了根据欧洲议会与欧盟理事会第 1095/2010 号（欧盟）条例第 37 条设立的证券市场利益相关者团体的意见。

（6）为了确保金融市场的平稳运行，有必要在紧急情况下实施本条例，并且本条例

中规定的条款自第 596/2014 号（欧盟）条例中规定的日期起适用。

兹通过本条例如下：

第 1 条 定义

就本条例而言，以下定义应适用："电子手段"是指使用电线、无线电、光学技术或任何其他电磁手段处理（包括数字压缩）、存储和传输数据的电子设备手段。

第 2 条 通知格式与模板

1. 履行管理职责的人及与其密切相关的人应当确保使用附件中规定的通知模板提交第 596/2014 号（欧盟）条例第 19 条第 1 款所述的交易通知。

2. 履行管理职责的人及与其密切相关的人应当确保使用电子手段传输第 1 款所述通知。这些电子手段应当确保在传输过程中保持信息的完整性、真实性和保密性，就已传输信息的来源提供确定性。

3. 主管机关应当在其网站上详细说明并公布第 2 款所述的传输信息的电子手段。

第 3 条 生效

本条例自发布于《欧盟官方公报》之日起生效。

本条例自 2016 年 7 月 3 日起适用。

本条例应具有整体约束力，并直接适用于所有成员国。

2016 年 3 月 10 日在布鲁塞尔订立。

欧盟委员会
主席
让 – 克洛德·容克

附件

履行管理职责的人及与其密切相关的人的交易通知和公开披露模板

1	履行管理职责的人/密切相关的人的详细信息	
a)	姓名	自然人：名字和姓氏。 法人：全称，包括其注册地规定的法律形式（如适用）。
2	通知的原因	
a)	职位/状态	对于履行管理职责的人：应说明在发行人、排放配额市场参与者/拍卖平台/拍卖人/拍卖监察人内部所担任的职位，例如首席执行官（CEO）、首席财务官（CFO）。 对于密切相关的人， — 表明通知涉及的与履行管理职责的人密切相关的人； — 与履行管理职责的人密切相关的人的姓名和职位
b)	首次通知/修改	表示这是首次通知或是对先前通知的修改。如有修改，请解释本通知正在修改的错误
3	发行人、排放配额市场参与者、拍卖平台、拍卖人或拍卖监察人的详细信息	
a)	姓名	实体的全称
b)	LEI	符合 ISO 17442 LEI 代码的法人识别编码
4	交易详情：本节重申的以下内容（i）每种票据；（ii）每种交易；（iii）每一日期；和（iv）进行交易的每个地点	
a)	金融工具及类型的说明 识别码	— 金融工具性质的说明： — 股票、债务工具、衍生工具或与股票或债务工具相关的金融工具； — 排放配额、基于排放配额的拍卖产品或与排放配额相关的衍生品。 — 根据补充欧洲议会与欧盟理事会第 600/2014 号（欧盟）条例关于根据第 600/2014 号（欧盟）条例第 26 条通过地向主管机关报告交易的监管技术标准的欧盟委员会授权条例所定义的金融工具识别码
b)	交易性质	交易类型的说明，在适用情况下，使用根据第 596/2014 号（欧盟）条例第 19（14）条通过的欧盟委员会 2016/522 号（欧盟）授权条例[(1)]第 10 条中确定的交易类型或第 596/2014 号（欧盟）条例第 19（7）条中规定的具体示例。 根据第 596/2014 号（欧盟）条例第 19（6）（e）条，应指出交易是否与行使股票期权计划有关

续表

c)	价格和交易量	如果同一金融工具或排放配额在同一交易日和同一交易地点进行了多个性质相同的交易（采购、销售、借贷、借款等），则这些交易的价格和交易量应以上述两栏形式在本栏中报告，根据需要插入尽可能多的行。 使用价格和数量的数据标准，包括适用时的价格货币和数量货币，具体定义见补充欧洲议会与欧盟理事会第 600/2014 号（欧盟）条例关于根据第 600/2014 号（欧盟）条例第 26 条通过地向主管机关报告交易的监管技术标准的欧盟委员会授权条例
d)	汇总信息 －总交易量 －价格	汇总多个交易的交易量，当这些交易： －与同一金融工具或排放配额有关； －性质相同； －在同一天进行；以及 －在同一交易场所进行。 使用数量的数据标准，包括适用时的数量货币，具体定义见欧洲议会与欧盟理事会第 600/2014 号（欧盟）条例关于根据第 600/2014 号（欧盟）条例第 26 条通过地向主管机关报告交易的监管技术标准的欧盟委员会授权条例。 价格信息： －单笔交易的：单笔交易的价格； －如果多个交易的交易量是合计的：合计交易的加权平均价格。 使用价格的数据标准，包括适用时的价格货币，具体定义见补充欧洲议会与欧盟理事会第 600/2014 号（欧盟）条例关于根据第 600/2014 号（欧盟）条例第 26 条通过地向主管机关报告交易的监管技术标准的欧盟委员会授权条例
e)	交易日期	已通知的交易执行的特定日期。 使用 ISO 8601 日期格式：YYYY－MM－DD；UTC 时间
f)	交易地点	名称和代码，用于识别执行交易的 MiFID 交易场所、系统化内部交易商或欧盟以外的有组织交易平台，具体定义见补充欧洲议会与欧盟理事会第 600/2014 号（欧盟）条例关于根据第 600/2014 号（欧盟）条例第 26 条通过地向主管机关报告交易的监管技术标准的欧盟委员会授权条例，或者， 如果交易没有在上述任何地点执行，请提及"交易场所以外"

(1) 2015 年 12 月 17 日欧盟委员会关于补充欧洲议会与欧盟理事会第 596/2014 号（欧盟）条例关于某些第三国公共机构和中央银行的豁免、市场操纵征兆、披露阈值、延迟通知的主管机关、封闭期间的许可的交易和应通知的管理人交易类型的第 2016/522 号（欧盟）授权条例（见本官方刊物第 1 页）

II

（非立法法案）

条例

欧盟委员会
第 2016/958 号（欧盟）授权条例

本条例于 2016 年 3 月 9 日通过，补充欧洲议会与欧盟理事会第 596/2014 号（欧盟）条例关于就客观提出投资建议、其他推荐或建议投资策略的信息以及披露特定利益或利益冲突迹象做出技术安排的监管性技术标准（与欧洲经济区相关的文本）

欧洲议会，

根据《欧洲联盟运作条约》，

根据 2014 年 4 月 16 日欧洲议会与欧盟理事会关于市场滥用并废止欧洲议会与欧盟理事会第 2003/6/EC 号指令和欧盟委员会第 2003/124/EC 号、第 2003/125/EC 号和第 2004/72/EC 号指令的第 596/2014 号（欧盟）条例（反市场滥用条例），特别是其中的第 20 条第 3 款第三段的规定，

鉴于：

（1）就投资建议、其他推荐或建议投资策略的信息（以下简称"建议"）制定统一的标准，是客观、清晰及准确地表达该等信息以及披露利益及利益冲突所必需的。提出或传播建议的人应当遵守这些标准。特别是，为确保市场具有高标准的公平、廉洁和透明度，建议应客观地以不误导市场参与者或公众的方式提出。

（2）所有提出或传播建议的人都应当做出适当安排，以确保客观提供信息以及有效披露利益或利益冲突。此外，还应当为那些因其性质和活动而对市场完整性和投资者保护构成更大风险的人做出额外安排。该群体可能包括独立分析师、投资公司、信贷机构、主营业务是提出或传播建议的任何人，根据雇佣合同或其他规定为上述人工作的自然人，以及其他就金融工具提出投资决策的、自称或被市场参与者视为具有金融经验或专业知识的人（以下简称"专家"）。识别此类专家的非详尽指标包括：其提出建议的频率；当提出建议时其拥有的追随者数量；其个人工作经历，包括是否在过去专业地提出建议；以及其先前的建议是否被第三方（如媒体）转发。

（3）应当披露提出建议的人的身份、其主管机关（如有）以及完成建议并随后传播建议的日期和时间，因为这些可能是投资者关于其投资决策的宝贵信息。

（4）为理解建议、为衡量提出建议的人在其采用的估价和方法上保持一致的程度，

披露的估价和方法是有用的信息。由同一个人提出的、与属于同一行业或同一国家的公司相关的建议应旨在始终展示出一些一致的共同因素。鉴于此，独立分析师、投资公司、信贷机构、主营业务是提出或传播建议的任何人、根据雇佣合同或其他规定为上述人工作的自然人以及专家应当在建议中解释他们所使用的估价和方法的任何变化。

（5）提出建议的人的利益以及这些利益可能引起的冲突，可能会影响这些人在其建议中表达的观点。为确保评估信息的客观性与可靠性，应适当披露可能会损害信息客观性的任何关联和情况，包括提出建议的人或属于同一群体的人的利益或利益冲突，该群体直接或间接与该建议所涉及的金融工具或发行人有关。

（6）利益或利益冲突的披露应足够具体，以使建议的接受者能够了解利益或利益冲突的程度和性质。独立分析师、投资公司、信贷机构、主营业务是提出或传播建议的任何人、根据雇佣合同或其他规定为上述人工作的自然人以及专家还应当披露其持有的净多头或空头头寸是否高于建议所涉及的发行人已发行股本的预定阈值。在这种情况下，他们应根据欧洲议会与欧盟理事会第 236/2012 号（欧盟）条例①规定的头寸计算方法计算净多头或空头头寸。

（7）为实现比例原则，应允许提出建议的人在本条例规定的范围内调整其客观陈述与披露利益或利益冲突的安排，包括当其使用会议、路演、音频或视频会议以及广播、电视或网站采访等方式提出非书面建议时。

（8）建议可由非提出建议的人以未变更、变更或摘要的形式传播。传播建议的人处理这些建议的方式可能对投资者对这些建议的评估产生重要影响。特别是在投资者考虑其投资决策时，传播建议的人的身份与源头建议的变更程度可能是一条有价值的信息。

（9）若传播建议的人仅截取源头建议的某些要素断章取义，这可能导致源头建议内容的实质变更。源头建议方向的更改（例如，将"买入"建议更改为"持有"或"卖出"建议，反之亦然，或更改价格目标）应始终视为实质变更。

（10）本条例中的个人数据处理应当按照欧洲议会与欧盟理事会第 95/46/EC 号指令所转换的国家法律、法规或行政规定进行。

（11）本条例基于 ESMA 向欧盟委员会提交的监管性技术标准草案。

（12）ESMA 已就本条例所依据的监管性技术标准草案进行了公开公众咨询，分析了潜在的相关成本和收益，并征求了根据欧洲议会与欧盟理事会第 1095/2010 号（欧盟）条例第 37 条设立的证券市场利益相关者团体的意见。

（13）为了确保金融市场的平稳运行，有必要在紧急情况下实施本条例，并且本条例中规定的条款自第 596/2014 号（欧盟）条例中规定的日期起适用。

兹通过本条例如下：

---

① 2012 年 3 月 14 日欧洲议会与欧盟理事会关于卖空和信用违约互换某些方面的第 236/2012 号（欧盟）条例（2012 年 3 月 24 日《欧盟官方公报》L 86，第 1 页）。

第一章 一般规定

第 1 条 定义

就本条例而言,应适用以下定义:

(a) "专家"是指第 596/2014 号(欧盟)条例第 3 条第 1 款(34)项(ii)点中所述的不断提出金融工具投资决策的人,并且:

(i) 自称具备金融知识或经验;或

(ii) 其他人合理地相信他会以具备金融知识或经验的方式提出其建议。

(b) "群体"是指欧洲议会与欧盟理事会第 2013/34/EU 号指令第 2 条第 11 项定义的群体。

第二章 提出建议

第 2 条 建议提出人的身份

1. 提出投资建议、其他推荐或建议投资策略的信息("建议")的人应当在其提出的所有建议中清楚地、突出地披露其身份和与任何其他负责提出建议的人的身份有关的下列信息:

(a) 参与提出建议的所有自然人的姓名和职务;

(b) 参与提出建议的自然人或者法人是根据合同(包括雇佣合同)或以其他方式为某一法人行事的,应当提供该法人的名称。

2. 若提出建议的人是投资公司、信贷机构或者根据雇佣合同或其他方式为投资公司或信贷机构工作的自然人,则除第 1 款规定的信息外,该人还应当在建议中说明相关主管机关的名称。

3. 若提出建议的人不是第 2 款所述的人,但须遵守提出建议的自律标准或行为规范,则除第 1 款规定的信息外,该人还应当在建议中说明对这些标准或规范的引用。

第 3 条 与客观呈现建议相关的一般义务

1. 提出建议的人应当确保其建议符合以下要求:

(a) 事实与解释、估计、意见和其他类型的非事实信息有明显区别;

(b) 所有实质上重要的信息来源均清楚且突出地标明;

(c) 所有信息来源都是可靠的,或者,若对某个来源是否可靠有任何疑问,应当标明;

(d) 所有推断、预测及价格目标均清楚且突出地标明为推断、预测及价格目标,并标明其在做出或使用推断、预测及价格目标时所做出的重大假设;

(e) 清楚且突出地标明建议制作完成的日期和时间。

2. 若第 1 款(b)或(e)项规定要求披露的信息与建议的长度或形式不成比例,该建议包括使用会议、路演、音频或视频会议以及广播、电视或网站采访等方式提出的非书面建议,则提出建议的人应当在建议中说明接受建议的人可以直接、方便、免费地获得所需信息的地点。

3. 提出建议的人应当依主管机关请求，证实其向主管机关提出的任何建议。

第 4 条　关于客观呈现适用于第 596/2014 号（欧盟）条例第 3 条第 1 款（34）项（i）点所述的人和专家的建议的额外义务

1. 除第 3 条规定的信息外，第 596/2014 号（欧盟）条例第 3 条第 1 款（34）项（i）点所述的人和专家应在建议中清楚且突出地包括以下信息：

（a）若该建议已向其直接或间接涉及的发行人披露且随后进行了修订，则该信息为就此做出的声明；

（b）任何基于估值、方法或基本假设（基本假设用于评估金融工具或发行人、为金融工具设定价格目标）的摘要，以及估值、方法或基本假设的任何变化的迹象和摘要；

（c）若提出建议的人未使用专有模型（proprietary models），则该信息为可以直接且容易地获得有关估价或方法和基本假设详细信息的地点提示；

（d）若提出建议的人使用了专有模型，则为可以直接且容易地获得所用专有模型重要信息的地点提示；

（e）任何建议（如"买入""卖出"或"持有"建议）的含义和对该建议涉及的投资时长的充分解释，以及包括对假设的敏感性分析在内的适当风险警告提示；

（f）所述建议的计划更新频率；

（g）建议所涉及的任何金融工具价格的相关日期和时间的提示；

（h）若某项建议与过去 12 个月内所传播的涉及同一金融工具或发行人的任何先前建议不同，则该信息为该先前建议所作的变更及日期的提示；

（i）在过去 12 个月内传播的有关任何金融工具或发行人的所有建议的清单，包含每项建议的传播日期、第 2 条第 1 款（a）项所述自然人的身份、在传播时的价格目标和相关市场价格、建议的方向和价格目标或建议的有效期。

2. 若第 1 款第（b）、第（e）、第（i）项规定要求披露的信息与建议的长度或形式不成比例，该建议包括使用会议、路演、音频或视频会议以及广播、电视或网站采访等方式提出的非书面建议，则提出建议的人应当在建议中说明接受建议的人可以直接、方便、免费地获得所需信息的地点。

第 5 条　与披露利益或利益冲突相关的一般义务

1. 提出建议的人应在其建议中披露有可能会损害建议客观性的所有关联和情况。这些关联和情况包括：其本人的利益或利益冲突；根据合同（包括雇佣合同）或其他方式为其本人工作的任何自然人或法人的利益或利益冲突；某些参与提出建议的人的利益或利益冲突，该建议直接或间接地与其所涉及的金融工具或发行人相关。

2. 若提出第 1 款所述建议的人是法人，则按照第 1 款披露的信息还应当包括属于同一群体的任何人的任何利益或利益冲突，包括：

（a）为参与提出建议的人所知悉或有可能为其所知悉的；

（b）虽然不参与提出建议但在完成建议之前获取建议的人，已经或有可能已经为其所知悉的。

3. 若提出第 1 款所述建议的人是自然人，则按照第 1 款披露的信息还应包括与其有密切联系的人的任何利益或利益冲突。

第 6 条 第 596/2014 号（欧盟）条例第 3 条第 1 款（34）项（i）点所述的人和专家披露利益或利益冲突的额外义务

1. 除第 5 条要求的信息外，第 596/2014 号（欧盟）条例第 3 条第 1 款（34）项（i）点所述的人和专家应在建议中包括该建议直接或间接涉及的发行人的以下利益和利益冲突信息：

（a）若根据第 236/2012 号（欧盟）条例第 3 条和欧盟委员会第 918/2012 号（欧盟）授权条例第三、第四章的规定计算其所持有的净多头或空头头寸超过了发行人已发行股本总额 0.5% 的阈值，则该信息为就此做出净头寸是多头还是空头的声明；

（b）若发行人持有超过其已发行股本总额 5% 的股份，则该信息为就此做出的声明；

（c）若提出建议的人或与该人属于同一群体的任何其他人：

（i）是发行人金融工具的做市商或流动性提供者，则该信息为就此做出的声明；

（ii）在发行人任何公开披露的金融工具要约的前 12 个月曾担任牵头管理人或共同牵头管理人，则该信息为就此做出的声明；

（iii）是与发行人签订协议的一方，该协议涉及欧洲议会和理事会第 2014/65/EU 号指令附件 I 第 A、第 B 节中规定的投资公司提供的服务，则该信息为此做出的声明，但前提是这并不意味着披露任何机密商业信息，并且本协议在过去 12 个月内已生效或在同一时期内增加了支付或接受补偿的义务；

（iv）是与发行人签订与提出建议有关的协议的一方，则该信息为此做出的声明。

2. 若第 1 款所述的人是投资公司、信贷机构或根据合同（包括雇佣合同）或其他规定为投资公司或信贷机构工作的自然人或法人，除第 1 款规定的信息外，该人还应在建议中包括以下信息：

（a）对有效的内部组织和行政安排以及为防止和避免与建议有关的利益冲突而设立的任何信息隔离的说明；

（b）若根据雇佣合同或其他规定为其工作并且参与提出建议的自然人或法人的薪酬，直接与第 2014/65/EU 号指令附件 I 第 A、第 B 节所列投资公司的服务交易、其或同一群体的任何法人进行的其他类型交易、其或同一群体的任何法人收取的交易费用有关，则该信息为就此做出的声明；

（c）根据雇佣合同或其他规定为第一段所述的人工作的自然人以及在公开发行前参与提出建议、直接或间接地接收或购买涉及建议的发行人股票的人购买该股票的价格和日期信息。

---

① 2012 年 7 月 5 日欧盟委员会关于补充欧洲议会与欧盟理事会第 236/2012 号指令关于卖空和信用违约掉期某些方面的定义、净空头头寸计算、涵盖主权国家的信用违约互换、通知阈值、暂停限制的流动性阈值、金融工具价值的重大下跌和不良事件的第 918/2012 号（欧盟）授权条例（2012 年 10 月 9 日《欧盟官方公报》L 274，第 1 页）。

3. 若第 1 款所述的人是投资公司、信贷机构或根据合同（包括雇佣合同）或其他规定为投资公司或信贷机构工作的自然人或法人，其应当每季度公布：过去 12 个月内所有"买入""持有""卖出"或等价建议的比例；第 2014/65/EU 号指令附件 I 第 A 和第 B 节所列投资公司在过去 12 个月内，提供的实质性服务种类所占发行人获得的全部服务种类的比例。

4. 若第 1 款和第 2 款规定要求披露的信息与建议的长度或形式不成比例，该建议包括使用会议、路演、音频或视频会议等方式以及广播、电视或网站采访提出的非书面建议，则提出建议的人应当在建议中说明接受建议的人可以直接、方便、免费地获得所需信息的地点。

第 7 条 传播建议提出者的建议

提出建议的人传播其提出建议的，应当在建议中明确首次传播建议的日期和时间。

第三章 传播第三方提出的建议

第 8 条 传播建议的安排

1. 传播第三方提出建议的人应当向接受建议的人传达以下信息：

（a）其身份，以清楚且突出的方式；

（b）有可能会损害建议客观呈现的所有关联和情况，包括直接或间接地与建议所涉及的任何金融工具或发行人的利益或利益冲突有关的关联和情况；

（c）首次传播建议的日期和时间。

2. 若第 1 款所述的人是投资公司、信贷机构或根据合同（包括雇佣合同）或其他规定为投资公司或信贷机构工作的自然人或法人，则除第 1 款规定的信息外，该人还应当向接受建议的人传达以下信息：

（a）相关主管机关的识别信息；

（b）其自身利益或第 5 条和第 6 条 1、2 款规定的利益冲突迹象，除非该人是在同一群体内作为提出建议的传播渠道而没有选择传播建议的任何酌处权。

第 9 条 传播建议摘要或摘录的额外安排

1. 除第 8 条规定的信息外，传播第三方提出的建议的摘要或摘录的人应当确保该摘要或摘录：

（a）清楚且无误导性；

（b）被识别为摘要或摘录；

（c）包括对最初建议的明确识别。

2. 第 1 款所述的人还应当确保直接在摘要中或在摘录本身中提供提出第 2 条至第 6 条所列建议的人的信息，或提及收到建议摘要或摘录的人可以免费查阅该信息的地点。

第 10 条 传播经实质修改的建议的附加安排

1. 除第 8 条规定的信息外，传播第三方提出的经实质修改的建议的人，应当确保该建议清楚地表明该项实质修改的详细内容。

2. 第 1 款所述的人应当满足第 2 条至第 5 条规定的要求，在实质修改的范围内并在实质修改的建议中提及第 2 条至第 6 条所列最初建议的提出者的相关信息，可由收到经实质修改建议的人免费获取的地点。

第四章 最后条款

第 11 条 生效

本条例自发布于《欧盟官方公报》之日起生效。

本条例自 2016 年 7 月 3 日起适用。

本条例具有整体约束力，并直接适用于所有成员国。

2016 年 3 月 9 日在布鲁塞尔订立。

欧盟委员会

主席

让－克洛德·容克

II

(非立法法案)

条例

欧盟委员会
第 2018/292 号（欧盟）实施条例

本条例于 2018 年 4 月 26 日通过，根据欧洲议会欧盟理事会第 596/2014 号（欧盟）条例关于主管机关交换信息与协助的程序和表格的实施性技术标准（与欧洲经济区相关的文本）

欧盟委员会，

根据《欧洲联盟运行条约》，

根据 2014 年 4 月 16 日欧洲议会和欧盟理事会关于市场滥用并废止欧洲议会与欧盟理事会第 2003/6/EC 号指令和欧盟委员会第 2003/124/EC 号、第 2003/125/EC 号和第 2004/72/EC 号指令的第 596/2014 号（欧盟）条例（反市场滥用条例），特别是其中的第 25 条第 9 款第三段的规定，

鉴于：

（1）为确保被指定为第 596/2014 号（欧盟）条例项下主管机关能够有效且及时地进行合作与交换信息，并且为该条例的目的提供充分互助，宜列明主管机关在交换信息与协助时应使用的统一程序和表格，包括提出协助请求、回执（acknowledgments of receipts）和答复此类请求的程序和表格。

（2）交换书面信息应有助于主管机关履行职责。在适当情况下，这包括在发出书面请求之前，可以进行口头沟通，以提供关于即将提出的协助请求的信息，并讨论可能妨碍提供协助的任何问题。在紧急情况下，若紧急情况不是由于请求方行动迟缓造成的，也应当允许口头传达协助请求。

（3）第 596/2014 号（欧盟）条例规定，主管机关应当交换信息并提供协助。但是，只有在仅仅要求交换信息是不够的情况下，要求提供协助的请求应当尽可能包括做出陈述或进行现场检查或调查。在向另一个成员国的主管机关提出协助请求之前，主管机关应当在其管辖范围内采取一切合理可行的行动，并特别指出主管机关在提出协助请求之前已用尽所有调查方法可能并不合理可行。

（4）应当根据第 596/2014 号（欧盟）条例主动提供协助，包括在成员国主管机关认为其掌握的信息可供另一主管机关使用时自愿提供协助。

（5）根据第 596/2014 号（欧盟）条例提出的协助请求应当提供关于请求内容的充分信息，包括请求的理由及其背景（context），以便被请求的主管机关能够有效且方便地处理请求。

（6）除了使用请求和答复协助请求的表格外，合作程序还应允许和便利请求机关和被请求机关在整个过程中进行沟通、协商和互动，以确保有效处理信息或协助请求。这些程序还应允许主管机关就所收到的信息或协助的有用性、所寻求协助案件的结果以及在提供此类信息或协助时遇到的任何问题相互提供反馈。

（7）交换信息和协助的程序和表格应当确保交换或传送的信息的保密性，并遵守关于在处理个人数据和自由移动此类数据方面保护个人的规则。

（8）本条例基于 ESMA 向欧盟委员会提交的实施性技术标准草案。

（9）考虑到实施性技术标准的对象仅为欧盟成员国的国家主管机关而非市场参与者，ESMA 未就本条例所依据的实施性技术标准草案进行公开公众咨询，也未分析相关主管机关引入的程序和表格的潜在相关成本和收益，因为就其范围和影响而言这是不成比例的。

（10）ESMA 征求了根据欧洲议会与欧盟理事会第 1095/2010 号（欧盟）条例 第 37 条设立的证券市场利益相关者团体的意见。

（11）为了确保金融市场的平稳运行，有必要在紧急情况下实施本条例，并且本条例中规定的条款自第 596/2014 号（欧盟）条例中规定的日期起适用。

兹通过本条例如下：

第 1 条 定义

就本条例而言，"安全电子手段"是指使用电线、无线电、光学技术或任何其他电磁手段处理（包括数字压缩）、存储和传输数据，以确保在传输过程中保持信息的真实性、完整性和保密性的电子设备手段。

第 2 条 联络点

1. 主管机关应当为本条例目的指定联络点。

2. 主管机关应当在本条例生效后 30 日内将联络点的详细信息通知 ESMA。其还应当在必要时提供更新信息。

3. ESMA 应当保留一份主管机关根据第 1 款指定的联络点清单，并在必要时更新该清单以供主管机关使用。

第 3 条 请求协助

1. 请求协助机关应当通过邮寄、传真或者安全电子手段提出书面协助请求。其应当将请求送达被请求主管机关根据第 2 条指定的联络点。

2. 当请求协助时，主管机关应当使用附件 I 所列表格并且应当：

（a）明确请求协助机关正向被请求机关寻求的相关信息的详情；

(b) 适当的情况下，确定可能与获得的信息的保密性有关的问题。

3. 请求协助机关可以在请求书中附上支持该项请求的任何必要文件与证明材料。

4. 在紧急情况下，请求协助机关可以口头提出协助请求。除非被请求机关同意，否则该口头请求应当随后采用第 1 款规定的手段毫不迟延地以书面形式确认。

第 4 条 回执

除非请求中另有规定，被请求机关应当在收到书面协助请求后 10 日内，将回执以邮寄、传真或者安全电子手段发送至第 2 条指定的联络点。回执应当使用附件 II 所列表格制作并应当尽可能注明预计答复日期。

第 5 条 请求协助的答复

1. 被请求的机关应当通过邮寄、传真或者安全电子手段以书面形式答复协助请求。除非答复请求中明确规定，否则答复应当送到第 2 条指定的联络点。

2. 被请求主管机关应当使用附件 III 所列表格答复协助请求并且应当：

（a）在对所要求的准确信息有任何疑问的情况下，以任何形式并尽快要求进一步澄清；

（b）在其职权范围内采取所有合理的步骤以提供协助请求；

（c）在考虑到请求的复杂性和涉及第三方或其他主管机关的必要性的情况下，毫不迟延地并以确保任何必要的监管行动能够顺利进行的方式执行协助请求。

3. 如果被请求机关拒绝就协助请求采取全部或部分行动，应当将其决定尽快地以口头或者书面形式通知给请求协助机关。被请求机关也应当提供根据第 1 款做出的书面答复，说明其拒绝请求所依据的第 596/2014 号（欧盟）条例第 25 条第 2 款规定的例外情况。

第 6 条 发送和处理协助请求的程序

1. 请求协助机关和被请求机关应当就协助请求和最方便的答复方式进行沟通，同时适当考虑到保密因素、通信时间、要传达的材料数量以及请求协助机关获取信息的便利性。尤其是，请求协助机关应当及时回应被请求机关所作的任何澄清要求。

2. 当被请求机关知悉可能导致其预计答复日期将迟延 10 日以上的情况，其应当毫不迟延地通知请求协助机关。

3. 在适当的情况下，被请求机关应当定期就未决请求的进展情况提供反馈，包括对请求协助机关答复的预定日期的修改。

4. 当请求协助机关将请求作为紧急事项时，主管机关应当就被请求机关更新请求协助机关的频率相互协商。

5. 被请求机关和请求协助机关应合作解决在执行请求时可能产生的任何困难。

第7条 要求某人做出陈述（taking a statement）的程序

1. 若请求协助机关在其请求中包括在调查或检查中听取任何人的陈述，则被请求机关和请求协助机关应当根据现有的法律限制或约束以及任何程序要求上的差异，评估并且考虑以下内容：

（a）做出陈述的人的权利，包括在适用的情况下任何自证其罪的问题；

（b）请求协助机关的工作人员（观察员或者积极参加者）参与的性质；

（c）被请求机关和请求协助机关的工作人员在做出陈述过程中发挥的作用；

（d）做出陈述的人是否有权获得法定代表人的协助，若有，则为法定代表人在做出陈述（包括陈述的任何记录或报告）期间提供协助的范围；

（e）在存在自愿还是被迫这种区别的情况下，该陈述是基于自愿还是被迫的；

（f）根据请求时所提供的信息，在存在证人还是犯罪嫌疑人这种区别的情况下，做出陈述的人是证人还是犯罪嫌疑人；

（g）根据请求时所提供的信息，该陈述是否可以或意图用于刑事诉讼；

（h）该陈述在请求协助机关管辖范围内的可接受性（admissibility）；

（i）陈述的记录和适用的程序，包括是否为同期（contemporaneous）或总结书面记录、音频或视听记录；

（j）做出陈述的人对陈述的证明或确认程序，包括是否在做出陈述后进行证明或确认；

（k）将被请求机关的陈述转交请求协助机关的程序，包括格式和时间。

2. 被请求机关和请求协助机关应当确保为其工作人员有效开展工作做出安排（包括使其工作人员能够就可能需要的任何补充信息达成一致安排），包括以下内容：

（a）计划日期；

（b）向做出陈述的人提问的问题清单；

（c）旅行安排，包括确保被请求机关和请求协助机关能够在做出陈述前会面讨论此事；

（d）语言方面的安排。

第8条 请求调查或现场检查的程序

1. 考虑到第596/2014号（欧盟）条例第25条第6款第3项第（a）至（e）点以及进行联合调查或联合现场检查的优点，当根据第596/2014号（欧盟）条例第25条第6款提出进行调查或现场检查的请求时，请求协助机关和被请求机关应就有效实施协助请求的最佳方式进行协商。

2. 被请求机关应当随时向请求协助机关通报调查或现场检查的进展情况，并将调查结果及时转交请求协助机关。

3. 在决定是否开展联合调查或联合现场检查时，请求机关和被请求机关应至少考虑到以下因素：

（a）从请求协助机关接收到的任何协助请求的内容，包括就联合调查或联合现场检查的适当性提出的任何建议；

（b）它们是否单独对一个涉及跨境问题的事项进行调查，以及该事项是否更适合联合协作；

（c）各自法域的法律和监管框架，确保两个机关都能很好地了解在进行任何联合调查或联合现场检查以及随后可能进行的任何诉讼中可能存在的约束和法律限制，包括与一事不再理原则有关的任何问题；

（d）调查或现场检查所需的管理和指导；

（e）它们将就查明事实的可能前景达成一致意见；

（f）分配资源和任命负责进行调查或现场检查的工作人员；

（g）是否有可能制订一项联合行动计划，以及各主管机关的工作时间安排；

（h）确定各机关将联合或单独采取的行动；

（i）相互分享所收集的资料，并报告所采取的个别行动的结果；

（j）其他具体案件问题。

4. 若请求协助主管机关和被请求机关决定开展联合调查或者联合现场检查，它们应当：

（a）商定其行为和结论的程序；

（b）进行持续的对话，以协调信息收集过程和事实查明过程；

（c）在进行联合调查或联合现场检查时密切合作；

（d）在法律允许的范围内，就随后的执行程序提供互助，包括协调与联合调查或联合现场检查的结果有关的任何诉讼（无论是行政、民事或刑事诉讼）或其他执行行动，或酌情协调和解的前景；

（e）确定监管联合调查或联合现场检查对象的具体法律规定；

（f）在相关的情况下，至少考虑下列事项：

（1）制定一份联合行动计划，除其他事项外，详细说明拟采取行动的实质、性质和时间安排，包括工作成果交付过程中的重要事件与责任分配，并考虑到每个机关各自的优先事项；

（2）确定和评估与调查或执行行动或任何其他程序有关的任何法律限制或约束以及任何程序上的差异，包括任何接受调查的人的权利；

（3）确定和评估可能对调查程序和执行程序产生影响的特定法律专业特权（legal professional privileges），包括自证其罪；

（4）公众和新闻策略；

（5）交换信息的预期用途。

第 9 条 协助恢复经济处罚的程序

1. 当根据第 596/2014 号（欧盟）条例第 25 条第 6 款提出协助恢复经济处罚的请求时，请求协助机关和被请求机关应相互协商能够让该请求发挥作用的最佳方式。主管机关应当考虑到请求协助机关在其管辖范围内已采取的行动以及被请求机关恢复经济处罚的国内法律框架。

2. 就本条而言，被请求机关应当根据相关国内法律提供所请求的协助或提供任何资料。被请求机关成员国的另一机关或有关机构可以提供协助或信息的，被请求机关应当主动向请求协助机关提供必要的信息，以便根据本国法律在请求协助机关与可能提供所请求资料的其他机关或机构之间建立直接联系。

第 10 条 主动交换的信息

1. 就根据第 596/2014 号（欧盟）条例第 16 条第 4 款和第 25 条第 5 款主动传达的信息而言，在主管机关拥有其认为有助于其他主管机关履行其在第 596/2014 号（欧盟）条例项下职责的信息时，主管机关应当通过邮寄、传真或保密电子手段方式将此类信息传达给根据第 2 条所指定的主管机关的联络点。

2. 当传达信息的主管机关认为信息应当紧急传达时，其可以口头通知其他主管机关，但随后的传达应当毫不迟延地以书面形式做出。

3. 主动传达信息的主管机关应当采用附件Ⅳ所列表格传达信息，特别是确定与信息保密性有关的问题。

第 11 条 限制和允许使用的信息

1. 请求协助机关和被请求机关应当在任何协助请求、对协助请求的答复或按照附件所列表格主动传达的信息中列入适当的保密警示。

2. 若被请求机关为执行该项请求须披露请求协助机关已提出请求的事实，则被请求机关应当在与请求协助机关讨论所要求的披露性质及范围，并在取得其同意后，披露该项请求。若请求协助机关不同意披露请求事实，被请求机关不得应请求采取行动并且请求协助机关可以撤回或暂停其请求，直至能够提供披露同意为止。

3. 根据第 10 条提供的信息应当仅用于确保遵守或执行第 596/2014 号（欧盟）条例的规定，包括但不限于启动、执行或协助因违反该条例规定而导致的刑事、行政、民事或纪律程序。

第 12 条 生效和适用

本条例自发布于《欧盟官方公报》之日起生效。

本条例具有整体约束力，并直接适用于所有成员国。
2018 年 2 月 26 日在布鲁塞尔订立。

欧盟委员会
主席
让－克洛德·容克

附件 I

提出协助请求的表格

提出协助请求

	索引号：_____
	日　期：_____

附件：（指定所附文件/支撑文件的数量）

一般信息

来　自：

成员国：

请求协助机关：

法定地址：

[填写根据欧盟委员会第 2018/292 号（欧盟）实施条例第 2 条指定的联络点的详细联络方式，或指定为处理此请求的联系点的详细联络方式，如下所示]

姓名：

电话：

电子邮件：

致：

成员国：

被请求机关：

法定地址：

[填写根据欧盟委员会第 2018/292 号（欧盟）实施条例第 2 条指定的联络点的详细联络方式]

姓名：

电话：

电子邮件：

亲爱的（填写合适的名字）

根据欧盟委员会第 2018/292 号（欧盟）实施条例第 3 条的规定，现就下述事项寻求您的协助。

若能在（填写回复的指示性日期，如有紧急请求，填写提供给信息的截止日期）之前获得上述协助，我将不胜感激；若不能，请填写您预计何时能够提供所寻求的协助。

请求协助的类型

请在适当的方框内打钩

1. 提供信息　　□
2. 做出陈述　　□
3. 开展调查　　□
4. 现场检查　　□
5. 关于恢复处罚　□
6. 其他类型的协助 □

（例如，无偿转让的资产、授权其他用途或进一步披露信息等）

请求协助的理由

_____

_____（填写部门立法中请求协助机关有权处理该事项的条款）这项请求涉及协助

(填写请求对象的详细说明、请求协助的目的、与调查有关的事实、作为请求和解释的背景信息)
是_____
_____
_____

(若适用,请填写上一个请求的详细信息,以便识别它)
1. 提供信息
(a) 请详细说明所寻求的具体信息,并说明为什么这些信息会有帮助,若知道的话,还请提供一份被认为拥有所寻求的信息的人的名单或可能获得这些信息的地方。
_____
_____
_____

(b) 若请求涉及与特定金融工具中的交易或订单相关的信息,请提供以下信息。
产品编号:_____
(填写金融工具的准确描述,包括任何适用的识别标准代码,如 ISIN 代码或 AII)
身份证:_____
[填写与交易或指令相关的任何人的身份,包括金融工具交易人或交易被视为已发生的代表,以及任何适用的识别代码,如 2014 年 5 月 15 日欧洲议会和欧洲理事会关于金融工具市场并修正第 648/2012 号(欧盟)条例的第 600/2014 号(欧盟)条例下的 LEI 码或客户 ID 码]
日期:_____
(填写这些金融工具中的交易或指令发生的日期,包括在重要时期内,整个时期受益的原因)
(c) 若请求涉及与某人的业务或活动有关的信息,请提供尽可能准确的信息,以便能够查明此人的身份。
_____
_____
_____

(d) 若对所需信息的敏感性有特殊考虑,请说明请求中所载信息的敏感性,以及由于调查考虑而在收集信息时必须采取的任何特殊预防措施。
_____
_____
_____

(e) 请提供任何附加信息。
_____
_____
_____

(请求机关是否已经或将会就请求的标的事项或请求机关知道在请求的标的事项上有积极利害关系的任何其他机关,与被请求机关成员国的任何其他机关或执法机关接触)
(f) 若有紧急要求和任何期限的设定,请充分说明要求的紧迫性,并说明要求机关要求提供资料的任何期限。
_____
_____
_____

2. 做出陈述
请注明:

（a）所要求陈述的性质：
_____
_____

[若有，在自愿或书面形式的基础上，填写对所寻求陈述性质的说明或偏好，如确认或其他法律指示（若适用）]
（b）做出陈述的需要和目的
_____
_____

（c）做出陈述的人员姓名：
_____
_____

[填写做出陈述的人的详细资料，包括做出陈述的人的职位和公司（若相关），以便被请求机关开始组织做出陈述，包括适用的传唤程序]
（d）对所需信息的详细说明，包括初步问题清单（如在请求时可用）。
_____
_____

（e）任何可能有用的附加信息：
_____
_____

（请求机关的工作人员是否要求参与陈述的采录工作？请详细说明请求机关的官员，并在适当的情况下说明必须遵守的任何法律和程序要求，以确保在司法管辖区内的采访中所作陈述的可采性）
3. 开展调查或联合调查
若请求涉及由被请求机关代表请求机关开展调查，请提供信息以使被请求机关能够评估是否有兴趣进行联合调查，这些信息包括请求机关提出的调查建议、其理由和认为对被请求机关带来的益处。
_____
_____

（包括被请求机关所需的一切相关信息，以便其能通过酌情开展调查或联合调查来提供所需的协助）
4. 开展现场检查或联合检查
若请求涉及由被请求机关代表请求机关开展现场检查，请提供信息以使被请求机关能够评估是否有兴趣进行联合检查，这些信息包括请求机关提出的检查建议、其理由和认为对被请求机关带来的益处。
_____
_____

（包括被请求机关所需的一切相关信息，以便其能通过酌情开展现场检查或联合检查来提供所需的协助）
_____

根据欧盟委员会第2018/292号（欧盟）实施条例第11条和欧盟委员会第596/2014号（欧盟）条例第27条的规定，本请求中包含的信息应当保密。对于任何人，应当遵守欧盟第596/2014号（欧盟）条例第28条的要求，包含本请求中的所有数据。
若您对本请求的任何方面有疑问，请联系（填写相关联络人姓名和联络方式：电话、电子邮件）
谨上，
（姓名和签名）

附件 II

协助请求的回执表格

协助请求的回执

	索引号：_____
	日　期：_____

附件：（指定所附文件/支撑文件的数量）

一般信息

来自：
成员国：
请求协助机关：
法定地址：
[填写根据欧盟委员会第2018/292号（欧盟）实施条例第2条指定的联络点的详细联络方式，或指定为处理此请求的联系点的详细联络方式，如下所示]
姓名：
电话：
电子邮件：
致：
成员国：
被请求机关：
法定地址：
[填写根据欧盟委员会第2018/292号（欧盟）实施条例第2条指定的联络点的详细联络方式]
姓名：
电话：
电子邮件：
亲爱的（填写合适的名字）
根据欧盟委员会第2018/292号（欧盟）实施条例第4条的规定，我们再次确认在（填写日期）收到您的协助请求（填写请求的索引号）。
在（填写被请求机关的名称）内处理您的请求的相关人员是（插入姓名、电话、邮箱）
预计答复日期
谨上，
（姓名和签名）

附件 III

协助请求的答复表格

协助请求的答复

	索引号：_____
	日　期：_____

附件：(指定所附文件/支撑文件的数量)
一般信息
来自：
成员国：
请求协助机关：
法定地址：
[填写根据欧盟委员会第 2018/292 号（欧盟）实施条例第 2 条指定的联络点的详细联络方式，或指定为处理此请求的联系点的详细联络方式，如下所示]
姓名：
电话：
电子邮件：
致：
成员国：
被请求机关：
法定地址：
[填写根据欧盟委员会第 2018/292 号（欧盟）实施条例第 2 条指定的联络点的详细联络方式]
姓名：
电话：
电子邮件：
亲爱的（填写合适的名字）
根据欧盟委员会第 2018/292 号（欧盟）实施条例第 5 条的规定，我方已处理贵方日期为（dd. mm. yyyy），索引号为（填写协助请求的索引号）的请求。
收集的信息

(若信息已经收集，请在此处列出信息或解释如何提供)
所提供的信息是保密的，根据（填写适用的部门立法规定）向（填写请求机关的名称）披露，并应根据欧盟委员会第 2018/292 号（欧盟）实施条例第 11 条和第 596/2014 号（欧盟）条例第 27 条的规定保持信息机密。
(填写请求机关的名称)应遵守欧盟委员会第 2018/292 号（欧盟）实施条例第 11 条关于允许使用该信息的要求，以及第 596/2014 号（欧盟）条例第 28 条关于个人数据处理和传输的要求。
若（填写请求机关的名称）意图为与请求中所述目的不同但属于第 596/2014 号（欧盟）条例范围内的目的使用或披露本答复中提供的信息，（填写请求机关的名称）应通知（填写被请求机关的名称）该机关有 10 个工作日以第 596/2014 号（欧盟）条例第 25 条第 2 款所述理由反对使用或披露该信息。
若（填写请求机关的名称）意图为第 596/2014 号（欧盟）条例的范围之外的任何目的使用或披露本答复中提供的信息，则其应通知（填写被请求机关的名称），除非适用第 596/2014 号（欧盟）条例第 27 条第 3 款所述的例外情况，并应获得（填写被请求机关的名称）的事先同意。若（填写被请求机关的名称）同意使用或披露该等信息，则该机关可附加某些条件。
谨上，
(姓名和签名)

附件 IV

主动提供协助的表格

主动提供协助

索引号：_____

日　期：_____

附件：（指定所附文件/支撑文件的数量）

一般信息

来自：

成员国：

请求协助机关：

法定地址：

[填写根据欧盟委员会第 2018/292 号（欧盟）实施条例第 2 条指定的联络点的详细联络方式，或指定为处理此请求的联系点的详细联络方式，如下所示]

姓名：

电话：

电子邮件：

致：

成员国：

被请求机关：

法定地址：

[填写根据欧盟委员会第 2018/292 号（欧盟）实施条例第 2 条指定的联络点的详细联络方式]

姓名：

电话：

电子邮件：

亲爱的（填写合适的名字）

根据欧盟委员会第 2018/292 号（欧盟）实施条例第 10 条，我们提供以下信息，我们认为可能有助于您履行职责。

提供的信息

_____

_____

（请在此列明信息详情，若有关，包括对所附任何证明文件或材料的描述）

所提供的信息是保密的，根据第 596/2014 号（欧盟）条例第 25 条的规定向 [填写接受主动提供信息的主管机关的名称] 披露，并应根据欧盟委员会第 2018/292 号（欧盟）实施条例第 11 条和 596/2014 号（欧盟）条例第 27 条的规定保持信息机密。

（填写接受主动提供信息的主管机关的名称）应遵守欧盟委员会第 2018/292 号（欧盟）实施条例第 11 条关于允许使用该信息的要求，以及第 596/2014 号（欧盟）条例第 28 条关于个人数据处理和传输的要求。

若（填写接受主动提供信息的主管机关的名称）意图为与欧盟委员会第 2018/292 号（欧盟）条例范围内的目的不同的目的使用或披露本答复中提供的信息，其应通知（填写主动提供信息的主管机关的名称），除非适用第 596/2014 号（欧盟）条例第 27 条第 3 款所述的例外情况，并应获得（填写主动提供信息的主管机关的名称）的事先同意。若（填写主动提供信息的主管机关的名称）同意使用或披露该等信息，则该机关可附加某些条件。

谨上，

（姓名和签名）

II

(非立法法案)

条例

欧盟委员会
第 2017/1158 号（欧盟）实施条例

本条例于 2017 年 6 月 29 日通过，根据欧洲议会与欧盟理事会第 596/2014 号（欧盟）条例第 33 条关于主管机关与欧洲证券市场管理局交换信息的程序和表格的实施性技术标准（与欧洲经济区相关的文本）

欧洲议会，

根据《欧洲联盟运作条约》，

根据 2014 年 4 月 16 日欧洲议会与欧盟理事会关于市场滥用并废止欧洲议会与欧盟理事会第 2003/6/EC 号指令和欧盟委员会第 2003/124/EC 号、第 2003/125/EC 号和第 2004/72/EC 号指令的第 596/2014 号（欧盟）条例（反市场滥用条例），特别是其中的第 33 条第 5 款，

鉴于：

（1）宜规定主管机关向 ESMA 提交相关信息的统一程序和表格，该相关信息是与第 596/2014 号（欧盟）条例第 33 条所述调查、处罚和措施有关的信息。

（2）为方便主管机关与 ESMA 之间的沟通，避免不必要的延误或未能提交信息的情况，各主管机关应当指定一个专门用于提交所需信息的联络点。

（3）为确保 ESMA 准确识别并登记相关主管机关实施的处罚和措施的所有必要信息，主管机关应当为此使用特定表格提供详细且统一的信息。

（4）提供给 ESMA 的调查信息应当是一致和可比较的，以反映在特定年份根据《反市场滥用条例》开展的实际调查活动。

（5）本条例基于 ESMA 向欧盟委员会提交的实施性技术标准草案。

（6）考虑到实施性技术标准的对象仅为欧盟成员国的国家主管机关而非市场参与者，ESMA 未就本条例所依据的实施性技术标准草案进行公开公众咨询，也未分析相关主管机关引入标准表格和程序的潜在相关成本和收益，因为就其范围和影响而言这是不成比例的。

（7）ESMA 征求了根据欧洲议会与欧盟理事会第 1095/2010 号（欧盟）条例第 37 条设立的证券市场利益相关者团体的意见。

兹通过本条例如下:

第1条 定义

就本条例而言,"电子手段"是指使用电线、无线电、光学技术或任何其他电磁手段处理(包括数字压缩)、存储和传输数据的电子设备手段。

第2条 联络点

1. 每一主管机关应当指定一个联络点以发送第3条所述的信息,并就与提交该信息有关的任何问题进行通信。

2. 主管机关应当将根据第1款指定的联络点通知ESMA。

3. ESMA应当指定一个联络点来接收第3条和第4条所述的信息,并就与接收该信息有关的任何问题进行通信。

4. ESMA应当在其网站上公布第2款所述的联络点。

第3条 年度提交汇总信息

1. 主管机关应当适时通过填写本条例附件Ⅰ所列表格向ESMA提供第596/2014号(欧盟)条例第33条第1款和第2款所述的信息。

2. 第1款所述的信息应当在每年3月31日之前提供给ESMA,并且该信息应当与上一个日历年进行的所有调查以及所有处罚和措施有关。

3. 主管机关应当通过安全的电子传输手段向ESMA提供第1款所述的信息。

4. 就第1款而言,ESMA应当规定并识别将使用的安全的电子手段。这些手段应当确保信息在传输过程中保持真实性、完整性和保密性。

第4条 报告程序与表格

1. 主管机关应当使用由ESMA建立的信息技术系统和相关数据库提供的接口向ESMA报告第596/2014号(欧盟)条例第33条第3款所述的处罚和措施信息,这些信息技术系统和相关数据库由ESMA建立以管理这些处罚和措施信息的接收、存储和发布。

2. 第1款所述的处罚和措施应当以附件Ⅱ所列格式的报告文件提交给ESMA。

第5条 报告失效与更新

1. 若主管机关希望使其先前已根据第4条提交给ESMA的现有报告文件失效,其应当撤销现有报告文件并发送新的报告文件。

2. 若主管机关希望更新其先前已根据第4条提交给ESMA的现有报告文件时,其应当使用更新后的信息重新提交报告文件。

第 6 条　生效与适用

本条例自发布于《欧盟官方公报》之日起第二十天生效。

本条例具有整体约束力，并直接适用于所有成员国。
2017 年 6 月 29 日在布鲁塞尔订立。
欧盟委员会
主席
让－克洛德·容克

附件 I

年度提交涉及所有处罚措施和调查的汇总和匿名信息的表格

关于根据第 596/2014 号（欧盟）条例第 30、第 31、第 32 条在（年份）采取的措施和实施的处罚以及在进行的调查的汇总和匿名信息

来自：
成员国：
监管机关：
地址：

（指定联络点的联络细节）
姓名：
电话：
邮件：

至
ESMA

（指定联络点的联络细节）
姓名：
电话：
邮件：

亲爱的（插入合适的名字）
根据第 596/2014 号（欧盟）条例第 33 条第 1、2 款的规定，希望向您提供以下信息：
—第 1 节，（主管机关名称）实施的所有行政处罚和措施；
—第 2 节（如适用），（成员国名称）司法机关实施的所有刑事处罚；
—第 3 节，（主管机关名称）进行的所有行政调查；
—第 4 节（如适用），（成员国名称）司法机关进行的所有刑事调查。

谨上，
（签名）

第 1 节　报告期内实施的行政措施和处罚（包括适用的和解决定）

	行政措施和处罚的数量			行政措施和处罚所涉人员的数量	
	已实施（*）	已公布	复议/上诉中	自然人	法人
行政措施和处罚总数					

按侵权类型和行政措施/处罚性质划分的行政措施和处罚数量	经济处罚（包括适用时的分类小计）		非经济处罚	协商决定（如适用）	
	数字（+）	合计货币金额（*）	数字（+）	数字（+）	合计货币金额（**）
涉及第 596/2014 号（欧盟）条例第 14 条下的禁止性规定					
涉及第 596/2014 号（欧盟）条例第 15 条下的禁止性规定					
其他违法行为					

（+）由于措施和处罚可能涵盖一项以上的侵权行为，本表中措施和处罚的数量之和可能与上表"实施"一栏中所载措施或处罚的总数不符。

（*）预期数字涉及主管机关决定实施的处罚和措施。

（**）请插入欧元或本国货币。如果相关处罚不仅涉及与第 596/2014 号（欧盟）条例相关条款有关的违法行为，还涉及其他条款，则在每个价值上加上"合计数字"

第 2 节　根据第 596/2014 号（欧盟）条例第 30 条第 1 款第二段规定在报告期内实施的刑事处罚（如适用）

	行政措施和处罚的数量			行政措施和处罚所涉人员的数量	
	已实施（*）	已公布	复议/上诉中	自然人	法人
刑事处罚总数					

按侵权类型和刑事处罚性质划分的处罚数量（+）	经济（**）	监禁	协商决定	其他类型
涉及第 596/2014 号（欧盟）条例第 14 条下的禁止性规定				
涉及第 596/2014 号（欧盟）条例第 15 条下的禁止性规定				
其他违法行为				

（+）由于措施和处罚可能涵盖一项以上的侵权行为，本表中措施和处罚的数量之和可能与上表"实施"一栏中所载措施或处罚的总数不符。

（*）预期数字涉及主管机关决定实施的处罚和措施。

（**）请插入欧元或本国货币。如果相关处罚不仅涉及与第 596/2014 号（欧盟）条例相关条款有关的违法行为，还涉及其他条款，则在每个价值上加上"合计数字"

第3节 报告期内进行的所有行政调查

调查类型	［yyyy］年内进行的调查次数（+）			已结束调查的结果			
	总数	已开始	已结束	启动行政执法程序（包括和解决定）	移交刑事主管机关	其他行动（如禁令）	未采取进一步行动而结束
涉及第596/2014号（欧盟）条例第14条下的禁止性规定							
涉及第596/2014号（欧盟）条例第15条下的禁止性规定							
其他违法行为							

（+）有些调查可以涵盖几项违法行为并且涉及多人

第4节 根据第596/2014号（欧盟）条例第30条第1款第二段规定在报告期内进行的刑事调查（如适用）

调查类型	［yyyy］年内进行的调查次数（+）			已结束调查的结果		
	总数	已开始	已结束	启动行政执法程序（包括和解决定）	其他行动（如禁令）	未采取进一步行动而结束
涉及第596/2014号（欧盟）条例第14条下的禁止性规定						
涉及第596/2014号（欧盟）条例第15条下的禁止性规定						
其他违法行为						

（+）有些调查可以涵盖几项违法行为并且涉及多人

附件 II

向社会公开行政处罚、刑事处罚或者其他行政措施的通知格式

栏目	描述	类型
法律框架	实施行政或刑事处罚或其他行政措施的欧盟立法法案的缩写。	强制
处罚识别编码	主管机关为通知行政处罚、刑事处罚或其他行政措施而赋予的识别码。	可选
成员国	提出处罚或措施的主管机关成员国的缩写。	强制
实体识别编码	用于唯一标识已实施行政或刑事处罚或其他行政措施的法律实体的识别编码,前提是该实体是 MiFID(1)、UCITS(2) 或 AIFMD(3) 法律框架下的授权实体。	可选(仅适用于法人)
授权密钥	提交处罚或措施的机关的识别编码。	强制
实体法律框架	适用于受到行政或刑事处罚或其他行政措施的实体的欧盟立法法案的缩写。	可选(仅适用于法人)
处罚的性质	通报的处罚是行政处罚、刑事处罚还是行政措施的情况。	强制(仅适用于处罚)
实体全称	如果该实体未根据 MiFID、UCITS 或 AIFMD 法律框架获得授权,则对其实施处罚的实体的全名。	可选(仅适用于法人)
人员全称	被给予行政处罚、刑事处罚或者其他行政措施的人员的全称。	可选(仅适用于自然人)
实施处罚的国家主管机关	实施行政、刑事处罚或者其他行政措施的主管机关的简称。	强制
空白文本	行政处罚、刑事处罚或者其他行政措施的国家语言文本或者英语文本。	强制
空白文本	行政处罚或措施的英文文本。	可选
日期	行政处罚、刑事处罚或者其他行政措施的实施日期。	强制
终止日期	行政处罚和刑事处罚终止的日期	可选

(1) 2014 年 5 月 15 日欧洲议会与欧盟理事会关于金融工具市场以及修订第 2002/92/EC 号指令和第 2011/61/EU 号指令的第 2014/65/EU 号指令(2014 年 6 月 12 日《欧盟官方公报》L 173,第 349 页)。
(2) 2009 年 7 月 13 日欧洲议会与欧盟理事会关于协调与可转让证券集体投资承诺(UCITS)有关的法律、法规和行政规定的第 2009/65/EC 号指令(2009 年 11 月 17 日《欧盟官方公报》L 302,第 32 页)。
(3) 2011 年 6 月 8 日欧洲议会与欧盟理事会关于替代投资基金管理人以及修订第 2003/41/EC 号指令、第 2009/65/EC 号指令、第 1060/2009 号(欧盟)条例和第 1095/2010 号(欧盟)条例的第 2011/61/EU 号指令(2011 年 7 月 1 日《欧盟官方公报》L 174,第 1 页)

第三部分　ESMA指南

ESMA 第 2016/1477 号指南
接受邀标询价的人

一、范围

适用主体

1. 本指南适用于主管机关和接受邀标询价的人。

指南内容

2. 本指南适用于根据欧洲议会和欧盟理事会第 596/2014 号（欧盟）条例第 11 条第 11 款规定接受邀标询价的人，必须考虑的因素、实施的步骤和相关记录。

适用时间

3. 本指南自 2017 年 10 月 1 日起生效。

二、参考文献、缩写和定义

ESMA Regulation：2010 年 11 月 24 日欧洲议会与欧盟理事会关于决定建立欧洲监管机关（欧洲证券和市场管理局）并修订第 716/2009/EC 号决议以及废除第 2009/77/EC 号欧盟委员会决议的第 1095/2010 号（欧盟）条例。

MSR：接受邀标询价的人。

DMP：披露内幕信息的市场参与者。

MAR：2014 年 4 月 16 日欧洲议会与欧盟理事会关于市场滥用（市场滥用条例）并废止欧洲议会与欧盟理事会第 2003/6/EC 号指令和欧盟委员会第 2003/124/EC 号、第 2003/125/EC 号和第 2004/72/EC 号指令的第 596/2014 号（欧盟）条例。

RTS on market soundings：2016 年 5 月 17 日欧盟委员会补充欧洲议会和欧盟理事会第 596/2014 号（欧盟）条例关于披露的市场参与者进行邀标询价的适当安排、系统和程序的监管性技术标准的第 2016/960 号（欧盟）授权条例。

三、目的

4. MAR 第 11 条第 1 款规定，ESMA 应当就下列事项向接受邀标询价的人（MSR）发布指南：

（a）当信息作为邀标询价的一部分向 MSR 披露时，MSR 评估这些信息是否属于内幕信息而须考量的因素；

（b）若为遵守 MAR 第 8 条和第 10 条规定而向 MSR 披露了内幕信息，MSR 须采取的步骤；

（c）为证明 MSR 已遵守 MAR 第 8 条和第 10 条的规定，MSR 须备存的记录。

5. 本指南旨在确保对 MSR 的要求采取通用、统一和一致的方法。本指南旨在降低在邀标询价过程中传播内幕信息的总体风险，并为主管机关有效开展涉嫌市场滥用案件的调查提供工具。

四、合规与报告义务

4.1 指南地位

6. 本文件载有根据 MAR 第 11 条第 11 款规定发布的指南。主管机关和金融市场参与者须尽一切努力遵守指南和建议。

4.2 报告要求

7. 适用本指南的主管机关须在 ESMA 发布本指南后的两个月内，将是否遵守或意图遵守本指南的情况以及不遵守的原因通知给 ESMA［MARguidelinesGL3@ esma. europa. eu］。若在截止日期前未答复，主管机关将被视为不遵守本指南。

8. 接受邀标询价的人无须报告其是否遵守本指南。

五、给接受邀标询价的人的指南

1. 内部程序与员工培训

9. MSR 应建立、实施和维护与其业务活动规模、大小和性质相当的内部程序，以：

a. 确保在 MSR 指定特定人或联络点接受邀标询价时，DMP 可获得该信息；

b. 确保在邀标询价过程中，接收到的信息仅通过预定的报告渠道和在需要了解的基础上进行内部沟通；

c. 确保受托评估 MSR 是否因邀标询价而掌握内幕信息的个人、职能部门或机构可以被清楚地识别，并为此接受适当的培训；

d. 管理和控制 MSR 及其工作人员邀标询价中产生的内幕信息流，以便 MSR 及其工作人员遵守 MAR 第 8 条及第 10 条的规定。

10. 根据 MAR 第 8 条和第 10 条关于掌握内幕信息的相关内部程序及禁令的规定，MSR 应确保在邀标询价过程中接收和处理信息的工作人员接受适当培训，培训应与 MSR 的业务活动规模、大小和性质相当。

2. 传达不接受邀标询价的意愿

11. 在接收到 DMP 发出的邀标询价之后，MSR 应将其是否愿意接收与所有潜在的交易或特定类型的潜在交易相关的未来的邀标询价通知给 DMP。

3. MSR 对其是否因邀标询价而掌握内幕信息以及何时不再掌握内幕信息的评估

12. MSR 应独立评估其是否因邀标询价而掌握内幕信息，并将 DMP 的评估以及在 MSR 委托范围内进行评估的个人、职能部门或机构可获得的所有信息作为相关因素考虑在内，包括从 DMP 以外其他来源获得的信息。在进行评估时，不得要求个人、职能部门或机构获取 MSR 建立的信息隔离之后的信息。

13. 在 DMP 通知在邀标询价中披露的信息不再是内幕信息时，MSR 应独立评估其是否仍然掌握内幕信息，并将 DMP 的评估以及在 MSR 委托范围内进行评估的个人、职能部门或机构可获得的所有信息考虑在内，包括从 DMP 以外其他来源获得的信息。在进行评估时，不得要求个人、职能部门或机构获取 MSR 建立的信息隔离之后的信息。

4. 相关金融工具的评估

14. 若 MSR 已评估其因邀标询价而掌握的内幕信息，为了遵守 MAR 第 8 条的规定，MSR 应确定其认为与内幕信息相关的所有发行人和金融工具。

5. 书面记录或提示

15. 若根据欧盟委员会第 2016/960 号（欧盟）授权条例第 6 条第 2 款（d）项的规定，DMP 已就未记录的会议或电话交谈起草书面记录或提示，MSR 应在收到文件后 5 个工作日内：

a. 在同意其内容的情况下签署这些记录或提示；

b. 在不同意其内容的情况下向 DMP 提供其正式签署的会议记录或提示的版本。

6. 记录保存

16. MSR 应将记录保存在耐久性介质中，以确保以下内容至少五年的可获取性和可读性：

a. 第 1 款所述内部程序；

b. 第 2 款所述通知；

c. 第 3 款所述评估及其理由；

d. 对第 4 款所述相关文书的评估；

e. 通过根据雇佣合同为其工作或以其他方式执行任务的人员可以获得的在邀标询价过程中传达的信息，并按时间顺序列出每项邀标询价的信息。

ESMA 第 2016/1478 号指南
迟延披露内幕信息

一、范围

适用主体

1. 本指南适用于主管机关与发行人。

指南内容

2. 根据欧洲议会与欧盟理事会第 596/2014 号（欧盟）条例第 17 条第 11 款的规定，本指南提供了一份非详尽的、指示性的发行人合法利益的清单，这些利益可能会因内幕信息的即时披露以及可能误导公众的迟延披露情形而受到损害。

适用时间

3. 本指南自 2016 年 12 月 20 日起生效。

二、参考文献、缩写和定义

MAR：2014 年 4 月 16 日欧洲议会与欧盟理事会关于市场滥用（市场滥用条例）并废止欧洲议会与欧盟理事会第 2003/6/EC 号指令和欧盟委员会第 2003/124/EC 号、第 2003/125/EC 号和第 2004/72/EC 号指令的第 596/2014 号（欧盟）条例。

ESMA Regulation：2010 年 11 月 24 日欧洲议会与欧盟理事会关于决定建立欧洲监管机关（欧洲证券和市场管理局）并修订第 716/2009/EC 号决议以及废除第 2009/77/EC 号欧盟委员会决议的第 1095/2010 号（欧盟）条例。

三、目的

4. 本指南旨在通过举例协助发行人根据 MAR 第 17 条第 4 款决定迟延披露内幕信息的情形提供指引。

四、合规与报告义务

4.1 指南地位

5. 本文件载有根据 MAR 第 17 条第 11 款规定颁布的指南。主管机关和金融市场参与者须尽一切努力遵守指南和建议。

4.2 报告要求

6. 适用本指南的主管机关须在 ESMA 发布本指南后的两个月内，将是否遵守或意图遵守本指南的情况以及不遵守的原因通知给 ESMA［MARguidelinesGL3@ esma. europa. eu］。若在截止日期前未答复，主管机关将被视为不遵守本指南。ESMA 官网提供可适用的通知模板。

7. 发行人无须报告其是否遵守本指南。

五、发行人迟延披露内幕信息的合法利益与可能误导公众的迟延披露情形的指南

1. 发行人迟延披露内幕信息的合法利益

8. 就 MAR 第 17 条第 4 款（a）项而言，即时披露内幕信息可能损害发行人合法利益的包括但不限于下列情形：

a. 发行人正在进行谈判，谈判结果可能会受到即时公开披露内幕信息的影响。此类谈判的例子可能是与合并、收购、拆分和分拆、购买或处置主要资产或公司活动分支机构、重组和整顿有关的谈判。

b. 发行人的财务能力处于严重且迫在眉睫的危险之中，虽然不属于适用的破产法的范围，但即时公开披露内幕信息通过危及确保发行人财务恢复的谈判结果将会严重损害现有股东和潜在股东的权益。

c. 内幕信息涉及发行人管理机构做出的决定或签订的合同，根据国家法律或发行人的章程，需要发行人股东大会以外的其他机构的批准才能生效，并规定：

i. 在做出这类最终决定之前，即时公开披露该信息会危及公众对该信息的正确评估；

ii. 发行人安排尽快做出最终决定。

d. 发行人开发了一项产品或发明，而该等信息的即时公开披露可能会危及发行人的知识产权；

e. 发行人计划购买或出售另一实体的大部分股份，披露此类信息可能会危及该计划的实施；

f. 先前宣布的交易须经主管机关批准，而该批准须以附加要求为条件，而这些条件的即时披露可能会影响发行人满足要求的能力，从而阻碍交易的最终成功。

2. 迟延披露内幕信息可能误导公众的情形

9. 就 MAR 第 17 条第 4 款（b）项而言，迟延披露内幕信息可能误导公众的至少包括以下情形：

a. 发行人拟迟延披露的内幕信息，与发行人此前就内幕信息所涉及事项做出的公开公告有重大区别；

b. 发行人拟迟延披露的内幕信息，涉及发行人的财务目标不可能实现的事实，且该等目标此前已公开宣布；

c. 发行人拟迟延披露的内幕信息与市场预期相反，此种预期是基于发行人先前向市场传递的信号，如采访、路演或发行人组织或经其批准的任何其他类型的沟通。

ESMA 第 2016/1480 号指南

关于商品衍生品市场或相关现货市场的信息，以定义商品衍生品的内幕信息。

一、范围

适用主体

1. 本指南适用于主管部门和投资者、金融中介机构、交易场所经营者以及职业安排和执行衍生品交易的人员（及市场参与者）。

指南内容

2. 根据欧洲议会与欧盟理事会第 596/2014 号（欧盟）条例第 7 条第 5 款的规定，本指南提供了一个非详尽的指示性的信息清单，这些信息依照欧盟法或国家法律、市场规则、合约、惯例、习惯等有关的法律和监管条款，在欧洲议会与欧盟理事会第 596/2014 号（欧盟）条例第 7 条第 1 款（b）项所述的有关商品衍生品市场或期货市场有合理预期或被要求披露。

适用时间

3. 本指南自欧盟官方语言正式译本出版后两个月生效。

二、参考文献、缩写和定义

ESMA：欧洲证券与市场管理局

EU：欧盟

MAR：2014 年 4 月 16 日欧洲议会与欧盟理事会关于市场滥用（市场滥用条例）并废止欧洲议会与欧盟理事会第 2003/6/EC 号指令和欧盟委员会第 2003/124/EC 号、第 2003/125/EC 号和第 2004/72/EC 号指令的第 596/2014 号（欧盟）条例。

MIFID II：2014 年 5 月 15 日欧洲议会与欧盟理事会关于金融工具以及修订第 2002/92 号（欧共体）指令和第 2011/61 号（欧盟）指令的第 2014/65 号（欧盟）指令。

OJ：欧盟官方公报

REMIT：2011 年 10 月 25 日欧洲议会与欧盟理事会关于批发能源市场及透明度的第 1227/2011 号条例。

三、目的

4. 本指南旨在举例说明 MAR 第 7 条第 1 款（b）项所述的"根据欧盟或国家层面的法律或监管规定、市场规则、合同、实践或惯例，在相关商品衍生品市场或现货市场上将合理预期将披露或要求披露的信息"，这是根据 MAR 第 1 条（b）项所述的定义与商品衍生品有关的内幕信息的标准之一。本指南未进一步规定定义的其他标准（也未规定信息准确性以及价格敏感性的概念），也未施加额外的信息披露要求。

四、合规与报告义务

4.1 指南地位

5. 本文件载有根据 MAR 第 7 条第 5 款发布的指南。主管机关及市场参与者必须尽一切努力遵守指南以及建议。

4.2 报告要求

6. 适用本指南的主管机关须在 ESMA 发布本指南后的两个月内,将是否遵守或意图遵守本指南的情况以及不遵守的原因通知给 ESMA [MARguidelinesGL3@esma.europa.eu]。若在截止日期前未答复,主管机关将被视为不遵守本指南。ESMA 官网提供可适用的通知模板。

7. 市场参与者无须报告其是否遵守本指南。

五、关于商品衍生品市场或相关现货市场的信息指南,以定义商品衍生品内幕信息

8. 根据 MAR 第 7 条第 5 款的规定,本指南意图建立一个非详尽的、指示性的信息清单。该清单包括 MAR 第 7 条第 1 款(b)项所述的根据欧盟或国家层面的法律或监管规定、市场规则、合同、实践或惯例,在相关商品衍生品市场或现货市场上将合理预期将披露或要求披露的信息。

9. 清单中未包含的特定类型的信息并不意味着不能将其视为内幕信息,也不意味着包含某种信息将会使其自动被认定为内幕信息。对此种信息是否属于内幕信息需按照 MAR 第 7 条第 1 款(b)项设置的所有标准逐条进行评估。

10. 对于被视为"合理预期将披露的信息",其将
(1) 在披露后以广泛的、非歧视性的方式被获取;
(2) 载于官方声明,而非作为私人或个人意见或分析的一部分;
(3) 非谣言或推测性声明。

11. 以下各段所列举的信息示例,是 ESMA 认为应当列入 MAR 第 7 条第 1 款(b)项所述的合理预期或要求披露的非详尽的指示性信息清单的示例。

1. 与商品衍生品直接相关的信息示例

12. 根据 MiFID II 第 58 条第 1 款第(a)项规定,交易所需要公布不同类别的人在该场所交易的不同商品衍生品的总头寸信息。

13. 在商品衍生品标准化的范围内,市场参与者合理预期将少有收到关于影响商品衍生品基本特征或其依赖的合约环境的信息,例如基础商品规格或潜在商品指数的变化、底盘周期性的变化或交货地点的变化等信息。

14. 根据商品衍生品市场的规则或惯例,需要或合理预期将公布关于仓库和仓储设施中商品的库存水平或变动状况。

2. 在没有相关现货市场时,与商品衍生品间接相关的信息示例

15. 有理由相信来自欧盟或欧盟以外的公共实体,如欧盟统计局、欧洲中央银行、各国中央银行或国际统计部门、机构会披露诸如 GDP、国际收支平衡数据、通货膨胀率

等官方统计的数据和预测信息。

16. 在航运领域，有理由期待信息提供者、非营利组织和政府部门会以非歧视的方式披露有关货运的信息。

3. 与现货商品合约直接相关的信息示例

17. 在 REMIT 规则下能源商品批发业务（如石油或天然气）需要公开披露的信息，包括 REMIT 第 4 条第 1 款规定的内幕信息。

18. 依照国家法律、法规规定或者能源商品现货市场规则、惯例及监管条款，在能源商品合约（当日拍卖，日内拍卖，平衡市场）权力交割日后应公布现货市场拍卖信息。

19. 在联合组织数据库倡议（JODI）数据库中公开提供的有关石油相关产品（如原油、汽油、煤油）的生产、进口、出口、库存、炼油厂进口和需求的统计信息，以及在 JODI 天然气数据库中公开提供的统计信息。

20. 石油生产国会议做出的有关生产水平决定的正式通信。

21. 以商品衍生品为基础的商品生产、进口、出口和库存信息，以及根据现货市场惯例，合理预期将披露的商品现货市场活动的交易信息。

22. 合理预期欧盟或欧盟以外的公共实体在国家一级披露的与商品有关的统计信息。

23. 机构间平台合理预期将披露的信息，目的是提高粮食市场透明度，鼓励为应对市场不确定性而协调政策行动，如农业市场信息系统（AMIS）。

24. 私营实体合理预期将披露的有关商品储存条件变化的信息（营业时间、费用等）、按照现货商品市场的惯例公布的进/出入库率或者更一般地说是处理商品储存和交付的能力、仓库中商品的库存水平或变动情况。

25. 合理预期将披露的、与存在影响农产品的重大疾病或公共机构决策导致的这些产品有关补贴政策发生变化相关的信息。

26. 欧盟委员会、成员国和其他官方指定机构，基于其在共同管理农业政策（CAP）下管理农业市场以及共同渔业政策（CFP）下管理渔业的义务，开展活动和采取措施的信息，只要这些信息是由它们公开。

第四部分　修正案及勘误表

修正案

欧盟委员会
第 2019/461 号（欧盟）授权条例

本条例于 2019 年 1 月 30 日通过，修订欧盟委员会第 2016/522 号（欧盟）授权条例，将英格兰银行和英国债务管理办公室豁免于欧洲议会与欧盟理事会第 596/2014 号（欧盟）条例的适用（与欧洲经济区相关的文本）

欧盟委员会，

根据《欧洲联盟运作条约》，

根据 2014 年 4 月 16 日欧洲议会与欧盟理事会关于市场滥用并废止欧洲议会与欧盟理事会第 2003/6/EC 号指令和欧盟委员会第 2003/124/EC 号、第 2003/125/EC 号和第 2004/72/EC 号指令的第 596/2014 号（欧盟）条例（反市场滥用条例），特别是其中的第 6 条第 5 款的规定，

鉴于：

（1）成员国、欧洲中央银行体系（ESCB）成员、一个或多个成员国的部门和其他机构以及特殊目的共同体或代表其行事的人，或第 596/2014 号（欧盟）条例第 6 条第 1 款所述的组成联邦的成员国（若成员国为联邦国家），为追求货币、汇率或公共债务管理政策而进行的交易、指令或行为豁免于该条例的适用。

（2）根据第 596/2014 号（欧盟）条例第 6 条第 5 款的规定，第三国的某些公共机构和中央银行可豁免于该条例的适用。

（3）应更新欧盟委员会第 2016/522 号（欧盟）授权条例中规定的第三国中央银行豁免名单，包括在必要时将第 596/2014 号（欧盟）条例第 6 条第 1 款规定的豁免范围扩大到其他第三国的中央银行和某些公共机构。欧盟委员会监测和评估第三国的相关立法和监管动态，并可随时对豁免进行审查。

（4）2017 年 3 月 29 日，大不列颠及北爱尔兰联合王国（以下简称"英国"）提交了根据《欧洲联盟条约》第 50 条退出欧盟的意向通知。除非在该通知两年后欧洲理事会与英国达成协议，一致决定延长该期限，否则这些条约将自退出欧盟协定生效之日起停止适用于英国。

（5）脱欧谈判者之间商定的退出欧盟协定载有关于在条约停止适用于英国之日后在英国适用条约和在英国适用欧盟法规定的安排。若该协定生效，第 596/2014 号（欧盟）条例（包括该条例第 6 条第 1 款规定的豁免）将根据该协定在过渡期内适用于英国，并在过渡期结束时停止适用。

(6)若没有任何特别规定,英国退出欧盟的效力是,英格兰银行和英国债务管理办公室将不再受益于现有的豁免,除非它们被列入豁免的第三国中央银行和债务管理办公室的名单内。

(7)根据从英国获得的资料,欧盟委员会编写并向欧洲议会与欧盟理事会提交了一份报告,评估英格兰银行和英国债务管理办公室的国际待遇。该报告①的结论是,一旦英国成为第三国,就应将英国中央银行和债务管理办公室纳入第596/2014号(欧盟)条例豁免的范围。根据规定,英格兰银行和英国债务管理办公室应被列入第2016/522号(欧盟)授权条例规定的豁免公共实体名单。

(8)英国当局已就ESCB成员的地位、权利和义务做出保证,包括打算给予ESCB成员和其他联盟及成员国履行货币职能的机构与第596/2014号(欧盟)条例第6条第1款规定的豁免相当的汇率或公共债务管理政策。

(9)因此,第2016/522号(欧盟)授权条例应作相应修改。

(10)欧盟委员会将继续定期监测第2016/522号(欧盟)授权条例附件Ⅰ所列的那些豁免于市场滥用要求的中央银行和公共机构的待遇。欧盟委员会将根据第三国监管安排的发展情况,并考虑到任何相关的新信息来源,更新该名单。这种重新评估也可能导致将某些第三国从豁免实体名单中删除。

(11)本条例应作为紧急事项而生效,并应自第596/2014号(欧盟)条例停止适用于英国的次日起在英国适用。

兹通过本条例如下:

第1条

第2016/522号(欧盟)授权条例的附件Ⅰ替换为本条例附件中的文本。

第2条

本条例自发布于《欧盟官方公报》之日起生效。

本条例自第596/2014号(欧盟)条例不再适用于英国之日起在英国境内适用。

本法规具有整体约束力,并直接适用于所有成员国。
2019年1月30日在布鲁塞尔订立。
欧盟委员会
主席
让-克洛德·容克

---

① 欧盟委员会向欧洲议会与欧盟理事会提交的关于《反市场滥用条例》(MAR)下英格兰银行和英国债务管理办公室豁免的报告[COM(2019)68]。

附件

1. 澳大利亚：
 – 澳大利亚储备银行；
 – 澳大利亚金融管理局；
2. 巴西：
 – 巴西中央银行；
 – 巴西国家财政部；
3. 加拿大：
 – 加拿大银行；
 – 加拿大财政部；
4. 中国：
 – 中国人民银行；
5. 中国香港特别行政区：
 – 香港金融管理局；
 – 香港财经事务及库务局；
6. 印度：
 – 印度储备银行；
7. 日本：
 – 日本银行；
 – 日本财政部；
8. 墨西哥：
 – 墨西哥银行；
 – 墨西哥财政和公共信贷部；
9. 新加坡：
 – 新加坡金融管理局；
10. 韩国：
 – 韩国银行；
 – 韩国战略与财政部；
11. 瑞士：
 – 瑞士国家银行；
 – 瑞士联邦财政局；
12. 土耳其：
 – 土耳其共和国中央银行；
 – 土耳其共和国财政部下属；
13. 英国：
 – 英格兰银行；

- 英国债务管理办公室;
14. 美国:
- 联邦储备系统;
- 美国财政部。

勘误表 1

对 2014 年 4 月 16 日欧洲议会与欧盟理事会关于市场滥用（市场滥用监管）和废除欧洲议会与欧盟理事会第 2003/6/EC 号指令、第 2003/124/EC 号指令、第 2003/125/EC 号指令和第 2004/72/EC 号指令的第 596/2014 号（欧盟）条例的勘误

(2014 年 6 月 12 日《欧盟官方公报》L 173)

序言（76）：

将："……在本条例生效之前存在的、主管机关根据欧盟委员会第 2273/2003 号（欧共体）条例[①]为了适用第 2003/6/EC 号指令的第 1 条第 2 款（a）项而接受的市场惯例，可以继续适用……"，

修改为："……在本条例生效之前存在的、主管机关根据欧盟委员会第 2004/72/EC 号指令[②]为了适用第 2003/6/EC 号指令的第 1 条第 2 款（a）项而接受的市场惯例，可以继续适用……"

第 3 条第 1 款第（26）项（d）点：

将："（d）由履行管理职责的人或由（a）、(b) 或 (c) 项所述的人负责管理的、受他们直接或间接控制的、为他们的利益而设立的或者实质等同于他们的经济利益的法人、信托或合伙企业;"，

修改为："（d）由履行管理职责的人或由（a）、(b) 或 (c) 项所述的人负责管理的，或受他们直接或间接控制的，或为他们的利益而设立的或者实质等同于他们的经济利益的法人、信托或合伙企业;"

第 37 条：

将："第 2003/6/EC 号指令和欧盟委员会第 2004/72/EC 号指令[③]、第 2003/125/EC 号指令……"，

[①] 2003 年 12 月 22 日欧洲议会和欧盟理事会实施第 2003/6/EC 号指令中金融工具回购计划与安定操纵豁免的第 2273/2003 号（欧盟）条例（2003 年 12 月 23 日《欧盟官方公报》L 336，第 33 页）。

[②] 2004 年 4 月 29 日欧盟委员会关于实施欧洲议会与欧盟理事会第 2003/6/EC 号指令中公认市场惯例、与商品衍生品有关的内幕信息的定义、内幕人名单编制、管理人交易通知和可疑交易通知的第 2004/72/EC 号指令（2004 年 4 月 30 日《欧盟官方公报》L 162，第 70 页）。

[③] 2004 年 4 月 29 日欧盟委员会关于实施欧洲议会与欧盟理事会第 2003/6/EC 号指令中公认市场惯例、与商品衍生品有关的内幕信息的定义、内幕人名单编制、管理人交易通知和可疑交易通知的第 2004/72/EC 号指令（2004 年 4 月 30 日《欧盟官方公报》L 162，第 70 页）。

修改为:"第 2003/6/EC 号指令和欧盟委员会第 2004/72/EC 号指令、第 2003/125/EC 号指令……"

勘误表 2

对 2016 年 3 月 9 日补充欧洲议会由于欧盟理事会第 596/2014 号(欧盟)条例关于客观提交投资建议、其他推荐或建议投资策略信息并披露特定利益或利益冲突迹象的欧盟委员会第 2016/958 号(欧盟)授权条例的勘误

第 6 条第 1 款,该款导言及(a)、(b)点中:

将:"1. 除第 5 条要求的信息外,第 596/2014 号(欧盟)条例第 3 条第 1 款(34)项(i)点所述的人和专家应在建议中包括该建议直接或间接涉及的发行人的以下利益和利益冲突信息:

(a)若根据第 236/2012 号(欧盟)条例第 3 条和欧盟委员会第 918/2012 号(欧盟)授权条例第三、第四章的规定进行计算,其所持有的净多头或空头头寸超过了发行人已发行股本总额 0.5% 的阈值,则该信息为就此做出净头寸是多头还是空头的声明;

(b)若发行人持有超过其已发行股本总额 5% 的股份,则该信息为就此做出的声明;"

修改为:"1. 除第 5 条要求的信息外,第 596/2014 号(欧盟)条例第 3 条第 1 款(34)项(i)点所述的人和专家应在建议中包括该建议直接或间接涉及的发行人的以下利益和利益冲突信息:

(a)若根据第 236/2012 号(欧盟)条例第 3 条和欧盟委员会第 918/2012 号(欧盟)授权条例第三、第四章的规定进行计算,该人或专家所持有的净多头或空头头寸超过了发行人已发行股本总额 0.5% 的阈值,则该信息为就此做出净头寸是多头还是空头的声明;

(b)若发行人持有超过该人或专家已发行股本总额 5% 的股份,则该信息为就此做出的声明;"

文件索引

1. 第 596/2014 号（欧盟）条例

原文见 http：//data.europa.eu/eli/reg/2014/596/oj

2. 第 2016/522 号（欧盟）授权条例

原文见 http：//data.europa.eu/eli/reg_del/2016/522/oj

3. 第 2016/909 号（欧盟）授权条例

原文见 http：//data.europa.eu/eli/reg_del/2016/909/oj

4. 第 2016/378 号（欧盟）实施条例

原文见 http：//data.europa.eu/eli/reg_impl/2016/378/oj

5. 第 2016/1052 号（欧盟）授权条例

原文见 http：//data.europa.eu/eli/reg_del/2016/1052/oj

6. 第 2016/960 号（欧盟）授权条例

原文见 http：//data.europa.eu/eli/reg_del/2016/960/oj

7. 第 2016/959 号（欧盟）实施条例

原文见 http：//data.europa.eu/eli/reg_impl/2016/959/oj

8. 第 2016/908 号（欧盟）授权条例

原文见 http：//data.europa.eu/eli/reg_del/2016/908/oj

9. 第 2016/957 号（欧盟）授权条例

原文见 http：//data.europa.eu/eli/reg_del/2016/957/oj

10. 第 2016/1055 号（欧盟）实施条例

原文见 http：//data.europa.eu/eli/reg_impl/2016/1055/oj

11. 第 2016/347 号（欧盟）实施条例

原文见 http：//data.europa.eu/eli/reg_impl/2016/347/oj

12. 第 2016/523 号（欧盟）实施条例

原文见 http：//data.europa.eu/eli/reg_impl/2016/523/oj

13. 第 2016/958 号（欧盟）授权条例

原文见 http：//data.europa.eu/eli/reg_del/2016/958/oj

14. 第 2018/292 号（欧盟）实施条例

原文见 http：//data.europa.eu/eli/reg_impl/2018/292/oj

15. 第 2017/1158 号（欧盟）实施条例

原文见 http：//data.europa.eu/eli/reg_impl/2017/1158/oj

16. ESMA 第 2016/1477 号指南

原文见 https：//www. esma. europa. eu/sites/default/files/library/2016 - 1477 _ mar _ guidelines_ - _market_soundings. pdf

17. ESMA 第 2016/1478 号指南

原文见 https：//www. esma. europa. eu/sites/default/files/library/2016 - 1478 _ mar _ guidelines_ - _legitimate_interests. pdf

18. ESMA 第 2016/1480 号指南

原文见 https：//www. esma. europa. eu/search/site/2016%252f1480

19. 第 2019/461 号（欧盟）授权条例

原文见 http：//data. europa. eu/eli/reg_del/2019/461/oj

20. 勘误表 1

原文见 http：//data. europa. eu/eli/reg/2014/596/corrigendum/2016 - 10 - 21/oj

21. 勘误表 2

原文见 http：//data. europa. eu/eli/reg_del/2016/958/corrigendum/2017 - 04 - 27/oj